巡礼

陈桐生/著

战国文人心态

XUNLI
ZHANGUO
WENREN XINTAI

人民出版社

目　录

第一章　在天柱断裂以后

　　写中国文人心态史，为什么要从战国文人心态写起？这不是说战国以前的中国没有文人，也不是说战国以前的中国文人无文化心态可言。由于战国以前的文化主要掌握在占统治地位的王侯卿士大夫贵族手中，因而战国前的文人实际上也就是这些王侯卿士大夫，战国前的文人心态基本上是统治阶级的心态。只有到了春秋末年和战国时代，文人作为一个相对独立于统治阶级之外的阶层或群体出现，并以自己的思想学说去指导现实政治，以一种深沉的历史责任感和真诚执着的情感态度去探讨理想的社会和人生的时候，文人文化心态才因此获得了不完全等同于统治阶级心态的特定内涵，才可以成为独立的研究对象。而要描述战国文人心态的发展演变轨迹，揭示这个创造了影响中国封建社会两千多年、奠定了中华民族文化根基的辉煌成就之奥秘，就不能不讲清春秋战国的时代特点，特别是要讲清伟大的文化巨人孔子的开创作用。

一、四百多年的时代主题

　　我们读《国语》、《春秋》、《左传》、《战国策》等先秦史籍，我们读近人编写的历史教科书、论著或小说家根据史书而创作的历史演义小说，我们看艺术家拍摄的春秋战国历史的影视巨片，往往免不了会产生一种深深的茫然与困惑情绪。因为这里的历史画面充满了野心、阴谋、私欲、篡弑、仇杀、鏖战、游说，似乎所看到的只是四百多年的熊熊战火，四百多年的混乱，四百多年流淌的血泪。历史仿佛就是由这些互不关联的带有极大偶然性的宫闱密谋、兼并争夺、朝聘会盟、仇杀篡弑等一系列的事件所构成：这实在令我们眼花缭乱、头脑昏昏而不得要领。如果仅仅着眼于一些历史表象，我们就无法进入到古人的心灵之中，就无法真正理解战国文人心态。因此，我们应该透过表象，深入到历史的内核之中，把握春秋战国这四百多年的时代主旋律。拨开纷纷攘攘的历史云雾，我们发现春秋战国时代有一个一以贯之的历史主题，这就是在周室衰微的历史条件下，重建一个政治清明、秩序井然、人民安居乐业的一统天下。这个历史主题是春秋战国四百多年中华民族仁人志士共同追求的政治目标，是动乱分裂的社会表象之下的一股强大的向心力，正是这股向心力在制约着历史前进的方向，在鼓舞着文人们去辛勤地探索，去从事文化的历史的伟大创造。

这种重建一统天下的时代主题是在此前文化传统的巨大影响下形成的，具体地说，是上古三代关于一统天下的文化传统在感召着春秋战国的文人们去奋斗去求索。

春秋战国时代的人们认为：上古三代时期曾经多次出现过政治的黄金时代，而作为这种政治黄金时代的最重要标志就是天下一统。这个认识不一定符合历史实情，因为从考古上看，传说中的三皇五帝都还没有出土证据，夏王朝也还只有二里头文化一点残迹。在19世纪，我们连殷商王朝的史料都还很不充分，是殷墟甲骨卜辞的出土为殷商王朝提供了较多的考古证据。但据当代学者研究，殷商时代并未形成由中央王朝统治的一统天下，它与各国诸侯是一种不稳定的军事邦国同盟的关系，殷商王朝只不过是充当盟主而已。因此历来被人们尊信不疑的所谓上古三代一统天下的情形，极大可能是春秋战国秦汉之际的学者根据西周分封诸侯一统天下的模式而推想出来的。准确地说，我们所讲的上古三代文化传统对春秋战国的影响，在很大的程度上是西周文化传统的影响。根据史籍记载，西周初年确曾出现过一个安定祥和的政治辉煌时期。武王伐纣胜利之后，分封了一大批同姓诸侯和异姓诸侯，中央王朝以朝觐、巡狩、会同、五服等制度保持王室与藩国之间的关系。同姓、异姓诸侯乃至于四夷按照宗法血缘关系亲疏和地域远近而对中央履行不同的责任与朝贡义务。中央与诸侯国之间在政治上是隶属关系，在宗法系统上又是大宗与小宗的关系，或者是甥舅关系。诸侯与属下的卿、大夫、士也逐层存在着这种政治与宗法的双重隶属关系。大政治家周公在损益夏商礼乐的基础上制礼作乐，其中礼是从外在规定人们言行的规范，而乐则是从内在激发人们自觉遵守统怡秩序的情感，从而将音乐艺术的教育感化功能充分运用到政治伦理方面。礼与乐，一内一外，"乐以治内而为同，礼以修外而为异；同则和亲。异则畏敬；和亲则无怨，畏敬则不争。揖让而天下治者，礼乐之谓也"。[①] 这个礼乐制度就是西周的意识形态，它与当时的政治宗法统治秩序是完全适应的。西周统治集团并没有因此而陶醉在太平欢乐之中，他们亲眼目睹了殷商王朝施行暴政而导致的覆灭，看到了人民在摧毁残暴王朝中所爆发出来的巨大力量，由此而激发起他们保有天命、维护政权长治久安的强烈意识。总结殷亡教训、敬天保民、励精图治是西周初年统治阶层的共识。对此，我们只要读一下《尚书》中的《周书》，看一看他们如何以勤于政事、反对淫逸、恭敬严肃等等相告诫，就可以知道他们确实是比较谨慎严肃而不敢放肆地胡作非为的。统治者推行重农政策，而西周初年曾经有一个较长时期的丰收年景。《诗经·周颂·丰年》说："丰年多黍多稌，亦有高廪，万亿及秭。"《载芟》说："载获济济，有实其积，万亿及秭。"《良耜》说："获之挃挃，积之栗栗。其崇如墉，其比如栉，以开百室。百室盈止，妇子宁止。"[②] 这些诗句都是描绘仓廪丰实、妇孺欢欣的情形。政治清明．社

---

① 班固《汉书·礼乐志》，中华书局1962年版，第1208页。

② 《诗经》，上海古籍出版社1987年版，第158、160页。

会安定，农业丰收，人民欢欣．这就是史学家盛称的成康之治。《史记·周本纪》说："故成康之际，天下安宁，刑错四十余年不用。"①

但是西周盛世并未维持太长的时间。从《史记·周本纪》来看，西周政治从昭王就开始由盛转衰。陵迟至厉、幽时代，西周社会所积累的各种矛盾终于来了一次总爆发。西周灭于犬戎之手，平王将都城从镐京迁往东都洛邑，以躲避犬戎的进攻，并寻求晋、郑等同姓诸侯国的保护，由此而揭开了东周历史的新篇章。

王室衰微后的中国究竟走向何处？一时人们似乎都感到前途黯淡，心情茫然。当时最突出的社会矛盾是种族威胁，即南夷北狄等周边少数民族对中原华夏诸侯国的侵犯与进攻。在西周盛世，华夏周边的蛮夷民族按照所谓"五服"制度，履行对中央王朝的朝贡职责。但王室衰微之后，中央王朝就失去了对夷狄民族的控制力，夷狄民族对华夏诸侯国形成巨大的威胁，用春秋公羊派的话来说，就是"南夷与北狄交，中国不绝如线"②。这是说南夷从南向北进攻，而北狄从北向南侵犯，南夷与北狄差不多接上头，没有打通的地带只有一条线那样狭窄了。杰出的齐国大政治家管仲辅佐齐桓公，高举尊王攘夷的旗帜，率领中原诸侯国打退南夷北狄的进攻，捍卫中原华夏诸侯国的利益，在形式上维护周王室天下共主的地位，而自己执盟坛牛耳，充当诸侯的实际政治领袖，由此而开创了春秋霸主政治的新格局，其影响历春秋而延及战国时代。此前人们没有深究春秋霸主政治所赖以产生的文化根基及社会心理依据，似乎这种政治新格局的形成是出于齐桓公特别是管仲的雄才大略。实际上春秋霸主政治是西周一统天下文化传统在历史新形势下的体现，它的社会心理基础就是人们根深蒂固的对一统天下的深情回忆与向往。在西周政治宗法秩序被打破以后，人们希望由实力强大的诸侯国充当政治领袖，来维护形式上的

---

① 司马迁《史记》，中华书局1959年版，第134页。
② 徐彦《春秋公羊传注疏》，北京大学出版社1999年版，第213页。

天下一统，来保证先进的华夏文化不被野蛮落后的蛮夷文化所征服，维持西周时期夷不乱夏的局面。

但是尊王攘夷的旗帜并没有能打多久。齐桓公、宋襄公、晋文公之后，虽然还有楚庄王、秦穆公、吴王夫差、越王勾践等人，但实际上霸主政治自楚庄王之后已经有了质的改变。原来被中原诸侯国攘却的蛮夷民族相继主盟中原：公元前606年楚庄王问鼎中原，表示了取周而代之的雄心。公元前546年向戌弭兵，承认晋、楚为共同的霸主，这是中原诸侯国对南夷楚国霸主地位的正式承认。公元前482年吴王夫差在黄池大会上夺得了霸主地位，其后越王勾践又相继号称霸主。从中原霸主到蛮夷霸主，表明夷夏之间的差别正在缩小，原来的蛮夷民族正陆续进入华夏文化圈。一些蛮夷国在意识上也逐渐将自己归入华夏。《史记·楚世家》记载周夷王时期楚子熊渠之语曰："我蛮夷也。"公元前706年，同书又载楚子熊通之言曰："我蛮夷也。"[1] 但到了公元前589年，《国语》载楚臣子囊之语曰："赫赫楚国，而君临之，抚征南海，训及诸夏。"[2] 原来自称蛮夷的楚国，现在却以抚夷的诸夏之主自居。攘夷的口号这时还有多少意义呢？齐桓公、晋文公至少在形式上还做出一点尊王的样子，但到了后来，各强大的诸侯国完全凭借自己的军事实力争夺霸权，连尊王的样子也不愿意做了。作为天下共主的东周王朝变成人们不愿理睬的政治破落户。

不仅中央王朝走向衰落，有些诸侯国乃至卿大夫也大权旁落，齐国的上卿高氏、田氏同齐君分治齐国，晋国的六卿和鲁国的孟孙氏、叔孙氏、季孙氏世代相袭把持国政。更有甚者，有些诸侯国的权柄居然落入家臣手中，如鲁国季孙氏家臣阳虎就攫取了鲁国权柄，形成"陪臣执国命"的局面。那些腐朽愚蠢的诸侯却不知忧患，不去奋发整肃政治，反而变本加厉地聚敛财富，杀戮人民，过着醉生梦死、以乐恌

---

① 司马迁《史记》，中华书局1959年版，第1692、1695页。

② 《国语》，上海古籍出版社1998年版，第532页。

忧的生活。《左传·昭公三年》记载了齐国名臣晏婴和晋国名臣叔向的一段私下谈话：

> 叔向曰："齐其何如？"晏子曰："此季世也，吾弗知齐其为陈氏矣。公弃其民，而归于陈氏。齐旧四量，豆、区、釜、钟。四升为豆，各自其四，以登于釜。釜十则钟。陈氏三量，皆登一焉，钟乃大矣。以家量贷，而以公量收入。山木如市，弗加于山；鱼、盐、蜃、蛤，弗加于海。民参其力，二入于公，而衣食其一。公聚朽蠹，而三老冻馁，国之诸市，屦贱踊贵。民人痛疾，而或燠休之，其爱之如父母，而归入如流水，欲无获民，将焉辟之？……"

> 叔向曰："然。虽吾公室，今亦季世也。戎马不驾，卿无军行，公乘无人，卒列无长。庶民罢敝，而公室滋侈。道殣相望，而女富溢尤。民闻公命，如逃寇仇。栾、郤、胥、原、狐、续、庆、伯降在皂隶，政在家门，民无所依。君日不悛，以乐慆忧。公室之卑，其何日之有？《谗鼎》之铭曰：'昧旦丕显，后世犹怠。'况日不悛，其能久乎？"[①]

这确实是一幅典型的"世纪末"的图景。周王室不可挽回地式微了，各诸侯国公室之卑也指日可待。昔日尊尊亲亲的西周政治宗法统治秩序至今已面目全非，西周初年所确立的勤于民事、励精图治、敬天保民的政治文化传统，已成为季世人们对盛世的美好回忆。难道上古时代的一统天下的文化传统就这样一去不复返了吗？历史的出路在何方？中国的未来希望在哪里？

历史似乎进入了它的迷惘时刻。

历史在深情地呼唤着救世的文化巨人。

---

① 杨伯峻《春秋左传注》，中华书局1981年版，第1234页。

二、文化巨人的出现

司马迁在《史记·十二诸侯年表》的序言中说:

> 周道缺,诗人本之衽席,《关雎》作。仁义陵迟,《鹿鸣》刺焉。及至厉王,以恶闻其过,公卿惧诛而祸作,厉王遂奔于彘,乱自京师始,而共和行政焉。是后或力政,强乘弱,兴师不请天子。然挟王室之义,以讨伐为会盟主,政由五伯,诸侯恣行,淫侈不轨,贼臣篡子滋起矣。齐、晋、秦、楚其在成周微甚,封或百里或五十里。晋阻三河,齐负东海,楚介江淮,秦因雍州之固,四国迭兴,更为伯主,文武所褒大封,皆威而服焉。是以孔子明王道,干七十余君,莫能用,故西观周室,论史记旧闻,兴于鲁而次《春秋》,上记隐,下至哀之获麟,约其辞文,去其烦重,以制义法,王道备,人事浃。①

这一段文字代表了司马迁对西周至春秋战国这一时期历史的根本认识,代表了司马迁对孔子的根本评价。结合战国秦汉之际的典籍来看,它不仅是司马迁个人的意见,也是秦汉之际文化学术界对孔子特殊文化意义的共识。这个认识用一句话来概括,就是把孔子看作是一个划时代的文化巨人。②秦汉之际的人们认为,在西周曾经有一个王道兴盛的时代,但自厉、幽以后,周王室伴随着王道坏废而衰微,此

---

① 司马迁《史记》,中华书局1959年版,第509页。

② 春秋末年还有一个大思想家老子,其生活年代稍前于孔子,据说孔子曾经向老子问礼。老子是战国道家学派的宗师,《老子》五千言是道家重要经典。老子虽然对战国道家有重要影响,但由于他走了一条隐逸之路,对战国士文化的影响远不及孔子深远,因此本书以孔子作为战国士文化的起点。

后二百多年，中华大地成为春秋霸主政治的宴席，霸主们的着眼点在政治而不在文化，他们以武力征伐来代替德治，以强权取代仁义，王道文化传统中断了，由此各诸侯国乱臣贼子篡国弑君之事相继发生。孔子以一布衣而心忧天下，他以恢复西周王道文化传统、拨乱反正为己任，曾周游七十多诸侯国宣传王道主张，但这些诸侯都不能用他，这使孔子无法在现实中实现他的政治理想。但孔子并没有因此放弃救世的努力，他在晚年满怀"道不行"的深沉悲怆，根据周王室的史记而作《春秋》，在《春秋》中通过暗寓褒贬笔法寄托了他的全部王道主张。《春秋》虽然只是一部史书，但由于明王道而使中断了几百年的王道文化传统再次接续上来；对于当代现实政治来说，孔子在《春秋》中以王道为标准贬损现实政治，贬天子，退诸侯，讨大夫，以达王事；而对于未来的一统政权，《春秋》则为之制定了一王之法。在这些说法之中，实际上已经勾勒出一部中华民族王道文化传统形成、中断、接续的历史，而孔子是承前启后、将中断了的王道文化传统重新接续下来的枢纽人物，这样孔子的意义就是划时代的。从今天来看，汉人这些说法不无可疑之处，例如孔子作《春秋》明王道就是一个很大的问号，但从总体上说，以孔子作为划时代的文化巨人是可以成立的。

让我们简要地回顾一下孔子的生平：孔子生于公元前551年，死于公元前479年。他的先世是殷人，其曾祖父因逃避政治祸患而由宋奔鲁。据《史记·孔子世家》记载，孔子的父亲叫叔梁纥，与颜氏女子"野合"而生孔子。孔子三岁时父亲死去，青少年时代的孔子曾在鲁国贵族门下做过委吏、乘田等低级差役。《论语·子罕》载孔子语云："吾少也贱，故多能鄙事。"[①]即是就孔子早年生活而言。靠了转益多师，学无常师，孔子成为他那个时代最博学的人，特别是以精通礼学著称。孔子在三十五岁时做齐国贵族高昭子的家臣。齐景公向他问

---

① 邢昺《论语注疏》，北京大学出版社1999年版，第114页。

政，他的回答是："君君、臣臣、父父、子子。"孔子的主张激起了齐景公强烈的共鸣，但齐景公并没有任用孔子，孔子只好返回鲁国，过一种讲学授徒的教授生活。他所用的教材除了《诗三百》《尚书》和《周易》等古代典籍之外，主要是给弟子传授礼仪，讲述礼义，此外还教给学生一些行礼、音乐演奏、射箭、驾车、写字、算术之类的贵族生活必备的本领。他学而不厌，诲人不倦，因材施教，循循善诱，赢得了弟子们衷心的爱戴。孔子五十岁时，季氏的叛臣公山不狃据费邑反抗季氏，派人征招孔子，孔子准备前往，后因学生子路的劝阻而未能成行。此后孔子得到鲁定公的任用，先后担任过中都宰、司空、大司寇，据说一度曾摄行相事。孔子为政期间的政绩，《史记·孔子世家》记载了两件大事：一是在鲁定公十年（公元前500年）夹谷之会上，孔子折服齐侯而索还被齐侵占的土地；二是提出"堕三都"的建议。这两件大事在《论语》中都没有记载，未知是否可信，因为司马迁笔下的孔子是秦汉之际的孔子形象，其间经过几十代儒家的想象与创造，尤其是孔子的从政业绩几经儒生的"炒作"，与历史上的真孔子已有很大的差距。《荀子》又倡孔子在摄相期间诛杀少正卯之说，但这在《论语》之中同样找不到参证。后来齐国害怕孔子执政，于是施展美人计，给鲁人送来女乐，执政的正卿季桓子沉溺声色三日不朝，孔子在鲁国深感无法实现其政治主张，于是便开始了周游列国的历程。孔子到过卫、郑、陈、蔡、楚等国，其间曾被匡人、宋人、陈人、蔡人包围过，几度处境十分窘迫，列国诸侯也始终不能用他。在外周游了十四年之后，六十八岁的孔子在弟子冉有的斡旋之下，得到季康子的同意，才再次返回故乡鲁国。归国之后，他以国老的身份为鲁国君臣提供一些咨询，但主要是从事教学和学术事业。按照战国秦汉之际儒生的说法，孔子一生的学术建树——删述六经——主要是他在归鲁以后完成的。《论语》说他返鲁之后，整理过《诗三百》中雅颂的音乐，继续教授弟子，七十二岁时，孔子在苍凉的心境中死去。

孔子的一生在政治上是失败的，他的志向是克己复礼，但周礼却不可避免地被时代抛弃了，尽管如此，这并不影响他作为一个文化巨人的地位。从中国文化发展史来看，他比他的前人和同时代的人提供了更多的东西。更重要的是，他是一个新时代——战国时代的先驱人物，是他开创了这个伟大时代的新风气，战国文人心态不能不溯源于这位春秋末年的哲人。

孔子作为承前启后的文化枢纽人物体现在多方面：

第一，孔子对礼坏乐崩的政治现实表现了深沉的忧患意识。在孔子以前，一些有识之士程度不同地表现了对现实政治的忧患，前文所征引的晏婴与叔向的对话，就是一个极好的例证。与前人相比，孔子的目光更为深远。晏婴、叔向等人的忧患可以说是一种政治家的忧患，孔子的忧患不仅是政治家的，更是一位文化人的忧患。《论语·季氏》载孔子语云："天下有道，则礼乐征伐自天子出；天下无道，则礼乐征伐自诸侯出。自诸侯出，盖十世希不失矣；自大夫出，五世希不失矣；陪臣执国命，三世希不失矣。"①孔子所说的"礼乐征伐自天子出"、"自诸侯出"和"陪臣执国命"正好代表了从西周盛世到春秋霸主政治再到春秋末年礼坏乐崩的几个阶段，而孔子则生活在"陪臣执国命"的时代。孔子的目标不是在于恢复礼乐征伐"自诸侯出"的时代，而是要实现"礼乐征伐自天子出"的"天下有道"的政治局面。他希望恢复周礼，以不复梦见周公为极大的憾事，这就表明他的忧患不是表面的、局部的，他要从根本上来正本清源、拨乱反正。他的着眼点不在于当时一个或几个公室的大权旁落，而在于整个的天下秩序。孔子没有像一般贵族那样去经营家人产业，甚至连教育亲生子女的时间都少得可怜，《论语》中只有两条孔子教子的记载，他的时间和精力都用来思考天下大事，他的欢乐与痛苦都在天下政治之上。这是一颗多么悲怆的心灵，这是怎样广阔的心胸啊！战国文人和封建时代的文人乃至于现当代文人，都有程度不同的忧患意识和以天下为己任的担当精神，所

---

① 邢昺《论语注疏》，北京大学出版社1999年版，第224页。

谓身无分文心忧天下，就是中国文人心态的典型写照。这种忧患意识不能不导源于孔子。

第二，孔子以一身系天下的宗教承担精神去从事救世活动，显示了文人对所肩负的历史使命与社会责任的充分自觉。孔子以前的每一位社会成员都被安放在政治宗法的特定坐标系之内，一个人的社会地位、责任与言行在他还未出生之前，就已经被规定了，个人的人生价值主要是通过履行他在特定的政治宗法坐标点所规定的责任与义务而体现出来，思想言行绝不允许越位，也很少有人想去越位。孔子本人也说过不在其位不谋其政，但他的实际做法却是不在其位而谋其政。这并不是说孔子志在僭越名分，而是出于一种救世的初衷，是不得已的权变行为。对此，《论语》中有不少言论可作证明：

> 仪封人请见，曰："君子之至于斯也，吾未尝不得见也。"从者见之。出曰："二三子何患于丧乎？天下之无道也久矣，天将以夫子为木铎。"
>
> ——《八佾》
>
> 子畏于匡，曰："文王既没，文不在兹乎？天之将丧斯文也，后死者不得与于斯文也。天之未丧斯文也，匡人其如予何？"[1]
>
> ——《子罕》

在孔子的意识中，他所继承的是文王、周公所确立的文化传统，这确实是一种"天将降大任于斯人"的宗教神秘感与庄严神圣的使命感，是一种拯救乱世的救世主心态的体现。这种使命感完全是出于艰难时世的激发。正是出于这种宗教承担精神与使命意识，孔子才以"知其不可为而为之"的卓绝意志，宣传他的救世主张，讲学授徒，呼号奔走，虽历经挫折而不改初衷。《论语·微子》记载了两则小故事，最能

---

[1]　邢昺《论语注疏》，北京大学出版社1999年版，第113页。

见出孔子的救世精神：

> 长沮、桀溺耦而耕。孔子过之，使子路问津焉。长沮曰："夫执舆者为谁？"子路曰："为孔丘。"曰："是鲁孔丘欤？"曰："是也。"曰："是知津矣。"问于桀溺，桀溺曰："子为谁？"曰："为仲由。"曰："是鲁孔丘之徒与？'对曰："然。"曰："滔滔者天下皆是也，而谁以易之？且而与其从辟人之士也，岂若从辟世之士哉？"耰而不辍。子路行以告。夫子怃然曰："鸟兽不可与同群，吾非斯人之徒与而谁与？天下有道，丘不与易也。"

> 子路从而后，遇丈人以杖荷蓧。子路问曰："子见夫子乎？"丈人曰："四体不勤，五谷不分，孰为夫子？"植其杖而芸。子路拱而立。止子路宿，杀鸡为黍而食之，见其二子焉。明日，子路行以告。子曰："隐者也。"使子路反见之。至，则行矣。子路曰："不仕无义。长幼之节，不可废也；君臣之义，如之何其废之？欲洁其身，而乱大伦。君子之仕也，行其义也。道之不行，已知之矣。"①

在秩序紊乱、天下滔滔的形势下，一些士人黯然回到田园，当起了逃避乱世、洁身自好的隐君子，建立起自耕而食的人生信念。上述材料中的长沮、桀溺、荷蓧丈人都是乱世中避世之士。而孔子明知道之不行，却执着地抱定救世的宗旨。讽刺也罢，挖苦也罢，讽劝也罢，碰壁也罢，都不能使他改变宏伟的人生抱负。正是在这些地方，孔子表现出沧海横流、超越平凡的巨人本色。孔子何尝不知道要实现他的政治理想是多么困难，他对自己四处碰壁、惶惶然若丧家之犬的处境何曾不感到悲凉、感伤和迷惘，但他却义无反顾地一味前行。他像一位

---

① 邢昺《论语注疏》，北京大学出版社1999年版，第249—252页。

跋山涉水的朝圣者，为了到达圣地一表崇拜之情，即使是累死、渴死、病死也无怨无悔。他又像是一位慈悲的教主，愿以一个人的心灵来承受全人类的苦难。孔子对从政有一种永不衰竭的热情，他多么渴望当时能有一个诸侯能够赏识他重用他，他之周游列国，目的就是游宦，用今天的话来说，就是寻找做官的机会。孔子身上的这种"官迷"现象，与当今社会那些不择手段、处心积虑地讨官、跑官、买官、要官行为有着质的不同。对孔子来说，要拯救乱世，就不能像长沮、桀溺、荷蓧丈人那样在荒村田园中寻求一片净土，做一个内心平静的避世之士，而必须要在滔滔乱世之中苦苦求索。在长沮、桀溺、荷蓧丈人、楚狂接舆诸人看来，孔子是一个不能免俗的人，但超脱现实的世外高人，所拯救的只是他本人，而不能救整个社会。长沮等人所讥讽的孔子救世行为，实际上正是孔子作为文化巨人的伟大、崇高、深沉、奇伟之处。从战国实际情形来看，真正继承长沮、桀溺、荷蓧丈人、楚狂接舆的人毕竟是少数，倒是孔子以天下为己任的宗教承担精神，在战国文人那里得到了极大的发展。战国时期当然也有一些以个人利益为转移的文人和宣扬避世思想的隐士，但这不是主导，战国文人的大潮流大趋势是从孔子那里继承来的人类责任心与历史使命感。从西周春秋时期庶人不议到战国时代的处士横议，从忠实履行政治宗法职责、思不越位到以天下为己任，在这种社会心理的转变之中，孔子处于一个枢纽的地位。

　　第三，孔子指出士的立身依据与最高志趣是道，表现了一种理论的自觉。道的本义是道路，引申为道理、理论、学说。不同时代不同思想家所说的道，各有不同的内涵。在孔子的语言中，道是一种合乎礼义的道理，是一种思想学说。修身齐家用道，治国平天下更要用道。《论语》中记述了许多孔子论道的言论：

> 朝闻道，夕死可矣。

——《里仁》

> 士志于道，而耻恶衣恶食者，未足与议也。

——《里仁》

> 志于道，据于德，依于仁，游于艺。

——《述而》

> 笃信好学，守死善道。①

——《泰伯》

孔子认为，道的价值高于人的生命，人生的价值与意义就在于理解、信仰这个道，必要时不惜用自己的生命去捍卫它。《论语·卫灵公》载孔子语云："志士仁人，无求生以害仁，有杀身以成仁。"②仁是道的核心内容，杀身成仁，换句话说，就是杀身守道。西周春秋时期这个修齐治平的道原本掌握在王侯卿士大夫手中，士人可以不必去管它，只需守住士道亦即履行士阶层的责任与义务就可以了。但王室式微天下大乱之后，士人就不能只讲士道，而必须掌握平治天下之道。有了这个道，士人关心天下大事就不再是出于一种主观情感，而是从理论到实践的理性行为。因此道是士人立身处世的根本依据，是庶人议政的理论基础。从孔子多次强调"天下无道"来看，孔子认为道不在当时的统治者王侯贵族手中，而在士的手里。王侯贵族握有权柄但却没有道，士有道却处于无权阶层，由此而形成了政治与文化两个相激相荡的系统。孔子的理想是以士所掌握的道来对现实政权系统提供批评与指导，获得王侯贵族的支持，使道贯彻于现实政治之中。高举道的旗帜，呼吁士以道为旨归，这是孔子重大的创举，是孔子作为文化巨人的又一重要原因。在孔子之前，曾经有一批正直敢言、卓有建树的历

---

① 邢昺《论语注疏》，北京大学出版社1999年版，第50、85、104页。

② 邢昺《论语注疏》，北京大学出版社1999年版，第210页。

史人物，诸如管仲、季文子、臧文仲、赵衰、倚相、申叔时、孙叔敖、季梁、子产、晏婴、叔向、蘧伯玉等等，但他们的业绩或者在于匡谏君过，或者在于辅佐君主忠心不贰，或者在于顺应时势改革弊政，而未能以道的旗帜相号召，这样他们的功业就只能局限于一个较短的历史时期，而无法产生深远的影响。孔子则立足于根本，目光远大，故能声宏而远，泽及万世。与道密切联系的是孔子重视士的伦理道德修养，一部《论语》大体上讲的是如何做人的学问。在孔子看来，士的得道主要不是像学习自然科学那样依靠天资与勤奋，而更多的是依赖人的品质培养。从个人的内德充实发挥为外在的事业，遵循一条从伦理到政治的路线。士首先应该对自己所肩负的历史使命与社会责任有一种清醒的自觉，然后才有理论的自觉，由理论的自觉而激发起培养伦理品质的自觉。这几者的关系，《论语·泰伯》所载曾子之语讲得极为透彻："士不可以不弘毅，任重而道远。仁以为己任，不亦重乎？死而后已，不亦远乎？"[①]孔门师徒是以宗教的虔诚精神来承担大任，来进行品质修炼与思想学说的探索。孔子的理论自觉对战国文人起到了一种开风气的作用，战国时期各个学派对于平治天下的思想学说的辛勤探索，战国文人关于为王者师的普遍心理以及以自己的思想学说指导现实政治的高度自信，战国文人所提出的道高于君的命题，尤其是战国文人的以思想、道义、品德、才能、情感、义气与爵禄相抗衡乃至于前者高出于后者的新的价值观，都无一例外地导源于孔子。读者们可能会提出这样的批评：战国时期只有儒家后学高举孔子的旗帜，其他学派的学说与孔子不尽一致乃至于全相反对，怎么说孔子为战国诸子百家的先驱呢？孔子与诸子百家的关系不能纯粹从学说的同异来作考察。孔子给战国文人的影响，在于他确立了一种全新的思维方式，即使是反对他的战国文人，也不能不受他的影响。

第四，孔子开创了周游列国之风。春秋时期各诸侯国就有"人才

① 邢昺《论语注疏》，北京大学出版社1999年版，第103页。

流动"现象。《左传·襄公二十六年》载蔡声子之语云："虽楚有材,晋实用之。"蔡声子列举了析公、雍子、子灵、苗贲皇由楚奔晋的事例,以此说服楚国召回椒举。楚材晋用的原因是楚人受到政治迫害而不得不到晋国避难,用蔡声子的话说,就是"今楚多淫刑,其大夫逃死于四方,而为之谋主,以害楚国"[①]。其实这种因政治避难而引发的人才流动不仅发生在晋、楚之间,其他各诸侯国都互有政治流亡事件。这些政治流亡者不仅挑起诸侯国之间的矛盾,而且对避难国的政治、经济、军事的发展起到举足轻重的作用。例如地处长江下游的吴国在春秋中后期崛起称雄,就与楚国政治流亡者申公巫臣、伍子胥的策划有密切的关系。孔子离开鲁国当然也有特定的契机,这就是齐国施展美人计,鲁国君臣沉溺声色,而且又不送胙肉给孔子,这使孔子感到在鲁国没有受到应有的尊重,无法施展政治抱负。他后来在列国之间奔走,也是因为没有诸侯国用他。孔子不是有了官位就满足的人,他还有更高的意图,这就是要恢复西周礼制秩序,他一直在寻找一个政治试验场所。孔子的周游列国与此前的人才流动的区别就在于:前者是出于救世的目的而自觉地宣传其政治主张,后者则是为了逃避政治祸患;前者是为了天下,后者是为一己或一家族的利益;前者是为了获得某一诸侯的信任,以此作为重建秩序社会的基地,后者则为了借他国之力复自己之仇。这两者境界的高低阔狭是不言而喻的。所以,孔子周游列国,与此前楚材晋用现象有着本质的区别。由孔子首倡,战国文人大都没有祖国的概念而只有天下的意识,他们纷纷奔走列国,攘臂游说诸侯,由此而构成战国时代一道独特的风景线。虽然战国文人中也有人为一己私利、为猎取卿相富贵而朝秦暮楚,但大多数文人还是继承孔子救世的神圣宗旨,特别是墨家学派更提倡毫无保留地将个人的毕生精力奉献给天下,他们确实有一种自觉地为了天下而受苦受难的伟大宗教情怀。在战国交通、通信、传播事业极不发达的历史

---

① 杨伯峻《春秋左传注》,中华书局1981年版,第1120、1121页。

条件下，士林周游列国成为宣传思想学说、传播学术薪火、扩大政治影响、理论联系实际的主要形式，可以说没有战国士林的周游列国，就不可能有如同烈火般的战国士文化思潮，就不可能出现百家争鸣的局面，诸子学说就不能付诸实施。

第五，在中国文化教育发展史上，孔子也是一个开一代新风的关键人物，是他第一个将文化从官府带到民间，首创私人讲学之举，从而为下层士林的崛起创造了条件。在中国教育史上，孔子无疑是一个划时代的枢纽人物。孔子以前学在官府，生员是王侯卿士大夫贵族子弟，教师是作为贵族官僚的太师之流，教育的目的是为世卿世禄制度培养人才，这是一种典型的政教合一的教育体制。孔子则打出"有教无类"的旗帜，使教育大门向全社会开放。[①]《史记·孔子世家》载："孔子不仕，退而修《诗》、《书》、《礼》、《乐》，弟子弥众，至自远方，莫不受业焉。"又说："孔子以《诗》、《书》、《礼》、《乐》教，弟子盖三千焉，身通六艺者七十有二人。"[②] 他的弟子中当然也有贵族子弟．但更多的是出身平民阶层的学子。钱穆先生在《先秦诸子系年·孔子弟子通考》中说：

> 孔子弟子，多起微贱。颜子居陋巷，死有棺无椁。曾子耘瓜，其母亲织。闵子骞着芦衣，为父推车。仲弓父贱人。子贡货殖。子路食藜藿，负米，冠雄鸡，佩豭豚。有子为卒。原思居穷闾，敝衣冠。樊迟请学稼圃。公冶长在缧绁。子张鲁之鄙家。虽不尽信，要之可见。其以贵族来学者，鲁惟南宫敬叔，宋惟司马牛，他无闻焉。[③]

这些出身微贱的弟子在孔子门下学习六艺，与孔子并列为圣贤，彪炳

---

① 春秋末年开门办学的可能不止孔子一人，例如鲁国的少正卯，据说门下弟子与孔子相等。但是，当时能够开宗立派的人并不多。

② 司马迁《史记》，中华书局1959年版，第1914、1938页。

③ 钱穆《先秦诸子系年》，中华书局1985年版，第83页。

史册，万代称颂，这不能不归功于孔子。平民有了文化，才具备了参政议政的资格，才能从简单的体力劳动中挣脱出来，才能接受人类的文明成果，并以自己的新的文化创造贡献给人类文明，由此而推动人类文明事业的发展。以子路为例，在未遇孔子之前，他过着浑浑噩噩的日子，是孔子给他的人生道路指明了方向，子路才得以名列圣贤永垂青史。孔子授徒讲学，孔门弟子是直接受惠者，但战国士文化从中获益更大。战国士文化兴起需要必要的物质条件，而在战国士文化诸多物质条件中，人才居于第一位。孔子讲学为战国士文化准备了人才，他不仅传授文化知识给弟子，更重要的是把拯救天下的忧患意识与责任感传给他们，把火热的政治激情传给他们，把王道文化的薪火传给他们。钱穆先生在这篇文章中又说："余考孔门弟子，盖有前后辈之别。前辈者，问学于孔子去鲁之先，后辈则从游于孔子返鲁之后。如子路、冉有、宰我、子贡、颜渊、闵子骞、冉伯牛、仲弓、原宪、子羔、公西华，则孔门之前辈也。游、夏、子张、曾子、有若、樊迟、漆雕开、澹台灭明，则孔门之后辈也。虽同列孔子之门，而前后风尚，已有不同。由、求、予、赐，志在从政；游、夏、有、曾，乃攻文学，前辈则致力于事功，后辈则研精于礼乐。……大抵先进浑厚，后进则有棱角。先进朴实，后进则务声华。先进极之为具体而微，后进则别立宗派。先进之淡于仕进者，蕴而为德行。后进之不博文学者，矫而为玮奇。此又孔门弟子前后辈之不同，而可以观世风之转变、学术之迁移者也。"① 无论是前辈还是后辈、无论是先进还是后进，无论是重事功还是重德行，都是直接继承了孔子的事业。孔子有了一大批拥护者和追随者，由此而形成中国文化学术史上第一个流派——儒家学派。当然，孔门弟子对孔子的贡献也是巨大的，孔子与门人弟子，如同耶稣与十二门徒一样，或者与释迦牟尼与他的众弟子一样，是一种相辅相成的关系，耶稣与释迦牟尼如果没有门徒的宣传阐发，不可能成为基督教和佛教

---

① 钱穆《先秦诸子系年》，中华书局1985年版，第81、82页。

的教主，同样，如果没有门人弟子对孔子学说的宣传、捍卫及发扬光大，那么孔子绝不会获得如同日月般的名声，孔子的事业就会中绝，那么战国文人的心态就可能是另一个样子。孔子讲学授徒不仅培养了一大批儒家学者，更重要的是他开辟了一个新思路——通过讲学来开宗立派，传播自己的思想学说。战国诸子百家就是沿着孔子这一路径走下来的。

孔子是一个具有浓厚复古色彩的历史人物，有人将他视为近代中国落后挨打的思想根源，认为一定要打倒孔家店才能带来中国文化的复兴，有人痛骂他企图复辟，开历史的倒车，又有人为他分辩说这是在复古的旗帜下进行政治革新，其性质如欧洲16世纪的文艺复兴一样。从战国到当代，人们分别运用不同的理论，从不同的历史文化背景来阐释孔子学说，不断地重塑孔子形象。在"文革"时期，孔子也曾经历厄运，但孔子终究还是孔子。不论你是歌颂还是反对孔子，孔子对后人的巨大影响无法否认。不管怎样说，孔子开启了一代新风，这是无可置辩的历史事实。就孔子讲孔子，很难说清孔子巨大的文化意义与价值。孔子的意义，要从中华民族文化发展的环节上，才能讲清楚。战国秦汉之际儒家讲孔子，就是把他放在中华文化发展环节之中。孔子是此前文化传统的捍卫者，又是此后新文化的开创者。孔子是中国文化发展过程中的一个枢纽人物，起到承前启后的重大历史作用。我认为这其中的原因，就是本章开头所分析的上古三代文化传统的影响，孔子的一切言行、孔子对后代文人所起的风范作用以及春秋战国几百年的社会心理，都必须放在这个传统下予以理解。他将此前文化传统继承下来，然后传给后人。如果没有孔子继承上古三代文化传统，那么中国后世的文化就可能是另一个样子。孔子出于对上古三代政治黄金时代的向往，希望以自己的思想学说来重建一统天下，这是孔子影响战国文人心态、开时代新风的根本之点。这样，上古文化传统与孔子、孔子与战国文人、战国文人与秦汉统一社会，就构成一个互为联系、一通百通的整体。只有这样，我们才能讲清战国文人心态的历史渊源与文化根基，才能在两千多年之下把握战国文人的灵魂。

第二章　战国文人心态的总体特征

战国从时间上说始于公元前475年，下迄公元前221年秦统一六国，历时凡254年。从学派上说战国文人划分为儒、道、阴阳、法、名、墨、纵横、杂、农、小说十家，每一家的文化心态都不尽相同，甚至同一学派的不同文人以及不同时段的文人也呈现出不同的心态特点。见于典籍所载的战国文人不下数百，而开宗立派、居于祖师地位的大文人也有一二十人之多。在这样长的历史广度和这样丰富复杂的层面上讨论战国文人心态发展史，难免给人以目不暇接、眼花缭乱之感，读者容易淹没在文人心态的海洋中而不得要领。因此，我们在勾勒战国文人心态发展轨迹之前，有必要对战国文人心态作一个总体概括，从中提炼出一个能够适应不同时期、涵盖诸子百家及其他文人心态的总体特征，这个总体特征也就是战国文人心态的要领。

一、战国士林阶层的兴起

一个时代文人心态总体特征的形成必须有赖于某些共同的物质条件。战国士林阶层的兴起就是战国文人心态总体特征形成的必要物质条件。战国士林阶层堪称战国时代最大的文人群体，虽然他们内部划分为不同的学派并标举不同的人生情趣及价值观，但他们目标相同，抱负相同，因此可以形成共同的心态特征。

士在西周春秋时期是政治宗法等级体制中位于大夫之下、庶人之上的一个特定阶层，这些士在和平岁月一般是充当卿大夫的冢宰，帮助卿大夫处理家政，作战时则执戈冲锋，他们是当时社会中的下层贵族。至春秋末年，孔子提倡有教无类，招收一批平民弟子入学，师徒及弟子之间互以士相勉励，砥砺士志，培育士节，鼓舞士气，至此士开始有了新的含义：士不再专指社会地位和身份级别，而是指有无投身现实政治生活的意愿，有无高尚的伦理品格与社会责任感，只要志在现实政治，有意挽救乱世，愿意投身于诸侯贵族或学术大师门下，就可以跻身于士的行列。孔子以文化传统的继承人和播火者自居，他将这些文化传授给这些弟子，由此而增添了士的文人色彩。至战国时代政治宗法等级体制进一步解体，士的来源也更加复杂，其中既包括众多的像张仪、范雎、商鞅、乐毅这样的贵族庶孽，也有像宁越、毛公、薛公、侯嬴、朱亥、聂政这样的处于社会底层的农民、无业游民、屠夫和低级役吏，还有一些以武犯禁的剑侠，以及众多的方技术士，甚至还夹杂了一些鸡鸣狗盗之徒。战国士林正是这样一些流品复杂且志向远大、富于创造进取精神的动态群体。士林阶层中也有一些文化水平不高的人，但文人却毫无疑问是这个阶层中的主体。

战国以前的士只能享受与其身份地位相一致的待遇，社会对这个阶层并未给予过多的注意。至战国时代士则成为社会关注的焦点。这是因为战国形势较之于西周春秋又有一些变化，历史在进入战国时代后，社会的动乱纷争进入了一个新阶段，从春秋几百年的血战中崛起的战国七雄，在更为剧烈、更为惊心动魄的程度上继续演出血与火的战争活剧。但是，中华民族并未因此失去它的灵魂，自传说中黄帝以来的天下一统的政治理想已深深地植根于民族心理之中。结束多元分裂的政治局面，重新实现天下一统，这个重大政治课题异常迫切地摆到战国人们的面前。孔子向往礼乐征伐"自天子出"；墨子希望人们意见逐级上同到天子，天子上同于天；孟子答梁襄王，说天下"定于一"等等，都表明了时代所提出的历史要求。要统一，就意味着以其中一国灭亡其他六国，所以战国七雄都面临着生存竞争并进而统一天下的问题，而生存竞争最终归结到人才竞争。《战国策·秦策》说："夫贤人在而天下服，一人用而天下从。"①《吕氏春秋·赞能》说："得地千里，不若得一圣人。"②都表明当时人们对人才重要性的共识。

就是在这样的形势下，社会把目光投向士林阶层。士既不像上层贵族那样泰奢荒淫、愚蠢无能，又不必像最下层劳动人民那样必须为衣食住行而从事繁重的体力劳动。《墨子·贵义》说："翟上无君上之事，下无耕农之难。"③即表明士这一身份特点。士对当时天下大势有透辟的分析，具有思想理论、政治、军事、外交、经济、文化、艺术、科技等多方面的才能。尤为可贵的是，士继承了孔子以布衣而心忧天下的精神，他们勇敢地肩负起拯救"天柱折，地维绝"局面、再造一统苍天的历史重任，他们以巨人的心胸、气魄、力量和热情去从事创造历史的理论和实践活动。这种特定的身份地位和庄严崇高的目标使士最有资格成为战国时代的政治主角。士就是这样肩负着历史的重托，从政治的从属、配角地位而昂然走向战国政治舞台的中心。在战国两百多年时间内，在神州大地，激荡着一股强大的士文化思潮。我们所说的战国士文化，就是这样一种以战国士林为创造主体、以平治天下为奋斗目标、以思想解放锐意创新为特征的文化思潮。战国文人的一切文化创造、战国文人心态，都要放在这个士文化思潮的大背景之下来理解。

战国初年杰出的政治家魏文侯率先礼贤下士招揽人才，魏国依赖这些贤士的帮助而一跃成为当时的强国。风气既开，于是战国诸侯贵族竞相尊士，养士蔚然成风。可以这样说，战国诸侯贵族养士有多少之分，但是不养士的诸侯贵族恐怕是少有的。政治的多元化给士林提供了多向选择，而"士无定主"则使士林摆脱了固定的等级隶属关系，

---

① 《战国策》，上海古籍出版社1985年版，第88页。

② 《吕氏春秋》，中华书局1954年版，第309页。

③ 孙诒让《墨子闲诂》，中华书局1954年版，第269页。

士有恩则往，恩绝则去，形成一种诸侯贵族求士，而非士求诸侯贵族的情势。对于士林来说，东方不亮西方亮，黑了南方有北方，有的是回旋余地。这种状况与后世文人"朝扣富儿门，暮随肥马尘，残杯与冷炙，到处潜悲辛"[①]的屈辱大相径庭。在士与诸侯贵族的交往中，士可以当面批评、讽刺、驳斥、贬低诸侯贵族，而诸侯贵族也只有不悦、勃然变色而已，并不对士施加任何惩罚。战国士林从不委曲求全，他们并没有寄人篱下的感觉，稍有失礼之处，他们便会改换门庭。而失去士林对于诸侯贵族来说是一个非常可怕的信号，因为养士多少与尊士程度直接与国家的前途命运息息相关。战国时期各诸侯国的政治兴衰与国力强弱差不多都是与尊士养士联系在一起的，一些政治家的雄才大略往往体现在招贤纳士方面。得士者昌，失士者亡，士所在国重，所去国轻，这是战国诸侯政治的典型特征。

士的忧患意识和以天下为己任的意识觉醒了，士走向战国政治舞台的中心，士备受社会关注和尊重，士的自信心和热情力量被激荡起来，这个文人群体的文化心态总体特征就在这样的历史条件下而逐渐形成。

二、让心灵冲破牢笼

要把握战国文人文化心态的总体特征，必须讨论当时的思想解放对解脱文人心灵桎梏所起的重大作用。

战国以前的文人们的心灵被套上了宗教神学、政治、宗法、伦理等重重枷锁，心灵被束缚在一个很小的天地之内，很多问题不敢想也不允许想，认识被设置了层层禁区。一个人所要说的话、所要做的事、所要考虑的问题在他还在母体中躁动之际就被确定了，出生后只能在

---

① 杜甫《奉赠韦左丞丈二十二韵》。

他所处的政治宗法等级体系坐标系中的特定位置上活动，力求思不越位，一切言行也都不允许超越他的身份地位。在这重重束缚之下，人们的创造力也就被扼杀、被窒息，人成为会说话的政治宗法工具。

到了战国时代这重重枷锁便逐渐松动，渐渐被打开了。虽然因为时代条件的限制，战国时代的思想解放没有也绝不可能达到完全彻底的水平，但较之于此前的思想束缚，此时文人所享有的心灵解放与自由确实是空前的，在此后的整个中国封建时代也是无与伦比的。

让我们先来看宗教神学体系的崩溃。西周时期强调敬天保民，宗教神学处于不可动摇的统治地位，对此我们只要读一下《诗经》中的《周颂》，我们就可以知道周人对上帝、祖宗、神灵和各种天神地祇是抱有怎样虔诚、崇敬、景仰的心理。春秋时期进步的思想家们提出民为神主，天道远，人道迩，要求统治者将神明放在民生之下，集中精力先处理民生等现实政治问题，这意味着宗教神学开始尝到被冷落的滋味。孔子继承了春秋时期这股进步思潮，《论语》记载了他对天道鬼神问题的论述：

> 祭如在，祭神如神在。
>
> ——《八佾》
>
> 务民之义，敬鬼神而远之，可谓知矣。[1]
>
> ——《雍也》
>
> 子不语怪、力、乱、神。
>
> ——《述而》
>
> 季路问事鬼神。子曰："未能事人，焉能事鬼？"曰："敢问死。"曰："未知生，焉知死？"
>
> ——《先进》

---

[1]　邢昺《论语注疏》，北京大学出版社1999年版，第35、79、92、146页。

孔子在春秋末年西周礼治秩序崩溃的历史条件下，把主要精力放在克己复礼整顿现实人伦秩序大纲之上，因而对宗教神学采取了存而不论的态度，一方面他并没有否定鬼神的存在，另一方面他又不提倡对宗教神学进行深究，要求人们把注意力重心转移到现实人事方面，从而把人格神放在一个被崇敬信仰但又被冷落的微妙位置之上，这对于战国文人彻底破除人格神、挣脱宗教神学的绳索有一定的启示意义。

墨子有天志、明鬼之说，从表面上看似乎是对孔子"敬鬼神而远之"态度的倒退，实际上应该将这种现象放到特定的历史条件下予以具体分析。墨子生活在战国前期，此时战国士林刚刚登上政治舞台，士文化刚刚发端，士人的势力尚不足以强大到完全依赖人为努力的水平，而且当时社会对诸侯贵族缺少一种制约的力量。在这种情况下搬出天志鬼神的招牌，这是墨子不得已而采用的手法。墨子的立场始终是立足于"农与工肆之人"亦即最底层劳动人民之上，因此即使他宣扬天志明鬼，也与此前统治阶级借宗教神学来束缚人民的手脚有根本的不同，倒与西汉中后期文人借天人感应、阴阳灾异来抑制统治集团的胡作非为有极大的相通之处。我们只要看一看墨家学派为了拯救民众于水火之中的艰苦卓绝的努力，就可以知道墨子在内心深处何曾乞灵于鬼神的力量！

道家学派对于破除宗教神学起到了一定的积极作用。道家虽然没有完全否认鬼神的存在，但却在鬼神之上设置了一个无为而无不为的本体：道。春秋末年大哲学家老子第一次用"道"取代了天帝鬼神的至高无上的地位，战国时期的庄子学派继承了老子这一思想路线。《庄子·大宗师》说："夫道，有情有信，无为无形。可传而不可受，可得而不可见。自本自根，未有天地，自古以固存。神鬼神帝，生天生地。在太极之先而不为高，在六极之下而不为深，先天地生而不为久，长于上古而不为老。"[①]按照这个理论，鬼神就与天地万物一样，是由本

---

① 王先谦《庄子集解》，中华书局1954年版，第40页。

体的道派生出来的。既然如此，鬼神就不是主宰宇宙的根本力量。只要掌握了道，就取得了支配鬼神的力量。道不是独立于事物之外的东西，它就蕴含在一切事物里，《庄子·知北游》进一步说大道"在蝼蚁"、"在稊稗"、"在瓦甓"、"在屎溺"，道无所不在，那么由道派生的鬼神自然也就广泛地存在于宇宙间一切事物之中。有人说庄子学派具有泛神论思想，这是有一定理由的。泛神论不是让人们处处受鬼神力量束缚以至于无所措手足，相反无处不在的鬼神就像我们在日常生活中所接触到的阳光、空气、水、草木、土地一样司空见惯、平淡无奇。既然如此，还要尊敬鬼神干什么？

至荀子则完全推倒了宗教神学的偶像，他将天视为一种没有意志的自然现象，在《天论》一文中提出了"制天命而用之"的伟大思想：

> 大天而思之，孰与物畜而制之！从天而颂之，孰与制天命而用之！望时而待之，孰与应时而使之！因物而多之，孰与骋能而化之！思物而物之，孰与理物而勿失之也！愿于物之所以生，孰与有物之所以成！故错人而思天，则失万物之情。[①]

一切宗教神学在这样彻底的唯物主义者面前，都会变得苍白无力、一钱不值。套在文人心灵上的神学枷锁被彻底砸碎了。这在中国思想发展史上实在是一件值得大书特书的事情。从原始人由于生产力水平和认识水平低下而认为万物有灵，到统治阶级有意识地制造上帝及祖宗神、自然神偶像，还没有人大胆地怀疑上帝鬼神的存在，在人们虚构出来的无形的但又法力无边的鬼神之下，是无数苍生战栗恐惧的灵魂。现在人们再也不需要害怕这些冥冥之中的鬼神的惩罚了，因为所谓上帝鬼神本身就是子虚乌有之事。人的力量可以胜天，人是这世界上唯一值得敬畏的生灵，是万物的灵长。

---

① 王先谦《荀子集解》，中华书局1954年版，第211、212页。

政治宗法等级体制的枷锁也开始松动。西周时期所确立的政治宗法等级体制是一种金字塔形的结构，用《左传·昭公七年》的话说，就是"王臣公，公臣大夫，大夫臣士，士臣皂，皂臣舆，舆臣隶，隶臣僚，僚臣仆，仆臣台"[1]。各个等级在政治上是上下隶属关系，在宗法上则是大宗与小宗的关系。东周以后天子失去了统治天下的威权，春秋霸主标举尊王攘夷，但这不过是挟天子以令诸侯的政治手段。周天子事实上已经是一个势单力弱凄凄惨惨的政治破落户。《春秋》中就多有周天子向诸侯"求车"、"求金"的记载，引起史官"非礼"的讥刺。诸侯的命运也并不美妙，《史记·太史公自序》说："《春秋》之中，弑君三十六，亡国五十二，诸侯奔走不得保其社稷者不可胜数。"[2]各诸侯国君臣父子之间为争夺政权而互相残杀，演出了多少血淋淋的悲惨场面。昔日不可逾越的贵贱尊卑等级体制不再具有神圣意义，孔子所说的礼乐征伐"自天子出"、"自诸侯出"、"自大夫出"、"陪臣执国命"，形象地概括了从西周至春秋战国时期政治秩序江河日下、一代不如一代的情形。政治宗法等级体制松动的另一个标志是士无定主，文人摆脱了固定的人身隶属关系，可以自由地奔走于各诸侯国之间，做当时的"世界公民"。他们只有天下概念而没有诸侯国概念。在政治宗法等级体制统治严密的时期，天子诸侯的政令都是绝对不容怀疑、不容反驳、必须严格执行的圣旨，而到了战国时代，诸侯虽然还拥有极大的政治威权，但文人们可以凭借自己的理性去判断是非曲直，并发表自己的独立见解，这在西周时期实在是不可想象的事情。更为重要的是，在等级体制下人们所说、所做、所思都应该与他的身份地位相符，下层文人没有必要也没有权利议论国家大事。孔子所说的"天下有道，则庶人不议"，即是指这一点。到了战国时代这一切框框便全打破了，士不仅可以议论大夫的事，而且可以讨论诸侯的事和天子的事，庶人

---

[1] 杨伯峻《春秋左传注》，中华书局1981年版，第1284页。

[2] 司马迁《史记》，中华书局1959年版，第3297页。

议政是战国政治的一大特征。不仅文人可以议政，最下层的劳动人民也可以议政，只要他有这一份政治激情和主人翁的责任感。

西周时期所制定的种种伦理规范到战国时代也对人们的言行失去制约力量。礼义、信用、仁慈、道德、《诗》、《书》言论、圣哲遗训，这一切的一切都不再具有权威性。我们将《国语》、《左传》与《战国策》互为对照就可以知道，春秋时期列国之间的各种矛盾往往要依靠礼义规范来加以调整，外交行人折冲樽俎的武器往往是《诗》《书》礼义，一篇大义凛然的礼义说辞足以遏止千乘雄师。《国语·晋语八》记载，晋、楚两个大国讨论弭兵，楚国令尹子木试图在大会期间偷袭晋军，晋国大夫叔向提出要以忠信来震慑楚人，结果是"楚人不敢谋，畏晋之信也"①。但到了《战国策》中则一变而为赤裸裸的利害分析。儒学大师孟子试图宣传唐虞三代之德，结果被人们讽笑为落伍于时代的迂阔者；商鞅欲以帝道和王道游说秦孝公，秦孝公听着听着便打起了瞌睡。只有权谋、机诈、手腕、利益才能打动那些诸侯贵族。像齐桓公为取信天下诸侯而恪守刀下之盟，归还侵占鲁国的土地，像晋文公为了取信于民而伐原，这在战国时代都是极为少见乃至于是不可思议的事情。明末清初的大学者顾炎武在《日知录》中曾将春秋与战国的风气作了比较：

> 春秋时犹尊礼重信，而七国则绝不言礼与信矣；春秋时犹尊周王，而七国则绝不言王矣；春秋时犹严祭祀重聘享，而七国则无其事矣；春秋时犹论宗姓氏族，而七国则无一言及之矣；春秋时犹宴会赋诗，而七国则不闻矣；春秋时犹有赴告策书，而七国则无有矣。邦无定交，士无定主，此皆变于一百三十三年之间。②

① 《国语》，上海古籍出版社1998年版，第464、465页。
② 顾炎武《日知录》卷一三《周末风俗》。

顾炎武所列举的春秋战国风气的诸多不同，核心内容是西周春秋旧伦理道德的崩溃，一切温情脉脉的面纱到战国时代都被撕破了，剩下的只有智与力的较量。当代学者方铭也在他的博士学位论文中说：

> 可以说，战国时代，随着旧道德、旧秩序的解体，以无道德为道德，以无秩序为秩序，建立起了一套新的"道德"、"秩序"，这就是一切为了在竞争中求生存，在竞争中求发展，只要符合生存与发展的目的，就是合于"新道德"；只要是凭借实力争来的地位，就是合于"新秩序"。①

旧道德的崩溃打开了套在文人心灵上的又一重枷锁，文人们可以按照自己的理想重新设计伦理模式，可以不必顾忌自己的言行是否符合当代社会的伦理规范。像杨朱学派敢于公开打出"为我"的旗帜，像庄子等人高呼"绝圣弃知"，像颜斶敢于宣称士贵王不贵，这在战国之前确实是令人连想都不敢想的事情。

　　战国时期在破除圣贤、权威方面也有一定的进步。虽然当时社会上还有一些崇拜圣贤的风气，各个学派都习惯于在古代贤圣的旗帜下提出自己的见解，编造了许多古代圣贤的故事，甚至还有不少人托古今圣贤之名而著书立说，各个学派的弟子后学对自己的祖师也怀有深深的崇敬之情，刻意模仿祖师的思想及文风进行著述或创作，但在另一方面，战国文人又表现出某种蔑视圣贤权威的勇气。例如墨子本学于儒家，但因不悦儒学而另树新帜，对儒家给予犀利的批判。李斯本为儒家大师荀子的弟子，后来却公开宣称儒生是对社会有害无益的蠹虫，呼吁诸侯予以根除。某一学派所刻意树立、对之顶礼膜拜的圣贤偶像，其他学派必极尽揶揄、嘲讽、贬低、挖苦、谩骂之能事；某一学派所设置的认识禁区，其他学派必破门而入。战国时期没有一个为全

---

① 　方铭:《战国文学史》，武汉出版社1996年版，第31页。

社会所认同的理论体系，没有一个为各家共同接受的圣贤权威。唯一高扬的是士人的理性，一切思想、学说、理论、教条、圣贤言论都要在士人的理性面前接受检验与批判。在战国文人面前，没有不准认识的领域，也不存在任何理论禁区，宇宙的构造、天体的功能、名与实的关系、认识的特征、人性的善恶……这一切都在战国文人的理论视野之内，而且都取得了突破性的进展。战国文人，特别是那些开宗立派的战国文人，具有一种敢于怀疑、敢于否定、敢于创新、敢于开拓的理论家所必备的素质，他们凭借这些素质而创立了丰富的理论，他们也因此成为彪炳史册的中国文化巨人。

在整个中国封建时代，战国文人所达到的思想解放水平堪称空前绝后，他们心灵的束缚最少，思想的自由空间最大。战国文人在某些方面诸如否定天命鬼神、标举自由独立人格、提出相对平等的人生价值观等等，已与现当代思想水平相接近，在某些方面甚至超越了当代。西汉初年思想控制相对放松，但思想解放的规模及其深度却无法望到战国的项背。魏晋六朝时期经学衰微玄学兴盛，思想相对解放，但这种解放毕竟是在《易》、《老》、《庄》的框架之内。唐代儒佛道三家并重，文人的思想有较大的出入回旋余地，但在破除旧观念、进行理论创新方面，根本无法与战国文人相比。当然战国时期的思想解放并不是说当时的生产力已经达到了相当高的水平，并不是说人类思想发展到这个时代已经酝酿着大突破，而是当时特定的多元政治局面所提出的要求，是文化传统的影响与现实政治的召唤相结合的产物。后代的思想解放不及战国，并不是意味着社会的倒退或文人智力水平的降低，而是封建社会由乱世进入正常状态之中，人们的心灵又重新进入牢笼之中。

三、战国文人心态总体特征的形成

战国多元分裂政治局面对人才的深情召唤、诸侯贵族对士人的普遍尊重把战国文人推向政治文化学术舞台的核心，为战国文人平治天下创造了外部条件；神学、政治、宗法、伦理、权威诸多精神枷锁的松动和解脱，文人心灵获得了有史以来的大解放，这为战国文人平治天下提供了内部条件。战国文人在空前有利的历史条件下从事平治天下的伟大创造。在战国文人这个庞大的群体之中，有文化精英和普通民众之分，而最能代表和体现战国时代文人心态特征的，当然首推那些文化精英人物的心态。我们所说的文化精英，指的是战国诸子百家。战国文人在不同的层面上展开救世活动，但是最有价值、最有文化内涵的要首推战国那些文人领袖们所提出的种种平治天下的道术亦即思想理论。如何结束分裂多元的政治局面？如何重建王者一统天下？理想的社会究竟应该是怎样的图景？怎么样才能达到自己的政治目的？这些问题是战国两百多年仁人志士共同思考的问题。他们都对这些问题作出的自己的回答。因此，以道术平治天下，是战国文人心态的总体特征。尽管战国诸子百家的思想学说不尽相同，但在以自己的思想学说来平治天下这一点上则是完全一致的。这个总体特征贯穿战国两百多年，在神州东西南北中各地都有充分的体现。战国文人深知时代在呼唤道术。因而在战火弥漫的社会环境中，以空前的热情和巨大的紧迫感投入了理论创造工作，表现出高度的理论自觉。在思考如何重新统一天下的方略时，战国文人毫无后代那种"学成文武艺，货与帝王家"的佣工交易意识，而是把自己看作是当今社会的救世主，以强烈的主体意识去肩负起再造一统天下的使命。他们执着地相信一旦自己的学说得以实施，便会重新达到天下大治。我们读战国诸子的著作，两千年之后仍能强烈地感受到从字里行间透发出来的强烈自信心和坚强的意志。这些文人在批驳其他学派、宣传自己政治观点的时候，何曾有半点的怯懦，何曾有一丝一毫的迟疑，何曾有些微的模棱两可！他们并不是热衷于纸上谈兵，他们的理论来源于现实，又运用到指导现实的斗争之中。他们的人格也是与自己的理论主张保持完全一致，他们提出了某种理论，就全力以赴地宣传这个理论，身体力行地实践自己的理论主张。他们是大胆的，也是真诚的。他们从不屑于说一套做一套，从来不曾想到以某一种连他们自己也不相信的学说作为招牌，再以这块招牌去谋取名利或维护集团既得利益。他们的人格是统一的，这些思想巨人同时也是天下最真诚的人。

由战国文人心态的总体特征而派生出一些其他心态特色：

第一，为王者师的人生愿望。战国文人大都有愿为君师不为臣的心理，他们有自己的统一天下的思想理论，而这些理论又不是束之高阁，而是用来指导现实斗争，诸侯贵族也在迫切地寻求统一天下的理论，乐于拜文人为师，所以战国很多文人都不愿意屈居于君权之下，而甘居于指导现实政治的君师地位。从战国早期的"事""友"之说到战国中期的王霸之辩、师友之分到战国后期"道高于君"的命题的提出，可以看到战国文人大都将人生愿望定位在帝王之师这一位置之上。

第二，刚健笃实、与天地相参的人格心理。战国文人深知他们安身立命的依据是他们的思想理论和人格力量，这是他们高出于诸侯贵族的原因所在，是他们的全部价值所在．是他们备受社会尊重的症结所在。因此，战国文人尤其重视砥砺品质磨炼意志，刻意培养平治天下所需要的人格力量。由于修身是一种非外力所能影响的反身而诚的内在修炼，所以它需要一种对自身肩负的历史使命的深刻反思，从而以一种极大的自觉性与主动性去实践这种类似于宗教修炼的修身活动。战国士林不同程度地具有这种宗教修炼精神，而作为思想家的战国诸子表现尤其突出。战国文人通过修身功夫，培养了对自己学说的坚定信仰，人格心理也因此饱满充实。志意修则骄富贵，道义重则轻王公。战国文人在与诸侯贵族交往过程中所表现出来的浩然正气和傲岸人格，正是这种人格心理的集中体现。特别是到战国中后期，战国士文化已经在政治、军事、思想、文化、外交各个领域取得了丰硕成果，战国文人从中看到了自己的伟大价值与非凡力量，他们更加充满无比的豪情，由此他们提出通过进德修业，使人与天地相参，从天地精神来肯定人，扩大、拓展人的境界。战国文人的人格心理至此发展到个空前未有的高度。

第三，标新立异的个性心理。如果说其他时代中国文人的心理趋于求同，那么战国文人则志在求异，力求标举自己与众不同的个性特色，以求最大限度地吸引社会的注意力。刘大杰先生指出："在当日经济政治制度以及社会组织起了空前变化的过程中，社会上的知识分子，面对着这种动摇不定的现实，面对着社会上的各种矛盾和阶级关系的变化，面对着劳苦人民的穷困生活，自然会产生出来各种不同的思想。有守旧的，有趋新的，有调和折中的，有代表贵族领主的，有代表新兴地主的，也有倾向于农民的，于是产生了历史上有名的诸子哲学时代。"[①] 时代在呼唤创新，呼唤奇特独异的才志之士，而战国文人本身也确实形成了许多独特的思想和奇异的个性，在时代的鼓励之下，他们尽情地展示自己的创造个性，使不同的个性各放异彩。在战国文人丰富的个性世界中，最重要最引人注目的是理论个性，诸子百家分别抓住传统思想的一个方面，向纵深开拓，开宗立派，各派之间形同水火，互不相容，由此而形成后世望尘莫及的百家争鸣局面。战国文人不喜欢作四平八稳让人无懈可击的论述，他们不愿意运用"一方面……另一方面……"之类的貌似公允全面的立论方式，他们永远只讲一个方面，只讲他们认识最深的那个方面，而不讲其他方面。儒家只讲仁义而不愿讲法术，法家只讲法术势而视仁义为敝屣，道家只讲自然无为之道，墨家只讲他们的兼爱，阴阳家只讲五德终始与大九州，农家只讲自食其力……你可以批评他们立论片面，你可以指责他们言辞偏激，但是他们以毕生乃至几代人的精力与智慧，去讨论一个学术问题，将这些问题探讨到无以复加的深度，由此而在人类思想史上留下了痕迹，而那些喜欢立论平稳、论述全面的人们却与文明创造无缘。

第四，相对平等的价值观念。战国文人由于处于政治文化学术的

---

① 刘大杰《中国文学发展史》（上），上海古籍出版社1982年版，第66页。

中心地位。在人格心理上处于优势地位，超越了巍巍然的诸侯贵族，因而在价值观念上也突破了以往按尊卑等级评价人物的做法，评价人物主要是依据内在的实际价值与才能，而不是外在的身份地位。从战国早年的"势不若德尊，财不若义高"到后来的以年齿、道德与爵禄相抗衡，乃至于发出"士贵耳，王者不贵"的呼喊，这一切都代表着战国文人价值观念的更新。在战国文人心态当中，价值观念占据着极其重要的核心地位，正是在这种新的价值观念的鼓舞之下，战国文人才显得那样信心百倍，才能在心理上居高临下雄视一切。贫穷、困窘、低贱在战国时代都不是羞耻之事，因为德行、道术、仁义、人格、情感义气、政治军事外交的才能都足以弥补贫贱之不足。由此可见战国文人的价值观确有某种程度的现代平等意义，它出现于中国封建制度链条断裂的时代，在打破等级制度方面是后世无法望其项背的。

以上简要讨论了战国文人心态总体特征及其一些派生特色，在下文具体勾勒战国文人心态轨迹的时候，还要围绕这些心态内容进一步展开，深入战国文人的内心世界进行更具体更细致的审视与考察。

四、战国文人心态的历史分期

钱穆先生在他的《先秦诸子系年·自序》中，对战国政局及学风的演变有一个精辟扼要的概括，兹摘录如下：

尝试论之，晚周先秦之际，三家分晋，田氏篡齐，为一变。徐州相王，五国继之，为再变。齐秦分帝，逮乎一统，为三变。此言夫其世局也。学术之盛衰，不能不归于时君世主之提抑。魏文西河为一起，转而之于齐威、宣稷下为再起，散而之于秦赵，平原养贤，不韦招客为三起。此言夫其学风也。书分四卷，首卷尽于孔门，相宰之禄，悬为士志，故史之记，流为儒业，则先秦学术之萌茁期也。次卷当三家分晋，田氏篡齐，起墨子，终吴起。儒墨已分，九流未判，养士之风初开，游谈之习日起，魏文一朝主其枢纽，此先秦学术之酝酿期也。三卷起商君入秦，迄屈子沉湘。大梁之霸焰方熄，海滨之文运踵起。学者盛于齐魏，禄势握于游仕。于是有白圭、惠施之相业，有淳于、田骈之优游，有孟轲、宋钘之历驾，有张仪、犀首之纵横，有许、陈之抗节，有庄周之高隐，风发云涌，得时而驾，乃先秦学术之磅礴期也。四卷始春申、平原，迄不韦、韩、李。稷下既散，公子养客，时君之禄，入于卿相之手，中原之化，遍于远裔之邦。赵、秦崛起，楚、燕扶翼。然而烂漫之余，渐归老谢，纷披已甚，王于斩伐。荀卿为之倡，韩非为之应，在野有老聃之书，在朝有李斯之政。而驺衍之颉颃，吕韦之收揽，皆有汗漫兼容之势，森罗并蓄之象，然犹不敌夫老、荀、非、斯之严毅而肃杀。此亦时运之为之，则先秦学术之归宿期也。[①]

钱穆先生对先秦学术的分期大体上适用于战国文人心态的历史分期。只是他将孔门弟子列为萌茁期，将墨子、吴起等人列为酝酿期，这两个阶段实际上可以合并为一期。这是因为孔门弟子子夏等人是魏文侯时期的文人代表，除了子夏等人在战国早期为魏文侯师之外，史籍没有留下更多的孔门弟子的心态状况的资料。《论语》中虽载有子夏、子游、曾子等人的言论，但这些言论都是孔门弟子模仿孔子的思想及口吻而发，很难与孔子作出明确的区分。参照钱穆先生的划分，我们将战国文人心态的发展演变分为早期、中期、后期三个阶段。

　　战国早期文人心态可从下列线索去考察：其一是从魏文侯师子夏、田子方、段干木可以看出战国文人为帝王师的心理开始形成；其二是

势财不及德义的新价值观宣告确立；其三是从儒墨分判以及法家思想萌芽可以看出战国文人独立创新的个性心理已见端倪；其四是从墨子代表"农与工肆之人"利益和吴起杀妻求将、母死不归以及为士卒吮疽等行为可以看出下层文人的非凡政治抱负，而墨子以天志明鬼制约统治者手段又分明显示此时文人对自身力量尚缺乏足够的信心；其五是原宪、季次贫居不仕体现了君子固穷这一类文人的心态模式；其六是子思"好大""有傲世主之心"揭示了战国文人逐步走向人格独立。此时在政治舞台上崭露头角的主要是儒、墨及早期法家，以思想学说平治天下的主体精神已基本形成。

战国中期文人心态的内容最为丰富多彩。发端于战国早期的某些文人心态特征到此时发展到更高的水平，文人的独立人格心理进一步高扬，形成刚健笃实、辉光日新、与天地相参的宏伟人生哲学。此时除儒、墨、法之外，其他诸子百家蜂出并作各开户牖，出现多元人生价值观并存的局面，文人的个性如百花齐放竞相争妍。庄子高举心灵自由的旗帜，倡导一无所待的逍遥游，反对人性异化，成为战国中期追求心灵自由的文人代表。孟子最强烈地弘扬了文人不可屈服不可侮辱的独立人格力量，宣称"当今之世，如欲平治天下，舍我其谁"，最集中地突出了战国文人以思想学说平治天下的主体精神，刻意培养至大至刚、塞于天地的浩然正气，提出尽心、知性、知天的人生修养路线。孟子的仁政学说虽不为当时诸侯所用，但他的心态却最能代表战国文人的文化心理。南楚的伟大诗人屈原一方面禀受了时代所赋予的灵气，另一方而又受南楚巫文化的沾溉与滋润，由此而形成一种光照日月、芬芳峻洁的人格心理。

战国后期四公子和吕不韦养士三千，将诸侯贵族尊士养士之风推向高峰。战国前期和中期所形成的某些文人心态特征，诸如欲为王者师、高扬独立人格等等，在此时得到进一步的继承和发展。但这不是战国后期文人心态的主流，代表这一时期文人心态主流的是与统一步伐加快相适应的士人文化心理，它主要有四种表现：其一是以驸衍为代表，以齐人所特有的奇异想象力与推理能力，创造了以五德终始为核心的历史哲学和以大九州为主要内容的地理学说，为即将到来的统一政权服务，体现出濒临渤海的燕齐文人的恢诡谲怪的心理特色。其二是以荀子和他的学生韩非、李斯为代表的一派文人，他们虽然渴望得到君主的信任与尊重，但却从理性上自觉地为君主专制统治制造理论根据，由此而将文人的独立人格心理导向服从专制威权。荀子是处于文人心态变化过程中的过渡人物，他一方面讲道高于君和从道不从君，另一方面又从性恶角度肯定专制君主种种特殊的物质享受和不受控制的专制意志。韩非和李斯则完全抛弃了荀子前一方面的心理内容，赤裸裸地宣传极端的君主专制，研究人臣如何持宠处位的方术。其三是吕氏文人集团试图对此前的百家学说进行整合，构建一个与此前秦国政治传统不尽相同的思想体系，成为汉代文人构建天人古今学说体系的先声，从中可见战国后期文人已由标新立异而转向求同整合。其四是以宋玉为代表的南楚辞人抛弃了屈原为王导夫先路的巨人情怀，以自己的文章取悦于楚王，使文人降格为君主的倡优。战国后期文人心态出现重大变化是历史的必然，战国文人的目标是要重新建立一个中华民族统一的中央集权的国家，这一目标决定了他们在探讨平治天下理论的同时，也在创造重新束缚自身的条件。战国文人一方面尽情地呼吸着时代的自由新鲜的空气，另一方面又视此为天下最大的不幸，力图早日结束这种局面。这也就决定了战国文人心态的发展趋向不可能进一步走向启蒙和解放，而只能走向服从专制。

第三章　战国前期文人心态

　　战国前期的时间上限为公元前475年，下迄公元前386年，历时约九十年。这一时期为战国士文化的发动期。从时间上看，孔门七十子应该是战国时期最早的文人团体，讨论战国前期文人心态，应当首先关注孔门七十子的文化心态特征。不过在孔子去世之后，孔门七十子分散活动，这使他们难以凝聚成一个有着共同文化心态特征的文人群体。《史记·儒林列传》载："自孔子卒后，七十子之徒散游诸侯，大者为师傅卿相，小者友教士大夫，或隐而不见。故子路居卫，子张居陈，澹台子羽居楚，子夏居西河，子贡终于齐。如田子方、段干木、吴起、禽滑釐之属，皆受业于子夏之伦，为王者师。"[1]宗师辞世，弟子们自然不可能再像过去一样共同跟随孔子生活。由于每个人的生活环境不同，素质才能不同，理论兴趣不同，人生追求不同，因而他们的文化心态也就不可能完全趋同。有些孔门弟子当时影响甚大，但由于缺少文献记载，后人因此也就无从知道他们的精神追求。以澹台灭明为例，《史记·仲尼弟子列传》载："南游至江，从弟子三百人，设取予去就，名施于诸侯。"[2]这样一位南方大儒，却只在历史上留下一个模糊的身影，对他的理论建树及其情趣追求，后人竟一无所知。《韩非子·显学》说，孔子死后，儒分为八。从战国文人心态发展史角度

---

① 司马迁《史记》，中华书局1959年版，第3116页。

② 司马迁《史记》，中华书局1959年版，第2206页。

来看，对此后文人心态产生重要影响的主要是子夏这一系以及曾参、原宪、季次诸人，前者促进了新价值观的形成，后者形成了一种新的人格模式。在战国前期，诸侯贵族养士之风初盛，士林阶层奔走游说，纵论国家大事，开始走向政治学术的核心地位。文人心态呈现出与此前不尽相同的特点，并对战国中后期的文人心态产生直接的影响。

一、魏文侯首开养士之风

在中国历史上开门养士的诸侯贵族，魏文侯并不是第一人。春秋末年晋国的赵简子、赵襄子、智伯都招揽了不少游士食客。《史记·刺客列传》载豫让语云："嗟乎！士为知己者死，女为悦己者容。今智伯知我，我必为报仇而死，以报智伯，则吾魂魄不愧矣。"又曰："臣事范、中行氏，范、中行氏皆众人遇我，我故众人报之。至于智伯，国士遇我，我故国士报之。"[①]豫让生活在赵襄子时代，略早于魏文侯。范氏、中行氏、智伯都是晋国炙手可热的卿士，豫让先投奔范氏与中行氏，未能受到尊重，最后改换门庭事奉智伯，受到"国士"的待遇。后来智伯被赵襄子所灭，豫让便发誓为智伯报仇。从豫让的语气推测，当时游士已初步摆脱固定的等级隶属关系，开始奔走于诸侯贵族之门，受到诸侯贵族的崇高礼遇，故有"士为知己者死"之说。豫让之所以要改变名姓，运用漆身为厉、吞炭为哑的极端自残的手段，不惜一切代价要为智伯报仇，乃是因为他的着眼点并不在恩主一方，而在自己身上，智伯对他有知遇之恩，他才舍身相报。范氏和中行氏像对待普通人一样对待豫让，他们被智伯消灭后，豫让平淡处之，并不思为范氏和中行氏报仇。这表明此时士林阶层因受到社会尊重而激发起一种自尊意识。舍身报恩的实质是希望得到社会对自己人生价值的承认，

---

① 司马迁《史记》，中华书局1959年版，第2519、2521页。

是为了突出士的不可忽视的人格。豫让是属于剑客侠士一流的人物，当时文士也开始了奔走游说活动。《韩非子·外储说左上》载："王登为中牟令，上言于襄主曰：'中牟有士曰中章、胥己者，其身甚修，其学甚博，君何不举之？'主曰：'子见之，我将为中大夫。'……王登一日而见二中大夫，予之田宅。中牟之人，弃其田耘，卖宅圃，而随文学者，邑之半。"①中牟之人竞相做文人，其他地方的风气也不会逊色多少。可惜的是史料有限，我们无法对赵简子、赵襄子、智伯等人养士情形进行考察，还是让我们从魏文侯尊士说起吧！

魏文侯，名斯，《史记·魏世家》作"都"，系形近而误。他于公元前445年即位，卒于公元前396年，在位时间达半个世纪之久。魏文侯是战国初年最杰出的政治家之一，魏国在他的统治时期被列为诸侯国并走向强大。

魏文侯开门尊士养士，除了他个人的雄才大略和政治远见之外，还与他当时所处的特定的微妙地位有关。公元前453年，韩、赵、魏三家分晋，公元前403年，韩、赵、魏三家才得到周威烈王的认可，被正式列为诸侯。从三家分晋到正式列为诸侯，历时五十年。这五十年的魏国就处在一个无诸侯之名而有诸侯之实的位置上。其时虽然西周春秋时期的政治宗法体系及其礼乐制度均已崩坏，但旧观念并未完全扫除。虽然当时并没有诸侯国向韩、赵、魏三家大兴问罪之师，但三家以卿大夫僭越诸侯的恶名是难以摆脱的，对此，赵、魏、韩三家和当时天下人都心照不宣。魏文侯当政时期恰恰就处在这个从三家分晋到正式册封诸侯的历史过程中。在这个过程中，魏文侯表现出非凡的政治胆略，对外他拥立晋烈公，对内则礼贤下士，重用文士实施变法，由此而不但让魏国为天下所接受，而且使魏国走上国富兵强、开疆拓土的道路。

先秦两汉文献对魏文侯礼贤有一些记载。《史记·魏世家》载："文

---

① 王先慎《韩非子集解》，中华书局1959年版，第209页。

侯受子夏经艺，客段干木，过其间，未尝不轼也。秦尝欲伐魏，或曰：
'魏君贤人是礼，国人称仁，上下和合，未可图也。'文侯由此得誉于
诸侯。"①《史记·仲尼弟子列传》载："孔子既没，子夏居西河教授，为
魏文侯师。"②《吕氏春秋·察贤》云："魏文侯师卜子夏，友田子方，礼
段干木，国治身逸。"③《吕氏春秋·举难》亦有类似的记载。《孟子·滕
文公下》说魏文侯拜访段干木，段干木逾垣而避之。卜子夏、田子方、
段干木之外，又有魏成子、翟璜、翟角、吴起、李克、西门豹、乐羊、
屈侯鲋、赵苍唐诸人。《史记·魏世家》载翟璜问李克有关魏文侯卜
相之事，李克对以魏成子为相，翟璜愤然作色曰："以耳目之所睹记，
臣何负于魏成子？西河之守，臣之所进也。君内以邺为忧，臣进西门
豹。君谋欲伐中山，臣进乐羊。中山已拔，无使守之，臣进先生。君
之子无傅，臣进屈侯鲋。臣何以负于魏成子！"④翟角之名见于《韩非
子·外储说左下》："田子方从齐之魏，望翟璜乘轩骑驾出，方以为文
侯也，移车异路而避之，则徒翟璜也。方问曰：'子奚乘是车也？'曰：
'君谋欲伐中山，臣荐翟角而谋得。果且伐之，臣荐乐羊，而中山拔。
得中山，忧欲治之，臣荐李克，而中山治。是以君赐此车。'"⑤赵仓唐
之名则见于《史记·魏世家》："十七年，伐中山，使子击守之，赵苍唐
傅之。"⑥从这些记载来看，魏文侯所礼贤士不仅有文士而且有武将，
由此形成彬彬之盛的局面。考察魏文侯与这些贤士的交往，可以看
出魏文侯礼贤有如下几个特点：

　　第一，魏文侯礼贤并不是赶时髦、装点门面或附庸风雅，而是出
于一种与此前完全不同的新的价值观，对此下文还要详细讨论。

---

①　司马迁《史记》，中华书局1959年版，第1839页。

②　司马迁《史记》，中华书局1959年版，第2203页。

③　《吕氏春秋》，中华书局1959年版，第277页。

④　司马迁《史记》，中华书局1959年版，第1840页。

⑤　王先慎《韩非子集解》，中华书局1954年版，第219页。

⑥　司马迁《史记》，中华书局1959年版，第1838页。

第二，魏文侯礼贤不是寻找专诸、豫让之类的刺客保镖，而是寻求具有开疆拓土、治国用兵才能的才志之士，他尊敬那些有气节的文人，特别是礼遇那些具有平治天下方略的文人。史传载魏文侯重用李克实施变法，为魏守西河的吴起也是早期法家的代表人物。可以说魏文侯是最早运用战国文人的思想学说进行治国的诸侯，这是他超越当时其他诸侯的地方，说他开时代的风气，也就开在这里。在诸侯兼并争夺的战国初期，魏文侯能够从高度复杂的现实斗争中，注意到理论的重要性，这确实是非常可贵的。文人们在他的朝廷中不仅受到高度的礼遇，而且能够充分地施展自己的政治军事才干，将自己的思想学说运用于现实斗争之中，由此实现自己的平治天下的宏伟抱负。

第三，魏文侯礼贤区分为不同的层次。对此史籍中有一些记载。《史记·魏世家》载李克对翟璜说：

> 且子安得与魏成子比乎？魏成子以食禄千钟，什九在外，什一在内，是以东得卜子夏、田子方、段干木。此三人者，君皆师之。子之所进五人者，君皆臣之。子恶得与魏成子比也？ ①

《吕氏春秋·下贤》也有一段文字：

> 魏文侯见段干木，立倦而不敢息。反见翟璜，踞于堂而与之言。翟璜不说。文侯曰："段干木官之则不肯，禄之则不受。今女欲官则相位，欲禄则上卿。既受吾实，又责吾礼，无乃难乎！"②

这两段文字表明，魏文侯礼贤确有师、臣之分，对于不肯做官的卜子夏、田子方、段干木等人，他或拜之为师，或待之如友，给予极大的

---

① 司马迁《史记》，中华书局1959年版，第1840页。
② 《吕氏春秋》，中华书局1959年版，第167页。

尊重与礼遇，而对于像翟璜、李克、吴起、西门豹这些愿意做官的人，则给予高官厚禄，但在礼节上却远不及对卜子夏诸人。这种师、友、臣之分与魏文侯治国时重视君臣之分有关，卜子夏等人与魏文侯并非严格的臣属关系，故而给他们以隆重的礼遇．而翟璜等人既为自己的臣属，就不能不讲究君臣之礼。它也表明魏文侯理解并尊重文人的人格心理，卜子夏、田子方、段干木所标举的是一种非功利性的自由人格，翟璜等人则崇尚现实官禄功利，魏文侯尊段干木而轻翟璜，实际上是对文人独立自由人格的尊重。

魏文侯礼贤已如上所述，但他礼贤的影响却远非这十几个文人，而是开启了战国整整一个时代的风气。魏文侯特别礼遇卜子夏、田子方、段干木这一类不愿做官的处士，使他们获得极大的声名和崇高的社会地位，这直接启示了一部分战国文人不愿意置身于统治阶级的官僚体系之中，而游离于现实政治体制之外，与诸侯贵族保持一种非友非臣的关系，即所谓天子不得臣，诸侯不得友，凭借自己的道德品质和人格力量来啸傲王侯，高扬自由独立的个体人格，由此而形成战国时期的处士文化现象。

魏文侯自觉地寻求贤能之士作为治国用兵的主体，魏国因此在政治上获得很大的成功，魏国一跃成为战国初期国力最为强大的诸国。这对当时的社会尤其产生深远的影响。魏文侯的功业离不开贤士的辅佐，招揽贤士是富国强兵的秘诀，这一点成为当时社会的共识。因此战国时期的诸侯贵族无论贤愚都开门养士，所不同的只是养士数量的多寡以及尊士程度的高低而已。而诸侯贵族普遍开门尊士养士又吸引许多文人跻身于士林阶层之中，并唤醒了士林阶层的主体意识与自尊意识，使他们积极投身于火热的现实斗争之中。

魏文侯自觉地寻求思想学说作为治国的理论基础，这对战国的政治学术的影响更大。从政治角度来说，它启示当时诸侯贵族以文人提出的平治天下的方略作为治国的指导方针，由此而形成整个社会重视理论运用理论的普遍风气。从学术角度说，它鼓励文人们积极思考辛勤探索，创造出丰富多彩的统一天下的理论。虽然我们不能把诸子百家的思想理论的功劳都记在魏文侯的账上，但魏文侯以道治国确实推动了战国文人的理论求索。战国初期儒墨区分为两大阵营，法家学说也正在酝酿、萌发之中，至战国中期百家蜂起蔚为大观。寻绎诸子学说的发生发展轨迹，魏文侯在早期的提倡是其中的一个重要原因。特别值得一提的是，魏文侯任用早期法家代表人物李克、吴起、西门豹等人，取得辉煌的政绩，这表明在诸侯兼并争夺的乱世，法家学说确实是治乱、富国、强兵的法宝，后来秦国即是根据这一治国思路而迅速崛起，完成了统一天下的伟大历史使命。可惜的是魏文侯的后人抛弃了魏文侯的治国方针，从而使魏国地位由盛变衰，否则统一天下的权柄就可能掌握在魏人之手，战国乱世的时代就可能大为缩短。从魏文侯早年以法治国到战国中期秦孝公任用商鞅实施变法，再到后期秦始皇以法家学说统一六国，一部战国史可以说是法家节节胜利的历史，杰出的政治家魏文侯实际上早在战国初期就已经找到了一条平治天下的正确道路。

其他如魏文侯拜文人为师，直接引发了战国文人君师心理的形成；魏文侯对文人表现了超乎寻常的尊重，这对于唤醒文人的人格意识和自尊意识也有积极的促进作用。魏文侯的本意只是在卿士大夫僭国的不利处境下发奋自强，但他在客观上却开了一代新风，对于战国士文化思潮的兴起以及战国文人心态总体特征的形成起到了积极鼓动的作用。钱穆先生以魏文侯礼贤作为战国早期学术的枢纽人物，这个看法是极为深刻的。

二、新价值观的形成

价值观在人们文化观念的体系中占据着核心地位，一个时代人们观念的更新和转变，关键是价值观念的更新。战国文人心态之所以既不同于此前也有别于此后，一个重要原因就是在战国初期就形成了一种新的人生价值观。

这一新价值观的形成与魏文侯有关。魏文侯礼贤下士，并非装点门面邀取声名，而是在一种全新的价值观念支配下所做出的举动。《吕氏春秋·期贤》有一段文字记载：

> 魏文侯过段干木之闾而轼之。其仆曰："君胡为轼？"曰："此非段干木之闾与？段干木盖贤者也，吾安敢不轼？且吾闻段干木未尝肯以己易寡人也，吾安敢骄之？段干木光乎德，寡人光乎地；段干木富乎义，寡人富乎财。"[①]

《淮南子·修务训》亦载魏文侯过段干木闾而轼之，这种异乎寻常的尊重引起仆人的疑问，魏文侯说：

> 段干木不趋势利，怀君子之道，隐处穷巷，声施千里，寡人敢勿轼乎？段干木光于德，寡人光于势；段干木富于义，寡人富于财。势不若德尊，财不若义高。干木虽以己易寡人不为，吾日悠悠惭于影，子何以轻之哉？[②]

《史记·魏世家》也有魏文侯过段干木闾而轼之的记载，从中可见这一故事在战国秦汉之际流传甚广。这几条材料的产生时代是在战国秦汉之际，其间可能经过一些文人的加工润色，但其基本内容应该是可信的。魏文侯将德、义与势、财相对举，认为势不若德尊，财不若义高，也就是说道德价值超越于爵禄价值，这在当时确实是一种崭新的价值观念。此前对人的价值评价主要是视其在政治宗法尊卑等级体系中的

---

① 《吕氏春秋》，中华书局1954年版，第278、279页。
② 高诱注《淮南子》，中华书局1954年版，第334、335页。

身份地位。春秋时期虽然有立德、立功、立言三不朽之说，但这些不朽都是针对上层贵族而言，下层庶民不与焉。段干木是一个地道的下层贫贱文人，据晋人皇甫谧《高士传》记载：段干木年少时贫穷低贱，心志不遂，于是拜卜子夏为师，与田子方、李克、翟璜、吴起等人居于魏，守道不仕。可见这是一位生活在社会下层、物质生活贫困而精神富有的文人。如果他生活在春秋时期，不仅得不到受教育的机会从而无"道"可守，而且也决不会吸引社会的广泛注意力。魏文侯在芸芸众生中发现了他，发掘出他的精神光辉，认为他的实际价值超过了诸侯，这就是魏文侯见识的过人之处。其实，段干木对魏文侯并无实质性的帮助，他不过是一个符号，魏文侯通过段干木这个符号传达出尊士的信息。正是凭借这种新的价值观念，魏文侯在礼贤方面才做出了超常的举动，以他的真诚与尊重赢得了贤士的信任与回报，在政治上做出了卓越的建树，从而成为开时代新风的一代明君。

读者们可能会提出疑问：魏文侯确实提出了一种新的价值观，但这只是当时激进诸侯的新观念，而不能代表战国初年文人的价值观。有没有材料表明战国初年文人具有与魏文侯相同或相近的价值观呢？

有！请看《史记·魏世家》中的记载：

> 子击逢文侯之师田子方于朝歌，引车避，下谒。田子方不为礼。子击因问曰："富贵者骄人乎？且贫贱者骄人乎？"子方曰："亦贫贱者骄人耳。夫诸侯而骄人则失其国，大夫而骄人则失其家。贫贱者，行不合，言不用，则去之楚、越，若脱躧然，奈何其同之哉？"子击不怿而去。[1]

子击为魏文侯之子，他因受到田子方的冷遇而本能地激起身为贵族的自尊情感，发出究竟是富贵者还是贫贱者有骄人资本的疑问。这个问

---

[1] 司马迁《史记》，中华书局1959年版，第1838页。

题若是在春秋时期提出来，其答案是不言而喻的。但田子方却理直气壮地做出了只有贫贱者有骄人权利的回答。从字面上看，田子方所说的贫贱者有资格骄人的理由是他们不像诸侯、大夫那样有国、家的拖累，此处不能容身，便可投奔楚、越以另寻出路。深入一层来看，田子方在魏为文侯师，在楚、越又焉能不居于诸侯的师、友之位！而田子方所到之处能受到诸侯的尊重，其根据不正是他的德、义品质及其治国道术吗？文人们被褐怀抱金玉，不愁没有展示品质才能的机遇，因此在心理上要优越于诸侯贵族。田子方所说贫贱者有资格骄人，在这番话的背后实际上包含着一种与魏文侯相同的价值观。

　　一方面观念激进的诸侯认为势不若德尊，财不若义高，另一方面一些下层文人又认定贫贱者比富贵者更有骄人的资格，这就说明战国初年的一些思想敏锐的政治家和文士能够准确地把握时代脉搏的跳动，在特定形势下及时更新观念，标举一种全新的价值观。结合魏文侯和田子方之语来看，他们在价值观念上已经彼此趋同，这表明当时持这种价值观念的已不是个别现象。

　　这种新的价值观对于进一步淡化此前的尊卑等级观念具有积极意义。评价人物不是看他的身份地位，而是看他的内在价值和实际才能。从西周到孔子生活的春秋末年，礼乐征伐经历了"自天子出"、"自诸侯出"、"自大夫出"到"陪臣执国命"的过程，但政治的核心始终是王侯或贵族人物。新的价值观的确立，为包括下层文人在内的士林阶层的崛起提供了理论依据。富贵、爵禄这些此前令人羡慕、让人恐惧的东西失去了昔日的光辉，道德品质和实际才能光芒万丈。不管他是什么人，不论他出身于社会的哪一个阶层，只要他具有高尚的品质和杰出的才能，就能受到社会的高度尊重，就能居于政治的核心地位。这种唯德才是举的价值观念必然会最大限度地鼓舞文人们砥砺自己的道德品质，磨炼自己的才能，最大限度地激励文人们尽情地向社会展示自己的美好品质与才能，挖掘自己的创造潜力，投身于平治天下的事业之中。可以说，战国文人勇敢地走向政治的中心舞台，战国文人在思想理论、军事、外交、文化诸方而所取得的辉煌成就，战国时期那种如火如荼的士文化思潮，都与这个价值观有密切的联系。这个价值观像报春的红梅，催开了烂漫的山花；像播火的火种，点燃了燎原的熊熊烈火。从战国初年提出这种价值观，一直到战国中后期的丰富发展，它一直构成战国文人心态的一个深层特征。

这种新价值观的出现有它特定的气候与土壤。从大的环境来说，宗教神学偶像的失色、政治宗法等级体系的崩坏，以及西周春秋意识形态的崩溃，必将带来思想的解放和观念的更新。从春秋末年开始，诸侯们纷纷将国家的生存寄托在贤士身上，而对贵族阶层似乎不再抱有更多的希望。《吕氏春秋·期贤》有一段文字可予注意：

> 凡国不徒安，名不徒显，必得贤士。赵简子昼居，喟然太息曰：“异哉，吾欲伐卫十年矣，而卫不伐。”侍者曰：“以赵之大而伐卫之细，君若不欲则可也；君若欲之，请令伐之。”简子曰：“不如而言也。卫有士十人于吾所，吾乃且伐之，十人者其言不义也，而我伐之，是我为不义也。”故简子之时卫以十人者按赵之兵，殁简子之身。卫可谓知用人矣，游十士而国家得安。简子可谓好从谏矣，听十士而无侵小夺弱之名。[1]

赵简子的生活时代略早于魏文侯，贤士在国家的政治生活中已经发挥举足轻重的作用。这些贤士来自社会的下层，他们地位低下但却具有美好的品质与才能，既重视他们，就势必不能沿用此前的评价尺度，而必须确立新的评价标准。新的价值观就是在这样的历史条件下形成的。从小环境来说，魏文侯在与韩、赵分晋之后处于国际社会关注的焦点，要在这样特殊的政治环境下生存发展，自然离不开贤士的辅佐。特殊的政治条件加上魏文侯本人的政治远见，故而给予贤士以特殊的

---

[1] 《吕氏春秋》，中华书局1954年版，第278页。

礼遇。新价值观出现在魏国统治集团及其门下文士，这绝非出于历史的偶然。

三、师友之说：文人的人生定位

古籍或载魏文侯师卜子夏、田子方、段干木，或载文侯师卜子夏、友田子方，礼段干木，说法虽有差异，但魏文侯与卜子夏、田子方、段干木等人非君臣关系而是师友关系，这一点是没有问题的。

让我们再列举《孟子·万章下》中的一段文字：

> 缪公亟见于子思，曰："古千乘之国以友士，何如？"子思不悦，曰："古之人有言曰，事之云乎，岂曰友之云乎？"子思之不悦也，岂不曰："以位，则子，君也；我，臣也；何敢与君友也？以德，则子事我者也，奚可以与我友？"[1]

缪公、子思的生活年代与魏文侯、卜子夏、田子方、段干本等人大体相当，故而这条材料可以与魏文侯师子夏的记载相互参照。"友"是平等对待的关系，"事"意为侍奉，是指师弟子关系。鲁缪公原以为自己以千乘之国君主的身份与一介寒儒子思交朋友，子思该心满意足了，但子思希望的则是鲁缪公执弟子之礼"北面而问焉"。鲁缪公沾沾自喜以尊士自许，但仍与子思的期望值存在着极大的距离。

这些材料揭示了战国初年文人的一个心理特征，这就是他们将人生定位在为王者师、为诸侯友之上，我们可以将这种心理称为君师心理。

君师心理是由战国乱世所激发，与战国诸侯贵族养士尊士也有密

---

[1]　焦循《孟子义疏》，中华书局1954年版，第425页。

切的关系。西周春秋时期每一个社会成员都被安放到特定的等级坐标系中，人们的心理只能与自己特定的身份地位相适应，而不能超越自己的名分与地位。在"溥天之下，莫非王土；食土之毛，孰非君臣"的政治宗法等级制时代，每一个社会成员都是天子的臣民，每一个人都战战兢兢地俯伏在君主的不可侵犯的神圣权威之下。王侯们为了培养接班人可能会任命一些品学出众的大臣充任太子太傅之职，但君主心甘情愿地拜文人为师，而那些穷约文人在心理上也当仁不让甘居君师，这种现象在战国以前确实是不可想象的。管仲是春秋时期杰出的政治家，齐桓公的霸业完全出于这位政治奇才的设计，但他并不敢以君师自居，他最擅长的本领是善于因势利导。《史记·管晏列传》说："其为政也，善因祸而为福，转败而为功。贵轻重，慎权衡。桓公实怒少姬，南袭蔡，管仲因而伐楚，责包茅不入贡于周室。桓公实北征山戎，而管仲因而令燕修召公之政。于柯之会，桓公欲背曹沫之约，管仲因而信之，诸侯由是归齐。"[①] 这就是说，管仲善于将齐桓公的过失转化为功绩，将齐桓公出于个人的情感意气行为转化、上升到尊王攘夷的原则高度。如果管仲以君师自居，如果齐桓公拜管仲为师，那么管仲完全可以对齐桓公进行教育、疏导，还用得着这样因势利导吗？让我们再来看《左传·僖公三十三年》的两条记载：

> 文嬴请三帅，曰："彼实构吾二君，寡君若得而食之，不厌，君何辱讨焉？使归就戮于秦，以逞寡君之志，若何？"公许之。先轸朝，问秦囚。公曰："夫人请之，吾舍之矣。"先轸怒，曰："武夫力而拘诸原，妇人暂而免诸国，堕军实而长寇仇，亡无日矣！"不顾而唾。

> 狄伐晋，及箕。八月戊子，晋侯败狄于箕。郤缺获白狄子。先轸曰："匹夫逞志于君，而无讨，敢不自讨乎？"免胄入狄师，

---

① 司马迁《史记》，中华书局1959年版，第2133页。

死焉。①

公元前627年，秦国派兵远袭郑国，结果在殽地遭到晋师的伏击，秦国三帅孟明、西乞、白乙丙做了晋人的俘虏。晋文公的夫人文嬴原为秦人，她略施小计让晋襄公放还秦国三帅。晋国老臣先轸对此怒不可遏，一时做出了"不顾而唾"的非理性举动。事后先轸痛感自己的行为违背了君臣大义，即使君主不讨伐自己，那么也应该自我讨伐。于是在一次对狄作战中，他不披甲胄冲向敌军，战死在疆场之上。先轸是辅佐晋文公重耳称霸的勋臣，晋楚城濮之战就是根据他提出的谋略而大获全胜，他又是晋国中军的主帅，处于正卿的地位，按辈分他是晋君襄公的父辈。但仅为自己的一次失态行为就付出了生命的代价。先轸的"自讨"完全是出于一种负罪心理，而这种负罪心理又是出于君臣名分及等级观念。无论按资历还是按实际才能，先轸都足可以充当晋襄公的老师，但他却丝毫不敢萌生君师心理。如果在战国时代，先轸的这种悲剧是绝对不会发生的。

战国文人的君师心理的形成，意味着文士人生抱负的提升。这就是说，文人们再也不满足于通过履行与自己名位相应的职责与义务来实现自己的人生价值，他们需要获得社会的尊重，他们的人生价值要求得到世人的承认。而他们的人生期望值又不是希望听到几句赞扬的话，也不满足于做一方土地的小小名人，他们所希望的是做王侯的师友。为王者师，为诸侯友，这又不是随便说说而已，它要求文人对自己的品质才能具有高度的自信心，要求文人具有恢弘的气魄与非凡的胆识，要求文人对现实与未来有清醒的认识，能够有系统的平治天下的方略。它还要求文人能够站在政治的前瞻地位，对诸侯治国给以明确的指导。所以我们决不能将文人的君师心理视为一种情感意气，或者将其看作是文人孤傲习气的表现。

_____

① 杨伯峻《春秋左传注》，中华书局1981年版，第498、499、501页。

如果说势不若德尊、财不若义高的新价值观鼓舞着战国文人义无反顾地走向政治文化学术中心，那么为王者师、为诸侯友的宏伟的人生抱负则进一步激励战国文人以自己的道德品质影响诸侯，以自己的思想学说指导现实政治。战国时期出现那么多的平治天下的理论学说，战国时代所流传的那么多的关于文人抗礼诸侯贵族的故事，都应该联系战国文人的君师心理加以考察。

四、独立创新：文人的理性选择

上古三代是一个道一风同的时代。其时政治一统，思想一统，文化学术一统，帝王不仅是政治首领，同时也是文化学术的领袖，帝王和执政卿大夫发布的政令文诰也就是当时的文化学术著作，人们只有绝对地信从遵守，而绝不会想到发表不同见解。春秋时期虽然有一些优秀的政治家和思想家敢于在政治上锐意改革创新，发表一些大胆创新的言论，但并没有人想到要成立一个与传统思想相对立的学派。孔子是春秋时代最伟大的思想家，是开一代士风的文化巨人，但他自称述而不作信而好古，只能打着复古的旗帜进行创新。《荀子·宥坐》说孔子摄鲁相期间诛杀少正卯，其罪名是："一曰心达而险，二曰行辟而坚，三曰言伪而辩，四曰记丑而博，五曰顺非而泽。"[1] 也就是说，少正卯是春秋末年的持不同政见者，他思维敏捷，行为怪僻，好持异端，而且见多识广。他的身后有一群追随者，这对于当政者是极大的威胁，身为鲁相的孔子及时除去了这一心腹之患。孔子诛少正卯事不见载于《论语》，因此引起后代许多学者的质疑。如果历史上果有少正卯其人，那么他堪称战国诸子的先驱人物。《荀子·宥坐》列举的少正卯的罪名，在战国诸子身上已经是屡见不鲜的现象。只是在春秋末年像少正卯这

---

[1] 王先谦《荀子集解》，中华书局1954年版，第341页。

样的新思想代表人物还缺乏适合的气候与土壤，因而成为独立创新的牺牲品。孔子本人有许多新思想，但他却不能容忍像少正卯这样的新潮人物，这就说明在春秋末年还难以树起反传统的大旗。

儒家学派的出现在中国文化学术史上是一件大事。古今中外的学者都指认孔子为儒家的祖师，但孔子从来没有说过他是儒家，他只是教导弟子要做君子儒，不要做小人儒。儒家作为一个学派究竟是形成于孔子之时，还是成就于孔子弟子之手，这个问题还值得探究。但儒家是中国文化学术史上出现的第一个学派，这一点恐怕是没有问题的。儒家学派像孔子一样，也呈现出承前启后的特点：一方面它祖述尧舜，宪章文武，以恢复西周礼制秩序为己任，与文化传统保持着太多的联系，另一方面它又形成了自己平治天下的独特思路，这就是从伦理到政治，个体首先通过仁义伦理品质的培养，成为一个道德纯粹的仁人，再由这些仁人施行德治教化，由此而达到天下大治。儒家是在霸主兼并争夺的历史条件下以捍卫传统文化特别是传统伦理道德的面目出现的，这个特点使它在春秋战国之交人们还不习惯于独立创新的社会条件下居于有利地位，儒家能够在当时的社会生存发展并受到诸侯尊重，而少正卯却没有来得及形成一个新学派就宣告夭折，这其中的原因确实发人深省。正因为儒家作为传统文化的代表，所以战国文人的独立创新就表现在对儒家学说的反叛、自树新帜之上。

战国早期的文人都程度不同地与儒家有着联系，差不多都受到儒家文化的哺育，他们在拥有儒家文化知识的基础上，通过自己独立的理性思考与理论探索，形成与儒家不同的甚至是尖锐对立的观点，然后再给儒家以一个回马枪，宣告成立一个新的学派。

从儒家阵营杀出来的人物，最著名的是战国初年的墨子。《淮南子·要略》说："墨子学儒者之业，受孔子之术，以为其礼烦扰而不说，厚葬靡财而贫民，（久）服伤生而害事，故背周道而用夏政。"[1] 关于墨

———————————

[1]　高诱注《淮南子》，中华书局1954年版，第375页。

子的文化心态，下文拟用专节讨论。这里只谈他的创新意识。孔子死后，他的弟子子夏、子游、曾参、有子、子张、原宪等人大抵宣传、阐发他的思想学说，虽然儒家阵营分化成许多派别，乃至有"儒分为八"之说，但这些派别在高举孔子旗帜这一点上是彼此一致的。墨子不同于这些儒者之处，就在于他不迷信权威，不盲从师说，而能充分发挥自己的独立思考能力，对孔子学说进行理性的分析，从另一角度提出自己的观点，形成不同于儒家学派的自己的思想体系，树起墨家的大旗，由此而创立了继儒家之后的第二个学派，从而在战国初期形成形同水火的儒墨两大学术阵营。

墨家学派的成立，其意义绝不亚于儒家的首创。这是因为儒家所打的是传统文化的旗帜，在思维上寓创新于继承，易于为社会所接受。而墨家学派则需要一种全新的思维，需要一种冲破传统束缚的巨大的理论勇气。墨家所走的是一条前人没有走过的学术道路，需要披荆斩棘，奋力开拓。墨家所构造的理论大厦，需要从头设计，需要理论家的非凡想象力与理论才情。在诸子百家争鸣尚未出现的情况下，作为第一个向传统文化宣战的人。作为"第一个吃螃蟹的人"，墨子该需要担当怎样巨大的理论风脸，该需要怎样坚韧勇猛的毅力与胆识啊！

如果我们将墨子的主要观点与传统思想加以对照，就更能清楚地看出墨子学说的开拓与创新。

例如，西周春秋政治体制的特点是政治宗法相合一的等级制，对贵贱尊卑各不相同的阶层规定了相应的权利、责任与义务，与这种等级制相应的是强调先亲后疏、先贵后贱的伦理情感。《左传·隐公十一年》记载了一个滕侯薛侯争长的小故事：

> 十一年春，滕侯、薛侯来朝，争长。薛侯曰："我先封。"滕侯曰："我，周之卜正也。薛，庶姓也，我不可以后之。"公使羽父请于薛侯，曰："君与滕君辱在寡人。周谚有之曰：'山有木，工则度之；宾有礼，主则择之。'周之宗盟，异姓为后。寡人若朝

于薛，不敢与诸任齿。君若辱贶寡人，则愿以滕君为请。"薛侯许之，乃长滕侯。①

滕、薛都是春秋时期三等小诸侯国，滕与周、鲁同姓姬，而薛为任姓。两国在名次先后上发生争执，薛以先封而要求排列在滕前，滕则以先人曾经作为周之卜正之官而长于薛。作为裁判国的鲁国以"周之宗盟，异姓为后"作为评判标准，裁定滕长于薛，对此薛侯也无话可说，心悦诚服地接受了这个裁判。所谓"周之宗盟，异姓为后"，实际上就是根据宗法血缘关系的远近亲疏来作为决定厚薄尊卑的标准，这也就是儒家所说的"爱有等差"。墨子则提出"兼相爱交相利"的主张："视人之国，若视其国；视人之家，若视其家；视人之身，若视其身。"② 要求人们像爱自己一样不分亲疏、不分贵贱、不分彼此地爱每一个社会成员，由此而提出中国古代伟大的博爱主张。这种兼爱思想不仅是对传统尊尊亲亲的宗法伦理规范的挑战，而且也从根本上否定了西周以来的政治宗法体制。虽然这个观点由于缺乏坚实的政治经济文化基础而根本不可能在封建时代贯彻执行，但是墨子敢道前人所不敢道，敢想前人所不敢想，在战国初年相对寂寞的思想论坛上确能给人以耳目一新的感受。

又如，商周春秋时代重视宗法亲情，提倡孝道，而作为孝道的具体体现，厚葬成为人们共同遵守的礼俗。统治者不仅要把大量的钟鼎彝器金银珠宝随葬，甚至还要杀人为殉。孝子要守三年之丧，居丧期间处倚庐，寝苫枕块，迫使自己不食而为饥，薄衣而为寒，最后达到"拄而能起，杖而能行"的极度虚弱的地步，非此不足以尽孝子之情。墨子分析了厚葬久丧对国家和人民的危害，提出节葬主张："棺三寸，足以朽体，衣衾三领，足以覆恶。以及其葬也，下毋及泉，上无通臭，

---

① 杨伯峻《春秋左传注》，中华书局1981年版，第71、72页。
② 孙诒让《墨子闲诂》，中华书局1954年版，第65页。

垄若参耕之亩，则止矣。"① 为了增强说服力，墨子举出尧、舜、禹的节葬节丧作为理论依据，其实这是墨子本人的理性思考的结果，尧、舜等人节葬的说法是他创造出来的。在一个宗法血缘亲情重于一切的文化土壤之上，提倡节葬节丧，而且说得入情入理，这充分体现了墨子作为思想巨人的无畏无惧、独立思考的特点。

再如墨子本来学于儒家，但在弄清了儒家学说的全部内容之后，他就凭借他的理性思考而看出了儒家的弊病。《墨子·非儒下》批评儒家"繁饰礼乐以淫人，久丧伪哀以谩亲，立命缓贫而高浩居，倍本弃事而安怠傲"②。文章又借晏婴之口批评孔子说："夫儒浩居而自顺者也，不可以教下；好乐而淫人，不可使亲治；立命而怠事，不可使守职；宗丧循哀，不可使慈民；机服勉容，不可使导众。孔某盛容饰以蛊世，弦歌鼓舞以聚徒，繁登降之礼以示仪务趋翔之节以观众，博学不可使议世，劳思不可以补民，累寿不能尽其学，当年不能行其礼，积财不能赡其乐。繁饰邪术，以营世君；盛为声乐，不淫遇民。其道不可以期世，其学不可以导众。"③ 这些批评容或有偏激片面之处，但它也表明墨子不是一位人云亦云的学者，他始终是以批判的目光来审视此前的思想知识体系。

……

读墨子书，可以想见这位古代哲人是以旧世界的批判者的姿态出现，是从一个前所未有的全新角度来设计新社会的蓝图。他无所依傍，唯一依据的是他的理性。《墨子·非命上》提出本、原、用三表之法："于何本之？上本之于古者圣王之事。于何原之？下原察百姓耳目之实。于何用之？发以为刑政，观其中国家百姓人民之利。"④ 这三表法兼顾了国家和人民的利益，尤其重视实践效果，它是墨子理性精神的

① 孙诒让《墨子闲诂》，中华书局1954年版，第111、112页。
② 孙诒让《墨子闲诂》，中华书局1954年版，第180页。
③ 孙诒让《墨子闲诂》，中华书局1954年版，第185页。
④ 孙诒让《墨子闲诂》，中华书局1954年版，第164页。

生动体现。

战国初年文人的独立创新意识也体现在吴起、李克等人由儒而法的转变之上。吴起原为儒家阵营中的人物，据《史记·孙子吴起列传》记载，他曾受学于曾子。后来他劝谏魏武侯保卫国家安全在德不在险，仍然能够从中见出学于儒家的痕迹。但吴起的建树却不在儒家，而在于兵家和法家方面。《汉书·艺文志》载《吴起》四十篇，属于兵权谋略一类，历史上孙吴并称，也是将他视为一名伟大的军事家。儒家不道军旅之事，而吴起却以兵略名家，这就表明他虽学于儒却又不囿于儒，根据现实政治的需要而作出自己的人生选择。吴起还是一位早期法家的代表人物，《史记·孙子吴起列传》载："楚悼王素闻起贤，至则相楚。明法审令，捐不急之官，废公族疏远者，以抚养战斗之士。要在强兵，破驰说之言从横者。"①《吕氏春秋》、《韩非子》、《战国策》等典籍中也有类似的记载。吴起的这些变法举措与后来的商鞅变法有很多一致之处，他在楚国的举动表明他已经转到法家的立场之上。魏文侯的另一位名臣李克，据《汉书·艺文志》班固注，是子夏的弟子，可见他也是出于儒家。史书又有李悝尽地力之教的记载，据古今学者研究，李克与李悝实为一人，悝、克一声之转，古书可以通用。李克在历史上的建树主要有三：一是著《法经》。据《晋书·刑法志》说，秦汉旧法律，其文起自魏文侯师李悝。李悝撰次国法，著《法经》，以为王者之政莫急于盗贼，故其律始于《盗》、《贼》。盗贼须劾捕，因此又著《网》、《捕》二篇。其轻狡越城、博戏、借假不廉、淫侈逾制，又著《杂律》一篇。又以其律《具》其加减。是故所著六篇而已。二是尽地力之教。据《史记·孟子荀卿列传》记载，魏国有李悝尽地力之教。关于李悝尽地力之教的内容，《汉书·食货志》载："以为地方百里，提封九万顷，除山泽邑居参分去一，为田六百万亩。治田勤谨则亩益三升；不勤则损亦如之。地方百里之增减，辄为粟百八十万石矣。"

---

① 司马迁《史记》，中华书局1959年版，第2168页。

三是实施"善平籴"之法，以改变"籴甚贵伤民，甚贱伤农。民伤则离散，农伤则国贫"的状况，达到"使民毋伤而农益"的目的。[1] 李悝的平籴法，《汉书·食货志》有详细的记载，文繁不录。吴起、李克这些变法措施虽然不能说与原始儒家的思想主张全面反对，例如李悝的尽地力之教、平籴法与孔子庶民、富民、教民的思想有某种相通之处。但他们治国的根本指导思想却与儒家完全不同。这个区别就在于治国究竟是以德为主还是以法为主。儒家是坚定的德治论者，《论语·为政》载孔子语云："为政以德，譬如北辰，居其所而众星共之。"又说："道之以政，齐之以刑，民免而无耻。道之以德，齐之以礼，有耻且格。"[2] 按照孔子这一说法，保持社会安定的方法主要是对人民进行道德教化，使人民从内心深处萌生一种自觉遵守统治秩序的伦理情感和对于违犯统治秩序的羞耻感，然后再制定一些外在的道德规范对人们的行为加以约求，由此而达到天下大治。而法家则主张通过严刑峻法来惩治犯罪行为，使人民不敢为非。像李悝著《法经》，正属于孔子所否定的"道之以政，齐之以刑，民免而无耻"之类。儒家不言军旅兵阵，羞道齐桓、晋文之事，而吴起则高举强兵的旗帜；儒家说为政不得罪于王族，而吴起变法却首先拿公族开刀……在这些地方，法家都与儒家分道扬镳。儒家治国重在体现上古三代的王道文化传统，而纵观吴起、李悝之变法，可以看出他们并不是从既定的某种概念、教条出发，不是效法某一位先王的典范，也不是要恢复什么先王传统，而是从分析现实政治情形出发，针对现实积弊而锐意革新，以此达到兴利除弊的目的。在不迷信、不盲从、敢于破除传统、善于独立创新方面，吴起、李悝与墨子有一致之处，但墨子还有一定程度的理想主义色彩，而吴起、李克却是彻底的现实主义者。他们从不奢望去启发人的善良本性，从不试图以理想的光芒来照亮人民前进的道路，而只是以无情的刑法

---

① 班固《汉书》，中华书局1962年版，第1124、1125页。

② 邢昺《论语注疏》，北京大学出版社1999年版，第14、15页。

禁止犯罪现象；他们无意于恢复过去那令人怀念的旧秩序，不想在怀旧中寄托社会理想，他们所做的是要确立一种新的秩序，一种按自己的权力意志设计的新秩序；他们不想乞灵于先王做法，而认定现实中的富国强兵之路在于鼓励耕战，谁的粮食多，谁的士兵作战勇敢，谁就是乱世竞争中的强者。所以吴起、李悝不仅保持了清醒的独立思考、矢志创新的理性态度，而且在创新过程中还贯彻了一种彻底的现实主义精神。历史证明只有这种现实主义才能富国强兵，才是扫平乱世、重建统天下唯一可行的途径。在吴起、李悝走上政治舞台的时候尚未有法家之称，他们也没有想到要创立法家学派，更没有想到后人将他们归入法家的阵营，视为法家的先驱人物。他们是在开辟一条新的治国之路，一条荆棘丛生而又充满光明与希望的道路。他们的理性态度、他们的冷峻睿智的分析是他们治国用兵的唯一法宝。

墨子、吴起、李悝等人的独立创新给战国文人的心灵以强烈的震撼，它生动地告诉文人们，决不要迷信传统，也不要乞灵于圣贤权威，治国平天下的道路不是来自某一位圣贤的天才发现，也不是来自天帝鬼神的恩赐，而是出于自己的理性选择，治国平天下的方略就在自己的心中。上帝给了人们一颗脑袋，千百年来这个脑袋一直被用来接受，而很少用来创新。一代又一代人们的心智创造能力被废弃了，人们来到这个世界上，圣王们已经为他们设计好了一切，他们只能说分内的话，做分内的事，想分内的问题。默默地来，无言地走，一代一代，如此循环往复，以至无穷。理性的心扉被关闭了，创造的思想火花熄灭了，这真是人类文明史上最大的悲剧，是人类创造力的最大浪费。试想，如果古今人们都能独立地使用自己的大脑，都能竭尽全力地创新，那该会产生多少文明成果，那该是一幅多么绚丽、多么灿烂壮观的情景啊！墨子、吴起、李悝等人在独立创新、进行理性选择方面，为战国文人树立了成功的范例。进入战国中期以后，各种学派如雨后春笋一样层出不穷，蔚成百家争鸣的壮观局面，这可以看作是墨子等人创新意识的继承与发展。所以墨子诸人的独立创新的功绩远不止是创立了一个与儒家相对立的学派。它开启了战国文人独立创新、进行理性选择的一代风气,它开发了两百多年整整一个时代文人们的心智,使这个时代文人的创造潜力得到最大限度的发挥。战国文人思想成果令后代望尘莫及,墨子等人的开创之功是不可埋没的。

墨子、吴起、李悝等人在理论、政治、军事者方面都取得了巨大的成功。墨家与儒家双峰并峙,儒墨之言盈天下。吴起、李悝的功业也是世人有目共睹的。魏文侯所礼贤士,卜子夏、田子方、段干木等人名声虽高,但在政治上却无实质性的建树,真正使魏国迅速崛起的是李悝、吴起等人。他们的现实功业对于战国文人来说也是一种莫大的启示与鼓舞。他们用自己的智慧、自己的思想来改变现实,塑造未来,使自己的主体精神、自己的人生价值得到最充分的体现,这种辉煌人生难道不令战国文人心仪向往吗?此后的战国文人都力图用自己的思想学说干预政治、影响政治、指导政治,中国大地成为战国文人的政治实验室和实现辉煌人生的大舞台,而他们所选择的正是墨子、吴起、李悝等人走过的人生道路。

五、贫居不仕:另一种文人心态模式

现在让我们来探讨战国前期另一种文人的文化心态,这种文人心态的特点是不愿意卷入具体的政治、军事、外交事务之中,宁愿选择贫居不仕的生活方式,以洁身自好自许,他们对于富贵、爵禄没有多少欲望甚至抱有鄙薄的心理,但对个体的品质修养却抱有极高的期望值,他们的经济地位可能极为低下,但他们的人格心理却高居社会各阶层之上,即使是面对地位显赫的诸侯贵族也不会有半点屈挠、不慊的心理。在战国前期,这些文人多来自儒家学派,至战国中后期一些道家信徒及游士也加入这个文人行列。因为他们人生的立足点在于追求纯粹、高洁的人格,故而我们也可以称他们为战国文人中的人格派。

让我们检索一下古籍，看一看这些文人的行事。

孔子卒，原宪遂亡在草泽中。子贡相卫，而结驷连骑，排藜藿入穷闾，过谢原宪。宪摄敝衣冠见子贡。子贡耻之，曰："夫子岂病乎！"原宪曰："吾闻之，无财者谓之贫，学道而不能行者谓之病。若宪，贫也，非病也。"子贡惭。不怿而去，终身耻其言之过也。①

——《史记·仲尼弟子列传》

及若季次、原宪，闾巷人也，读书怀独行君子之德，义不苟合当世，当世亦笑之。故季次、原宪终身空室蓬户，褐衣疏食不厌。②

——《史记·游侠列传》

曾子居卫，缊袍无表，颜色肿哙，手足胼胝，三日不举火，十年不制衣，正冠而缨绝，捉襟而肘见，纳履而踵决。曳縰而歌《商颂》，声满天地，若出金石，天子不得臣，诸侯不得友。③

——《庄子·让王》

又《史记·魏世家》载田子方称唯贫贱者可以骄人，则田子方亦属于贫居不仕的文人。皇甫谧《高士传》载段干木少贫贱，心志不遂，又云段干木学成后守道不仕，《吕氏春秋·下贤》载魏文侯云段干木官之则不肯，禄之则不受，则段干木也是战国前期甘居贫贱守道不仕的代表人物。

原宪、季次、曾参、田子方、段干木都是战国前期的著名文人，在学而优则仕的时代，他们本可以通过出仕来改变自己的物质生活条件，而且当时诸侯贵族已开始礼贤下士，对贤上延揽如恐不及，只要

① 司马迁《史记》，中华书局1959年版，第2208页。
② 司马迁《史记》，中华书局1959年版，第3081页。
③ 王先谦《庄子集解》，中华书局1954年版，第191页。

他们稍微主动地表示一下出仕的愿望，他们何愁不能云蒸龙变风云际会，成为政治舞台上大红大紫的权要人物？特别是像田子方、段干木这样的人，魏文侯已经向他们伸出了热情的双手，但他们却始终保持着矜持的态度不肯出山。这种贫居不仕与后代那种走终南捷径、刻意邀取名誉以及做山中宰相的假隐士有本质的不同。因为此时的文人的人格尚未分裂，他们表里如一，心里想到什么，他们就有胆量说出来，而绝不像后代某些文人那样遮遮掩掩、羞羞答答，口道尧舜之言，而行桀纣之实。战国文人无论品质优劣，都是真诚的人，不说假话的人，例如杨朱意欲自私，他就敢于公开亮出"为我"的旗帜，声称拔一毛而利天下也不愿为之。纵横家的人生目标在于猎取卿相富贵，他们对此也毫不讳言。墨子学派以拯救天下为己任，只要对天下人有利，即使是赴汤蹈火也在所不辞。原宪、季次等人不愿出仕绝不是待价而沽，也不是矫情伪饰，而是出于真诚的人生选择，也就是说，他们是心甘情愿地过一种物质生活极度贫困而精神富有的生活。这种现象构成战国文人心态的又一道特别的风景线。

分析这些文人的独特神奇的内心世界，是一件很有趣也很有意义的事情。

这些文人无一例外地来自儒家学派。他们或者亲聆孔子音旨，或者为孔子的再传弟子，因此对孔子学说有着比较深入的体会。他们本人都有很高的文化素养，对孔子学说有所阐释和发展。《史记·仲尼弟子列传》说曾参作《孝经》，这是儒家学派的一部专论孝道的重要经典。《礼记》说子思作《中庸》，该文极为宋明理学家所重。季次虽无著作传世，但《史记·游侠列传》说他"死而已四百余年，而弟子志之不倦"，这就表明他们在生前讲学授业，其学术传人历数百年而不绝。《吕氏春秋·当染》说田子方学于子贡，《吕氏春秋·尊贤》说段干木学于子夏。子贡、子夏俱为孔门高足，田子方、段干木出其门下，应该得到孔子的真传。孔子教育学生的宗旨是要把他们培养成内在具有仁心、外在符合伦理规范的人。《论语》中百分之八十的内容并不是讲从政，而是讲怎样做人，怎样培养自己纯粹、高洁的伦理人格。原宪、季次、曾参、田子方、段干木的人格心理就是由孔子的伦理学说陶铸出来的。他们希望严格地遵守伦理规范，在"滔滔者，天下皆是也"的社会，独守周礼的一叶方舟，虽历遭狂涛骇浪也决不放弃。这种人格心理一经形成，就与他们所生活的现实文化环境不相适应。因为他们生活在一个礼坏乐崩的乱世，所见所闻，都是战乱、争夺、兼并、仇杀、篡夺、僭越，周礼所规定的种种伦理规范对人们来说岂止是明日黄花，而纯粹是人们争相丢弃的敝屣。原宪等人的人格心理只能属于那一去不复返的西周时代，而绝不能与现实环境相契合。心理学研究表明，人们的人格心理一旦与现实环境发生矛盾，就势必产生心理上的焦虑、不安与愤怒，从而对现实社会产生严重的对立情绪，拒绝与现实政治体制的合作。在这一点上，原宪、季次等人比他们的祖师孔子走得更远，态度更为偏激。应该说，他们性格中确实有某种程度的"矫"的成分，他们不像孔子有实实在在的政治才能，如果让他们去治国平天下，他们也未必能够做好，他们也不像子贡那样生财有道，而是生生乏术，他们只是跟孔子读了一些书，明白了一些道理，拿孔子学说与现实做比较，理想与现实之间当然存在很大的差距，他们无法也不想改变现实，因此只能洁身自好，过一种贫穷而高洁的生活，现在既然他们在安贫乐道方面赢得了一些社会声誉，那么索性就沿着这条路走下去吧，物质生活虽然极度贫困，但是他们能够在精神上得到满足，他们胸中有一股情感意气在支撑着，没有这股气是很难生存的。他们这种人生态度其实与孔子是不一样的。孔子虽然向往西周的政治黄金时代，虽然对纲常紊乱的现实痛心疾首，但他懂得灵活变通，他由愤世而走向救世，心中洋溢着拨乱世反之正的热情与希望。孔子曾经教导他的学生要学会灵活变通。《论语·子罕》载孔了语云："可与共学，未可与适道；可与适道，未可与立；可与立，未可与权。"[1]

---

[1]　邢昺《论语注疏》，北京大学出版社1999年版，第122、123页。

这是说有些人虽然有志于学，但他所学的不一定是道；有些人虽然有志于学道，但不一定能立于礼；有些人虽能立于礼，但却把礼看成是死规矩而不懂得权变。原宪、季次等人正是孔子所说的"可与立，未可与权"的人。他们学到了孔子对伦理规范的执着情感，找到了使自己的品质走向高洁的修身途径，但是却未能学到孔子的灵活权变的态度，尤其是不能像孔子一样积极救世。孔子是学古而不泥于古，而原宪等人却是食古不化的人。孔子死后儒家走向分化，原宪等人应该代表了分化中的一个派别。古籍中虽无确切的记载，但他们的行为与心理却近似于"一箪食，一瓢饮，在陋巷，人不堪其忧，回也不改其乐"①的"颜氏之儒"。

原宪、季次等人的人格心理既与现实文化环境不合，而他们又无意于拯救社会，这样剩下的就只有洁身自好的固穷一条路。对此他们能够从先师的教导中找到精神的支撑力量：

> 子贡曰："贫而无谄，富而无骄，何如？"子曰："可也，未若贫而乐，富而好礼者也。"
>
> ——《论语·学而》
>
> 子曰："士志于道，而耻恶衣恶食者，未足与议也。"
>
> ——《论语·里仁》
>
> 子曰："饭疏食饮水，曲肱而枕之，乐亦在其中矣。不义而富且贵，于我如浮云。"
>
> ——《论语·述而》
>
> 子曰："笃信好学，守死善道。危邦不入，乱邦不居。天下有道则见，无道则隐。邦有道，贫且贱焉，耻也。邦无道，富且贵焉，耻也。"
>
> ——《论语·泰伯》

---

① 邢昺《论语注疏》，北京大学出版社1999年版，第75页。

（晳）曰："莫春者，春服既成，冠者五六人，童子六七人，浴乎沂，风乎舞雩，咏而归。"夫子喟然叹曰："吾与点也。"

——《论语·先进》

在陈绝粮，从者病，莫能兴。子路愠见曰："君子亦有穷乎？"子曰："君子固穷，小人穷斯滥矣。"[①]

——《论语·卫灵公》

贫而欢乐，不耻恶衣恶食，视不义的富贵如浮云，不仕于无道之世，做固穷的君子，当超越名利的高士，这就是孔子对弟子的反复告诫。孔子引导学生重视精神生活，这就是士志于道，至于物质生活则被置于极其次要的地位。原宪、季次、曾子、田子方、段干木将孔子的这些思想化为自己的实际行为，视为人生的行为准则，内化成自己的人格。贫贱、饥饿以及种种人生苦难，对他们来说不仅不是可怕的事，反而成为他们高洁人格的必不可少的衬托。不是吗？他们一贫如洗，衣食不继，可是他们的内心又像经历了宗教的洗礼一样平和、宁静，洋溢着淡淡的欢欣，常常以自豪、骄傲的姿态出现在富贵者面前。如果不是修炼到与他们同等的修养水平，确实很难体验他们的情感世界。是他们没有机会摆脱贫困吗？不是！他们有的是获取富贵的机会，他们拒绝了诸侯主动递来的橄榄枝，而宁愿过疏食饮水的生活。古籍载魏文侯见段干木，段干木跳墙逃走，又云官之则不肯，禄之则不受，这表明段干木是以极大的自觉性去选择贫贱的人生道路的。

有高洁的品质，又悟透了道，尤其是贫贱的生活将精神上的优越衬托出来，这样这些文人的心理就处在现实社会的最高层。他们在经济上一无所有，但在精神上则刚健充实，光芒万丈，甚至贫贱也成为他们啸傲王侯的必不可少的条件，没有贫贱，反而不足以休现道的伟大，人格的崇高。这些文人完全是生活在一种精神世界之中，一种非

---

① 　邢昺《论语注疏》，北京大学出版社1999年版，第12、50、91、104、105、154、207页。

功利的审美人生境界之中，支撑这种精神世界的因素除了上文所谈的先师遗训之外，社会的赞誉以及他们本人的情感也是重要的因素。特别是他们生活在战国士文化思潮刚刚兴起、诸侯贵族争相礼贤、士人备受社会关注与钦重的时代，这更使他们决心要高扬自己的人格。天子不得臣，诸侯不得友，就是他们人格心理的真实写照。他们的胸中激荡着一种自信、自尊的情感意气，这种意气足以使他们忘却、战胜贫寒，驱除肌肤之饥困，足以使他们保持自己的贫贱不能移的人格形象。

由于这些文人与现实政治系统保持着若即若离的关系，因而他们在改变现实、指导现实政治方面所起的作用一般不太大，他们所得到的诸侯隆重的礼遇、他们所获得的巨大声名与他们的实际政治才能实际上存在着很大的差距。几百年后，强调经国济世的司马迁在写《史记·游侠列传》时，对这些文人"拘学或抱咫尺之义，久孤于世"不无讥刺之辞。但这些文人的人格心理对于激发战国文人的自尊自信心理，对于酿造尊士重士的社会氛围，却有极大的积极作用。作为一种文人人格心理模式，它对中国后代文人的心理的影响更为深远。在中国封建时代，能够飞黄腾达、跻身社会上层的文人毕竟是少数，还有相当一批文人沉沦在社会下层，终身过着青灯黄卷、不厌糟糠的生活。有些文人因为人生失意，或者因为不满现实，而遁入山林成为岩穴之士。这时就特别需要有一种精神力量来支持他们直面惨淡的人生，度过漫长的苦难岁月。原宪、季次的人格模式特别是他们的固穷心理，对后代那些穷约文人就显得尤为亲切，他们在心理上奉原宪、季次等人为楷模，引古人为同志，沿着原宪、季次等人的足迹艰难而又坚定地走下去。当这些穷约文人摆脱人生困境、进入统治集团之后，原宪们的君子之德对他们也有一种强大的感召力量，使他们注意保持品格的高洁，由此而使他们构成中国封建政治中的一股清流。

六、墨子、吴起心理现象分析

墨子与吴起，一为墨家学派的创始人，一为早期的法家、兵家代表人物。这里将他们放在一起分析，是因为他们在心理上有某种共同特征。

墨子为鲁人，一说为宋人。《史记·孟子荀卿列传》对他的生平记载极为简略："盖墨翟，宋之大夫，善守御，为节用。或曰并孔子时，或曰在其后。"①据孙诒让《墨子闲诂》考证，他大约生于公元前468年，死于公元前376年。郭沫若先生在《十批判书·孔墨的批判》一文中有一个惊世骇俗的说法，就是墨子是一位宗教家，是站在王公大人立场的人。但郭沫若先生此说应者寥寥，一般认为墨翟来自庶民阶层，代表着下层人民的利益。钱穆先生在《先秦诸子系年》一书中认为墨翟非姓墨，墨者乃刑徒之称，墨子在当时所倡导的那些观点，是为刑徒之所为、黥墨之所务，故时人称之为墨。这个说法是否真实可靠，还可以继续讨论，但墨子来自社会下层，这一点恐怕是没有问题的。《墨子·贵义》载墨子南游于楚，与穆贺有一番对话，穆贺说："子之言则诚善矣，而君王，天下之大王也，毋乃曰贱人之所为，而不用乎？"②穆贺将墨子的主张称为"贱人之所为"，就足见墨子所提倡的是下层人民的行为。墨子打出的旗号是夏禹："昔者禹之湮洪水，决江河，而通四夷九州也，名山三百，支川三千，小者无数。禹亲自操橐耜而九杂天下之川，腓无胈，胫无毛，沐甚雨，栉疾风，置万国。禹大圣也，而形劳天下也如此。使后世之墨者，多以裘褐为衣，以跂蹻为服，日夜不休，以自苦为极，曰不能如此，非禹之道也，不足谓墨。"③墨子

---

① 司马迁《史记》，中华书局1959年版，第2350页。

② 孙诒让《墨子间诂》，中华书局1954年版，第？页。

③ 王先谦《庄子集解》，中华书局1954年版，第217、218页。

的这一套主张在当时确实是刑徒们的苦役，而为诸侯贵族所不屑为。墨子每以"农与工肆之人"的代言人自居，他的许多主张都是从下层人民的角度提出来的。

例如，墨子提倡"非乐"，这是因为制造乐器"将必厚措敛乎万民"，大量搜刮人民的财富，导致人民的破产。而为王公大人演奏也会干扰正常的社会生产："使丈夫为之，废丈夫耕稼树艺之时；使妇人为之，废妇人纺绩织纴之事。"既然音乐"亏夺民衣食之财"，所以墨子认定"为乐非也"。①

又如墨子主张节用。他痛斥统治者聚敛于百姓，暴夺农食之财，无休无止地营造宫室、衣服、舟车，过着骄奢淫逸的生活。他们将成百上千的女子收入后宫，满足一人的情欲，而民间却出现许多男子独身的现象。对此墨子提出节俭则昌，淫逸则亡，他认为凡是不利于百姓的实用、不能给百姓增益好处的，一概予以取消。

又如墨子倡导尚贤。他主张免去那些无德无能之辈，而重用那些"厚乎德行，辩乎言谈，博乎道术者"，②"虽在农与工肆之人"也应该予以举荐重用。这不仅反映了墨子本人要求参与政治管理的愿望，同时也喊出了下层人民希望政权向他们开放的心声。

再如墨子主张非攻，其着眼点也是从庶民的利益出发。他指出春天发动战争会贻误耕稼，秋天打仗会耽误收获。对于发动战争的国家来说，要造成生产的荒废、人民的大量死亡和资财的大量耗费，而对于被侵略的国家来说，人民被大批杀死，国家遭到灭亡，其结果是天下危乱，民生不能安定。所以攻伐既不合于圣王之道，又不符合国家百姓之利。

……

纵观墨子的这些思想主张，都是站在下层人民利益的立场上，为

---

① 孙诒让《墨子间诂》，中华书局1954年版，第155、156、157页。

② 孙诒让《墨子间诂》，中华书局1954年版，第25页。

下层人民的生存与发展奔走呼号。特别要强调的是墨子以一种艰苦卓绝的意志与坚韧顽强的毅力来实践他的主张。他穿着短衣草鞋，奔波于列国之间，扶弱抗强，制止不义的掠夺战争。《墨子·公输》载楚欲攻宋，墨子行十日十夜至楚，从道义和战术上折服了楚王和公输盘，从而制止了一次侵略战争。文章在结尾处有一节意味深长的文字："子墨子归，过宋，天雨，庇其闾中，守闾者不内也。"[①]墨子为宋人消除了一场灭顶之灾，可是宋人对这位救星不但不感恩，反而连让墨子站在屋檐下避雨的机会都不给，而墨子本人对此也丝毫不介意，这就是墨子为天下人牺牲自己的利益而不图报答的伟大精神。从这个意义上说，墨子确实具有宗教家的品质。

《孟子·尽心上》说墨子"摩顶放踵，利天下，为之"[②]。《庄子·天下》说："墨子真天下之好也，将求之不得也，虽枯槁不舍也，才士也夫！"[③]墨子就是以这样的精神，来展示下层文人的心胸，来体现下层文人的不可忽视的人格力量，来表达下层文人主宰天下拯救苍生的意志。

吴起在奋起阎间之中、立身扬名方面也作出了超越常人的努力。据《史记·孙子吴起列传》记载，吴起为卫人，是曾子的学生。这位战国初年的文人为了走向政治舞台的核心，不惜作出种种不入情理的举动。司马迁记述了他生平中的几个小故事：

> 起之为人，猜忍人也。其少时，家累千金，游仕不遂，遂破其家。乡党笑之，吴起杀其谤己者三十余人，而东出卫郭门。与其母诀，啮臂而盟曰："起不为卿相，不复入卫。"遂事曾子，居顷之，其母死，起终不归。曾子薄之，而与起绝。起乃之鲁，学兵法以事鲁君。

① 孙诒让《墨子间诂》，中华书局1954年版，第296页。
② 焦循《孟子正义》，中华书局1954年版，第540页。
③ 王先谦《庄子集解》，中华书局1954年版，第218页。

　　齐人攻鲁，鲁欲将吴起，吴起取齐女为妻，而鲁疑之。吴起于是欲就名，遂杀其妻，以明不与齐也。鲁卒以为将，将而攻齐，大破之。

　　起之为将，与士卒最下者同衣食。卧不设席，行不骑乘，亲裹赢粮，与士卒分劳苦。卒有病疽者，起为吮之。卒母闻而哭之。人曰："子，卒也，而将军自吮其疽，何哭为？"母曰："非然也。往年吴公吮其父，其父战不旋踵，遂死于敌。吴公今又吮其子，妾不知其死所矣。是以哭之。"①

　　母死不归、杀妻求将，似乎太不近人情，而为卒吮疽，则又充满了人间真情，情之所至，换来了士卒的以死相报。无情与有情，其目的只有一个，就是为了求名，为了达到卿相之位。为了达到这个目的，吴起无所不用其极。他并不是不爱自己的母亲，母死不归，是因为他尚未得到卿相之位，如果回到卫国，就违背了他自己的"起不为卿相，不复入卫"的盟誓。他也不是厌恶自己的妻子，而是在名位与妻子之间，以坚强得近于残忍的理智战胜了情感，从而作出杀妻求将的举动。痈疽之脏、之毒，他何尝不知！但他却以将军的身份，亲自去吸吮部下士卒痈疽的脓血。这究竟为了什么？难道不是为了换取士卒的死战吗！在吮疽的温情之后，其实是那坚忍的理性在起支配作用。如果理性需要吴起断肢、剖腹、剜心、割股，相信吴起也决不会有半点怯懦与迟疑。理性、毅力、意志在吴起身上发展到可怕的地步。

　　墨子与吴起，一为天下而摩顶放踵，一为名位而母死不归、杀妻求将、为卒吮疽，两者尽管表现形式不尽相同，但在一点上则是彼此一致的，这就是为了破土而出，为了从社会下层走向上层，为了走向政治的核心。为此他们付出毕生的心智，作出最大的努力。墨子、吴

---

① 司马迁《史记》，中华书局1959年版，第2165、2166页。

起实际上代表了战国初年下层文人的文化心理，要求政权向下层文人开放，要求自己的人生价值得到社会的普遍承认，要求成为社会的主人。由于他们身处社会下层，因而他们为了实现这一人生目标，他们就不得不付出更多的汗水，不得不牺牲人生中的亲情以及其他物质享受。我们不仅注意到他们在学术理论、政治、军事上的卓越建树，更要深入到他们内心深处，来体会他们伟大的宗教般的情感、他们的无坚不摧的顽强意志以及他们在最大限度上所发掘出来的内在的创造潜能，来分享他们内心所经历的种种磨炼与痛苦、幸福、喜悦等情感，这样才能真正认识这些古代的才士。

我们在发掘这些才士内心世界的时候，切不可只看到他们强大、坚韧的心理素质，而忽视他们心理上软弱无力的一面。生活在战国初年的下层文人，要他们完全以自己的力量来改变现实，一无顾忌地主宰一切，支配一切，指导一切，这几乎是不可能的。战国文人心理上软弱的一面集中体现在墨子的天志、明鬼学说之上。一方面，墨子及其追随者以连死都不怕的精神去进行人事上的努力，以拯救这个充满战火的苦难世界，另一方面，墨子又深感到单凭自己的力量还不足使那些热衷于残杀的诸侯们放下手中血淋淋的屠刀，还必须要找到一种制约他们、使他们不敢为非作歹的力量。这个力量在现实中找不到，于是墨子只有请出冥冥之中的天帝鬼神。读过《墨子》的人就会知道，所谓天志的具体内涵就是要"爱民利民"，要"兼相爱，交相利"，就是要"义政"反对"力政"。很显然这个天志实际上就是墨子本人的意志，只不过是披上了天帝的外衣而已。墨子是要借天志来消除诸侯"侵凌攻伐兼并"、"以火水毒药兵刃以相害"的混乱状况，建立一个"刑政治，万民和，国家富，财用足，百姓皆得暖衣饱食，便宁无忧"的社会。墨子力证鬼神的存在，极力宣扬鬼神具有赏贤罚暴的威力，谁伤害无辜多行不义，鬼神必能罚之。墨子向统治者提出警告，鬼神明察入微，鬼神的诛伐极其迅速且无法逃脱，尽管你倚仗人多力强，也难以避免夏桀、殷纣那样的覆灭下场。墨子笔下的鬼神也像天志一样，不过是制伏统治者的一件武器而已。墨子借天帝鬼神的力量来作为自己学说的保护神，这表明他还不能对士人的力量抱有百分之百的信心。到了战国中后期以后，士人已经对自己的整体力量抱有充分的信心，他们要凭借自己的智慧与力量来改变现实，再也不需要借助于天帝鬼神的力量了。

七、子思文化心态分析

在分析了卜子夏、田子方、段干木、曾参、李悝、原宪、季次、吴起、墨子等人的文化心态之后，有必要再讲一下子思。子思生活于战国前期，但他却是得风气之先的人物，他的文化心态已经与战国中期文人心态相近。

子思是孔伋的字，是孔子之孙，孔鲤之子，在年辈上属于孔子的再传弟子，宋儒说他学于曾参，但在文献上还可举出一些反证。孔鲤死在孔子之前，一生在政治和学术上都没有什么建树，而子思则是战国前期儒家一大重镇，也是孔子后人中一大思想家，在儒家哲学发展史上占有重要位置，早在战国时代就与孟子合称"思孟"。子思大约生于公元前483年，死于公元前402年。郑玄根据《礼记·檀弓上》子思哭嫂为位的记载，而推测子思并非孔鲤嫡子。这位不知名的子思兄长大约去世较早，子思因此成为孔子唯一的孙子。司马迁在《史记·孔子世家》中对子思的生平有简短的记载："伯鱼生伋，字子思，年六十二（或为'八十二'之误——作者注）。尝困于宋。子思作《中庸》。"[①]

《史记》所说的困于宋，发生在子思少年时代。据《孔丛子·居卫》记载，子思十六岁那年到宋国，宋大夫乐朔与子思讨论学问。乐朔批

①　司马迁《史记》，中华书局1959年版，第1946页。

评《尚书》中的商周之书"故作难知之辞"，这本是一句大实话，却不料子思年少气盛，出言不逊，讽刺乐朔是"委巷之人"，意即乡巴佬，不配谈论《尚书》语言。乐朔本想与子思这位圣人之后讨论《尚书》语言问题，却无端受到子思侮辱，于是率众围攻子思，幸赖宋君出面相救，子思才得以脱险。困宋的经历使子思发愤述作，反而成就了他的学术事业，他的《中庸》成为中国学术史上的重要文献，宋儒将其与《论语》、《大学》、《孟子》并列，成为宋以后士子必读之书。从他毫无顾忌地讽刺宋国大夫乐朔来看，少年子思就颇为张狂，有着放言无惮的个性特点，大概属于天分高、心气傲、胆子大一类的人。

由于文献不足，我们对子思的生平事迹不是特别清楚，他的一生大约与乃祖一样，主要是从事著述、讲学和游说。据古籍所载，子思在物质生活上像原宪、季次、曾参等人一样贫穷，宋人汪晫所编的《子思子·无忧》记载了两个小故事：

　　子思贫居，其友有馈之粟者，受一车焉。或献樽酒束脩，子思弗为当也。或曰："子取人粟而辞吾酒脯，是辞少而取多也，于义则无名，于分则不全，而子行之，何也？"子思曰："然。伋不幸而贫于财，至于困乏，将恐绝先人之祀。夫所以受粟，为周乏也。酒脯，所以饮宴也。方乏于食，而乃饮宴，非义也。吾岂以为分哉，度义而行也。"或者担其酒脯以归。

　　子思居于卫，缊袍无里，二旬而九食。田子方闻之，使人遗白狐之裘，恐其不受，因谓之曰："吾假人，遂忘之，吾与人也，如弃之。"子思辞而不受。子方曰："我有子无，何故不受？"子思曰："伋闻之，妄与如弃物于沟壑。伋虽贫也，不忍以身为沟壑，是以不敢当也。"[1]

---

① 陈桐生译注《曾子 子思子》，中华书局2009年版，第188、189页。

子思过着衣食难继的生活，友人看到子思生活是如此贫困，因此资助他衣食，但子思却毅然谢绝了朋友的馈赠，他不仅不食嗟来之食，甚至连友人的帮助也不愿意接受。子思之所以如此，乃是为了捍卫自己的志气。子思将这种个性一直保持到晚年，据《子思子·胡毋豹》记载：

> 缪公之于子思也，亟问，亟馈鼎肉。子思不悦，于卒也，摽使者出诸大门之外，北面稽首再拜而不受，曰："今而后知君之犬马畜伋。"盖自是台无馈也。①

这则故事在《孟子》中也有记载。鲁缪公为了表示对子思的关怀，屡次派人慰问，馈赠鼎肉，子思对此很不高兴，最后他将鲁君派来的使者推出门外，说："我现在才知道君主是把我当作狗马一样来畜养。"这句话说得实在太重了，鲁缪公从此不再馈赠酒肉。从这些故事可以看出，子思虽然家境贫穷，但他不愿意被人怜悯，被人同情，被人施舍，甚至有时拒绝善意的帮助，因为他有自己的骨气，有自己的操守，有自己的尊严。结合《中庸》来看，子思继承了曾参反身内省的心性道德培养的思路，像这样一个旨在培养圣人道德的人，保持自己的气节是可以理解的。

最能见出子思文化心态特色的是他的处世态度。子思是一个具有强烈个性色彩的文人。他说话不留情面，犀利尖刻，火气十足，架子很大。他以道德才能傲世，高扬士人不屈的气节，伸张独立的人格，时刻捍卫自己的尊严。在这些方面，他不仅有别于他的爷爷孔子，而且不同于他的学术前辈七十子，倒是与他的同辈段干木、田子方等人立身行事方式颇有相似之处，堪称是得时代风气之先的新潮人士。这其中的原因，虽然有子思个性的因素，但更重要的是时代使然。孔子

---

① 陈桐生译注《曾子 子思子》，中华书局2009年版，第200页。

时代，战国士文化思潮尚在酝酿阶段，当时支配孔子和七十子言行的主要是西周和春秋的礼义，而到了子思时代，战国士文化思潮正在兴起，一种以道德、才能、情感、义气抗衡财富爵位的新的价值观正在形成，子思深深感到，士人扬眉吐气的历史时刻到了，因此才有他的傲世、骄世之举。当时有一些好心人劝告子思随顺世俗，《子思子·胡毋豹》记载：

> 胡毋豹谓子思曰："子好大，世莫能容子也。盍亦随时乎？"子思曰："大非所病，所病不大也。凡所以求容于世，为行道也。毁道以求容，何行焉？大不见容，命也。毁大而求容，罪也。吾弗改矣。"①

此处的"大"，既是指子思追求的境界大，气魄大，也是指子思气场大、架子大，脾气大。由于子思"好大"，所以受到世人的非议，友人胡毋豹劝他随顺时俗，但子思坚决不愿毁大以求容，而宁愿求大以行道。行道是子思的最终目的，但他不愿意小心翼翼、战战兢兢地行道，而是以"好大"的形式去行道。曾子据说是子思的老师，他对子思的傲世态度也颇不以为然，《曾子·晋楚》记载：

> 曾子谓子思曰："昔者吾从夫子游于诸侯，夫子未尝失人臣之礼，而犹圣道不行。今吾观子有傲世主之心，无乃不容乎？"子思曰："时移世异，各有宜也。当吾先君，周制虽毁，君臣固位，上下相持，若一体然。夫欲行其道，不执礼以求之，则不能入也。今天下诸侯方欲力争，竞招英雄以自辅翼，此乃得士则昌、失士则亡之秋也。乃干此时，不自高，人将下吾；不自贵，人将贱吾。

---

① 陈桐生译注《曾子 子思子》，中华书局2009年版，第193页。

舜禹揖让，汤武用师，非故相诡，乃各时也。"①

这一条材料很有说服力，它形象地说明春秋末年和战国初年文人心态的变化。曾参是春秋战国之交的人，他亲眼看到孔子与乃孙子思不同的处世态度：孔子当年与诸侯打交道是循规蹈矩，严格地遵照礼仪行事，从不失人臣之礼，而子思却"有傲世主之心"，骄傲得像一个天使。对此，子思作了很好的回答。他说，这是由于"时移世异"的原因。孔子当年，社会大环境还讲究君臣上下之礼，因此孔子要想推行其道，就必须"执礼以求之"。而在子思时代，诸侯政治的特点是"得士则昌，失士则亡"，这正是诸侯贵族竞相争士养士的时代，是士扬眉吐气的时代。该张扬时就得张扬，时代创造条件让你骄傲，你却唯唯诺诺，畏缩不前，这岂不是自轻自贱！生活在这样的时代，士如果不自高自大，不拿出自己的气势，那么诸侯贵族就看不起你，就会把你踩在脚下。士如果不把自己看得珍贵一些，那么诸侯贵族就会将你置于卑贱地位。时代不同了，士的处世态度就自然不一样。应该说，子思对时代脉搏的把握是非常准确的，他的傲世态度就是来自时世的激发。子思的"好大"与"有傲世主之心"，是以战国士文化的发展作为底蕴，后来孟子高扬士的独立人格，正是子思这一心态的继承。

---

① 陈桐生译注《曾子 子思子》，中华书局2009年版，第96、97页。

第四章　战国中期文人心态

　　战国中期的上限是公元前359年，下迄公元前278年，历时约八十年。这一时期是战国士文化的高潮期，在学术流派上由前期的儒墨对峙而发展为百家争鸣，在文化心态上真是百花齐放，战国文人的心胸、气魄、信心、豪情在此时达到了高峰状态。庄子对心灵自由的追求，孟子对独立人格的高扬，以及屈原对国运的深情关注，从不同侧面代表了这一时期文人的精神面貌。梁启超在《论中国学术思想变迁之大势》中曾经作过精彩的描述："孔北老南，对垒互峙，九流十家，继轨并作。如春雷一声，万绿齐茁于广野；如火山乍裂，热石竞飞于天外。壮哉壮哉！非特我中华学界之大观，亦世界学史之伟迹也。"[①] 用这几句话来描述战国中期士文化高潮及文人心态，是非常形象、准确的。本章在概述这一时期文人心态的内容及其特征之后，还要选择几位文人作重点剖析。

一、文星荟萃稷下

　　自战国初年魏文侯开尊士养士之风以后，诸侯贵族都认识到士对国运的重要性，于是纷纷开门尊士养士。这股养士风气至齐威士、宣

---

① 梁启超《饮冰室合集》文集之七，中华书局1989年版，第11页。

77

王设立稷下学宫而达到顶点。

《史记·田敬仲完世家》载：

> 宣王喜文学游说之士，自如驺衍、淳于髡、田骈、接予、慎到、环渊之徒七十六人，皆赐列第，为上大夫，不治而议论。是以齐稷下学士复盛，且数百千人。①

《史记·孟子荀卿列传》又载：

> 自驺衍与齐之稷下先生，如淳于髡、慎到、环渊、接子、田骈、驺奭之徒，各著书言治乱之事，以干世主，岂可胜道哉！……于是齐王嘉之，自如淳于髡以下，皆命曰列大夫，为开第康庄之衢，高门大屋，尊宠之。览天下诸侯宾客，言齐能致天下贤士也。②

稷下为齐都的西门，齐威王、齐宣王在西门外设立学堂，作为诸子讲学、论辩的场所，故史称稷下之学。稷下学宫可能在齐威王时就已设立，《新序》说邹忌为齐威王相，稷下先生淳于髡等七十二人轻视邹忌，即为一证。《史记·田敬仲完世家》说"稷下学士复盛"，一个"复"字也透露了稷下学宫在宣王以前就已存在的信息。但稷下学宫兴盛的顶点却在齐宣王一朝。稷下学士除了司马迁列举的淳于髡等人外，比较著名的还有彭蒙、宋钘、尹文、王斗、儿说等人。稷下先生所享受的生活待遇极为优越，齐王专门为他们修建了列第，让他们住进了高门大屋，享受贵族的住房特遇。齐王还为稷下先生铺设了通衢大道，从孟子后车数十乘来看，稷下当时车水马龙的情景一定极为壮观。稷下先生的俸禄极为优厚，齐王不仅将那些著名学者奉养起来，

---

① 司马迁《史记》，中华书局1959年版，第1895页。

② 司马迁《史记》，中华书局1959年版，第2348页。

而且还要提供这些著名学者的门徒的生活资料，《战国策·齐策》说田骈"赀养千钟，徒百人"，齐宣王面许孟子"将中国授室，养弟子以万钟"，可见稷下先生都是当时的高薪阶层。没有了后顾之忧，稷下先生可以集中精力讨论平治天下的方略，思考政治学术问题。稷下先生的政治地位极为崇高，他们位列上大夫，是当时的高干阶层。他们的职责是"不治而议论"，即是说他们没有具体的行政职责，他们的任务就是讨论学术问题。稷下学宫的设立，在中国学术史上具有重大的意义，它在很多方面都是独创的，即使在今天也有某种启示的价值。

首先，稷下学宫是由齐国几代君主支持的学术机构。民间当然也可以从事学术研究，但学术研究离不开必要的物质条件，民间虽然可以自发地组织一些学术讨论，但无法保持经常化、制度化。由官方出面支持，提供必要的条件，是发展、繁荣学术的必由之路。刘勰作《文心雕龙》，以君主情趣作为文学发展的重要条件。钱穆先生在《先秦诸子系年》中，以诸侯关注与否作为学术兴衰的标准，这是有一定理由的。学者们只有解决了吃、穿、住、行等基本生存问题，然后才能从事精神劳动。齐威王、齐宣王在瞬息万变高度紧张复杂的政治军事形势下，以极大的热情关注、支持、发展、繁荣文化学术事业，这是他们高于当时其他诸侯之处。史书说齐王"喜文学游说之士"，这个"喜"字不单纯是个人的偏好，而是一种文化学术目光，一种理论的求索。前文说魏文侯自觉从理论上寻求治国强兵之道，到了战国中期，就由齐威王、齐宣王来领时代的风骚了。

其次，几代齐王设立稷下学宫，当然有他们的现实的功利目的，例如他们迫切地希望找到富国强兵进而称霸天下的最有效的理论，为自己的统治寻找理论基础，此外，稷下先生在齐国现实政治中往往也会提出一些比较具体的建议，例如，孟子就建议齐宣王不要占领燕国，但从总体上说，齐王设稷下学宫，务虚大于务实，也就是说，他们更重在发展学术，而不是纯粹出于现实功利的考虑。稷下先生来自儒、道、法、阴阳各个学派，但齐王并没有确定以其中某一学派为主，而是让各个学派自由地讨论，让每一位文人最大限度地发挥自己的学术个性，最大限度地挖掘自己的创造潜力，至于孰是孰非，孰优孰劣，完全是学术内部的事情。从文献来看，齐王在现实政治中主要依靠孙膑、田忌等人，在文化学术上则放手任稷下先生自己去做。齐王一方面为文人们提供了最好的物质条件，鼓励他们大胆创造，另一方面又不以政治的力量去强制文人们信仰什么、支持什么、反对什么，把思维的权利还给文人自己，这是稷下学宫最可贵之处。稷下先生们在这里不仅可以享受优厚的物质待遇，而且可以尽情地呼吸自由的学术空气。

最后，稷下先生所得到的不仅仅是高门大屋康庄之衢，也不仅仅是上大夫之禄位，他们在这里得到了充分的尊重，他们的人生价值在这里得到了极大的体现，他们的创造才能得到了发挥的广阔天地，他们的心胸和气魄在这里得到了极大的拓展。因此，稷下学宫的设立不仅对繁荣学术起到了重大作用，对于鼓舞士人的壮志豪情，对于将战国文人心态推向自信、豪迈的高峰，也极有推动之功。

我们在这一节讨论稷下学宫的设立及其意义，是以稷下学宫作为尊士养士的一个典型，这并不是说当时全天下只有齐国稷下养士，而其他诸侯贵族都闭门谢客。事实上，当时的每个诸侯贵族的门下都或多或少地聚集了一批文士，他们或为诸侯贵族出谋划策，或者宣传自己的思想主张，或者教育诸侯贵族的子弟。1993年，湖北荆门郭店发掘了一座楚墓，墓主是士一级的人物，墓中有一件漆耳杯，上有"东宫之杯"（李学勤先生释为"东宫之师"）四字，这表明墓主生前与楚国东宫有一定关系，可能墓主就是楚王太子的师傅或门客，随葬的竹简中既有儒家文献，也有道家书籍。像这样的士，各诸侯国都会有。但以学术为目标，吸引或网罗思想理论家们前来讲学、研讨、论辩、著述，这确实是齐国稷下养士与其他诸侯贵族养士的一个重大区别。像刺客、游侠以及其他不能或不愿在学术上有所建树的士人，稷下列第似乎并没有他们的位置，这些士人只能投奔其他诸侯贵族。战国士文化的创造主体是那些思想理论家，战国文人心态也主要是指那些从事精神创造的文人们的心态，稷下学宫恰恰是思想家的摇篮，是文化巨星荟萃之地，故而对此不能不予以一定的讨论篇幅。

二、百家争鸣的全面展开

战国诸侯贵族对士的礼遇与尊重激发了战国文人平治天下的热情，独立创新的时代风气又促使文人们百倍努力地另辟蹊径，自主地思考、求索平治天下的新方略，因此继战国早期儒墨两大学派之后，其他学派如雨后春笋般涌现，由此而形成百家争鸣的壮观局面，一个空前繁荣的学术盛世到来了。《汉书·艺文志》说："诸子十家，其可观者九家而已。皆起于王道既微，诸侯力政，时君世主，好恶殊方，是以九家之说蜂出并作，各引一端，崇其所善，以此驰说，取合诸侯。其言虽殊，辟犹水火，相灭亦相生也。仁之与义，敬之与和，相反而皆相成也。"[①]从这节文字可见当时诸子百家相互争鸣、各抒己见的热烈盛况。

战国中期各个学派的著名人物，儒家阵营主要有孟子，道家有庄子、列子、田骈、长庐子、公子牟、黔娄子、鹖冠子；阴阳家有驺奭、公孙发、乘丘子、杜文公，还有生活于战国中后期的阴阳学派的领袖人物驺衍；法家有商鞅、申不害、慎到；名家有尹文子、公孙龙子、惠施；墨家有田俅子、随巢子、胡非子；纵横家有苏秦、张仪、苏代、苏厉等；杂家有尉缭子、尸子；农家有许行、野老；此外还有一些喜欢依托的小说家者流以及未能列于诸子百家中的孙子等著名军事家。在南

---

① 班固《汉书》，中华书局1962年版，第1746页。

楚则活跃着以屈原为首的一批诗人。① 看了这个不甚完备的统计，就可以知道战国中期确实是群星璀璨，盛况空前！治学术史的人多注意诸子百家不同的学术观点，致力于研究导致学术繁荣的原因及其百家争鸣的特点，从中总结出某些有利于促进学术繁荣的规律。而我们研究战国文人心态，则应该从百家争鸣之中品味、揣摩、分析当时文人的文化心理。透过古籍文献，我们可以深入到这些古人的内心世界，去审视他们的不懈追求，去分享他们的忧患、激动与喜悦。我们可以看出经过战国初年文人们的垂范、开拓，战国中期的文人们已经普遍对天下大势有一种深沉的忧患意识，而对现实政治则有一种执着的参与意识。他们以百倍的热情和信心投入平治天下的理论创造与现实斗争之中，他们真诚地相信自己掌握了平治天下的奥秘，而认定其他学派的方略都是绝对错误的。为此他们展开激烈的争鸣，在争鸣中发展、充实、完善自己的学说体系。他们以巨人的姿态站在时代的高峰，一个个胸怀补天的雄心壮志，发誓要解民于倒悬，救世于水火之中，从而实现天下大治。像孟子所说的平治天下舍我其谁，并不是他一人的狂语，而是说出了这个时代文人们的共同心声。与战国初期相比，战国中期文人心态无论是在深度还是在广度上都有更新更大的拓展：在战国初期只有墨家一派与儒家分庭抗礼，而到战国中期独立创新、开宗立派已经蔚成普遍的时代风气；在战国初期还只有几位得风气之先的文人志在为王者师、为诸侯友，而到了战国中期，有这种君师心理文人就有相当可观的阵容了；在战国初期文人们还在比较谨慎地搜索治国用兵的新路，而到了战国中期，文人们大刀阔斧地进行政治改革，意气风发地驰骋在政治、军事、外交舞台之上；在战国初期虽然已经出现以德、义与爵、禄相抗衡的新价值观，但有这种观念的人毕竟还为数甚少，但到了战国中期，上述价值观已为很多文人所接受，评价

---

① 从《汉书·艺文志》来看，战国时期还活跃着一大批从事术数、方技的士人，只是按照传统的"道"与"技"的划分，他们属于"技"的层次，因此历来不把他们列入诸子百家之列。其实，他们也是战国文人群体中的成员。

一个人物，其根据不再是他的身份地位，而是他的内在实际才能，他的创造力，甚至情感、义气都可以作为啸傲王侯的依据……这确实是一个风云际会、龙腾虎跃的时代，一个充满了激情与信心的时代，一个文人扬眉吐气、神采飞扬的时代。文人们不再是大大小小的王侯贵族的政治附庸，不再是那样战战兢兢、小心翼翼、循规蹈矩，而是尽情地向社会宣告自己的独立人格和巨大价值，尽自己最大努力发挥聪明才智。他们是时代的骄子，是全社会的精英，是人类的先知，他们昂然走在时代的前列，他们的思想、意志是这个社会发展变化的重要动力。他们留下的平治天下的著作向千秋万代的人们讲述他们的理想与追求，展示他们所经历的永远值得怀念的辉煌。

三、显赫的业绩与人生境界的提升

战国文人不仅在理论创作领域成就斐然，而且在政治、军事、外交各个领域建立了不朽的业绩。兹举数例：

法家商鞅在秦孝公支持之下实施变法，获得巨大成功。《史记·商君列传》载："行之十年，秦民大说，道不拾遗，山无盗贼，家给人足。民勇于公战，怯于私斗，乡邑大治。""居五年，秦人富强，天子致胙于孝公，诸侯毕贺。"[①] 商鞅后来虽然被秦惠王车裂，但他的变法举措并未废止，秦国赖商鞅变法而从此走上富国强兵之路，在并立的七国之中脱颖而出，后来终于统一了六国。

纵横家苏秦、张仪是当时著名的国际战略家，他们一倡合纵，一说连横，在一段历史时期内，天下权柄操纵于此二子之手，以至于达到一怒而诸侯惧、安居而天下息的程度。苏秦、张仪相继佩六国相印，所在国重，所去国轻，司马迁用"倾危之士"来形容他们在现实政治中

①　司马迁《史记》，中华书局1959年版，第2231、2232页。

举足轻重的特殊重要地位。

兵家孙膑为齐威王师，他运筹帷幄之中，决胜千里之外，先是设计围魏救赵，在桂陵大破魏军，后来又在马陵道上设下伏兵，陷害孙膑的魏将庞涓智穷兵败，被迫自杀，孙膑以此名显天下，世传其兵法。

邹忌以鼓琴说齐威王，见三月后即受相印。他从妻、妾、客对自己的赞誉中发现自己受蔽甚深，因此劝说齐威王开门纳谏，整肃国政，齐国政治因此得到大治，威、宣之世，齐国一度成为七雄中的强国。

法家申不害在韩国也将自己创立的学说 —— 术 —— 付诸政治实践，建立了光辉业绩。《史记·老子韩非列传》载："申不害者，京人也，故郑之贱臣。学术以干韩昭侯，昭侯用为相。内修政教，外应诸侯，十五年。终申子之身，国治兵强，无侵韩者。"①

淳于髡以隐语激发齐威王"不飞则已，一飞冲天；不鸣则已，一鸣惊人"的奋发精神，由此而励精图治，振作东方大国雄风。楚人伐齐，齐威王让淳于髡携薄礼赴赵求援，淳于髡深知这种吝啬的做法不会取得成功，于是他再次委婉托讽，使齐威王幡然醒悟追加礼品，从而成功地请来救兵。后来淳于髡又设譬谏止齐威王罢长夜之饮。他前后三谏，对齐国政治起到了重要的除弊兴利的作用。

南国大诗人屈原在政治舞台上也曾一度显露锋芒。《史记·屈原贾生列传》载："为楚怀王左徒。博闻强志，明于治乱，娴于辞令。入则与王图议国事，以出号令；出则接遇宾客，应对诸侯。王甚任之。"②后来即使遭谗被疏，屈原仍然劝谏楚怀王追杀张仪并劝阻怀王入秦。

……

从这些事例中我们可以看出，战国中期的文人是在充分地发挥自己的聪明才智，牢牢地掌握着政治军事的主动权。他们在政治、军事外交上的卓越建树给他们带来了崇高的社会地位和普遍的社会赞誉，

---

① 司马迁《史记》，中华书局1959年版，第2146页。

② 司马迁《史记》，中华书局1959年版，第2481页。

而这些社会尊重及其赞誉又反过来对文人产生巨大的鼓舞作用，他们对自己的创造才情与人生前途更充满信心，对自己提出更高的人格要求，由此而带来了人生境界的提升。

最能体现这种人生境界提升的是《易传》的超越哲学。《易传》最后写定可能要到战国后期，但它的些基本思想与战国中期文人态极为接近，很有可能形成于战国中期。它的作者虽然来自儒家阵营，但它所表现的思想却不囿于儒家一派，而应该视为这个时代文人心态的主旋律。

以下是《易传》的一些著名论述：

> 天行健，君子以自强不息。
>
> ——《周易·乾卦》象辞
>
> 夫大人者，与天地合其德，与日月合其明，与四时合其序，与鬼神合其吉凶。先天而天弗违，后天而奉天时。天且弗违，而况于人乎？况于鬼神乎？
>
> ——《周易·乾文言》
>
> 《大畜》，刚健笃实，辉光日新其德。
>
> ——《周易·大畜》象辞
>
> 夫《易》，圣人所以崇德而广业也。知崇礼卑，崇效天，卑法地，天地设位，而《易》行乎其中矣。①
>
> ——《周易·系辞上》

上述言论都是通过解说卦象来讲人生哲学。《乾卦》象辞是对乾卦卦德的解释，《乾卦》卦象在《周易》六十四卦中，六爻全为阳爻，而阳刚阴柔，因此乾卦最集中地体现了刚健之德。在《周易》中，《乾卦》代表天，因而《乾卦》刚健之德也就是天德，上天运行不止，充满

---

① 孔颖达《周易正义》，北京大学出版社1999年版，第10、23、119、273、274页。

自强不息的精神。《乾文言》歌颂这种刚健品质说："大哉乾乎！刚健中正，纯粹精也；六爻发挥，旁通情也；时乘六龙，以御天也；云行雨施，天下平也。"[1]《易传》作者处于积极有为的奋发时代，他从《乾卦》的刚健品质而联想上天云行雨施美利天下之德，进而又从上天刚健之德中体悟出人生应有的境界，由此提出人应该效法天德，刚健奋发，自强不息，从而使人的精神与天德相通。《乾文言》进一步对此予以发挥，说大人的德行与天地之道互为沟通，与日月光明相合。大人的行为无论是先于还是后于天地变化，都能与天意保持一致。总之，人人与天地精神合而为一。从卦象上看，大人是由通于《易》理而与天地之道相通，而从时代文化精神来说，这实际上是《易传》作者受到时代精神的鼓舞，试图将自己的生命精神高扬到天地之道的水平。《大畜》象辞是对该卦卦义的说明。《周易正义》云："谓之大畜者，乾健上进，艮止在上，止而畜之，能畜止刚健，故曰大畜。"[2]《大畜》卦乾下艮上，乾为天为健，艮为山为止，乾象以刚健之德奋发向上，遇艮山而止，因而《大畜》卦象征着蓄德于中，英华外发，故云辉光日新。《易传》作者认为《易》效法天地之理，故能穷尽宇宙间义理，人们可以从《易》中体悟天地之理，致力于进德修业，实现生命的超越，从而使人生的意义趋于无限。《易传》的这些言论虽然讲卦象，但它却最集中地体现了战国文人的人生追求，它奏出了战国文人心态的主旋律，堪称战国士文化的最强音。它与儒家大师孟子所弘扬的浩然之气，与孟子所高唱的"万物皆备于我"，与孟子所宣传的"尽心、知性、知天"学说，正好互相映照。它从一个侧面表明，这个时代的文人是怎样充满豪情，对人生抱有怎样辉煌的期望值。人虽然只有五尺之躯，虽然只能有几十年的寿命，人生在无限的时间长河中只不过是极为短暂的一瞬，但是人却可以通过进德修业，使生命超越时空的局限。人的人格力量、

---

[1] 孔颖达《周易正义》，北京大学出版社1999年版，第21页。

[2] 孔颖达《周易正义》，北京大学出版社1999年版，第118页。

人的大义、人的浩然正气可以充塞于天地之间，天地万物似乎都成为
人的本质力量的确证，人与天地精神合为一体，这是何等的自信！后
来的汉人虽然也讲天人感应、天人合一，但在天人关系中，天的意志
是不可抗拒的主宰力量，人只能顺应天心从事，只能效法上天，而战
国文人讲天人合一，讲人与天地之道相通，讲人与天地相参，其主导
方面是在人的一边，天是处于被动的方面，人是顶天立地的伟丈夫，
天地间因为有人才显得那样生机勃发，人通过天地来证明自己的伟大，
人的精神可以像天地一样长久。战国文人心态发展至此，确实是达到
了登峰造极的水平。

四、各放异彩的个性心理

战国初年个性心理比较有特色的文人，大致可以分为三类：一是
以田子方、段干木、原宪、季次、子思等人为代表的人格气节派；二是
以墨子代表的自苦奉献派；三是以吴起、李悝为代表的崇尚实际派。
到了战国中期，伴随着百家争鸣的出现，文人们的个性心理也像春天
百花园一样万紫千红，争芳斗妍，他们标举不同的人生信念，表现出
不同的情趣爱好，显示出不同的性情和气质。时代为他们创造了一个
展现个性心理的广阔天地，他们可以完全按照自己的意志来选择生活
方式、走自己选定的人生道路，说自己想说的话，做自己想做的事，
创建属于自己的独立学说，这个社会并没有为各种个性裁定优劣，各
种个性心理都有充分的存在理由，即使某一种人生信念遭到别人的批
评，那么也完全不必慌张，因为还可以反批评，而且批评者本人也会
遭到来自各个方面的批评。整个社会就像一片大树林，所有的鸟儿都
可各占一个枝头，都可以尽情地放声歌唱。在文人个性心理多样化方
面，中国后代社会很少能够达到战国中期的程度。

有些文人崇尚士的独立人格，他们虽然没有钱财，没有权势，没

有地位，但他们却在人格心理上超越了诸侯贵族，认为自己比诸侯贵族们活得更有价值更有意义。他们保持士的不屈的气节，不愿向诸侯贵族们摧眉折腰，始终高高抬起那高贵的头颅。《战国策·齐策》记载了齐国隐士颜斶与齐宣王的一次较量：

> 齐宣王见颜斶，曰："斶前！"斶亦曰："王前！"宣王不悦。左右曰："王，人君也；斶，人臣也；王曰'斶前'，亦曰'王前'，可乎？"斶对曰："夫斶前为慕势，王前为趋士；与使斶为慕势，不如使王为趋士。"王忿然作色曰："王者贵乎？士贵乎？"对曰："士贵耳，王者不贵！"王曰："有说乎？"斶曰："有。昔者秦攻齐，令曰：'有敢去柳下季垄五十步而樵采者，死不赦！'令曰：'有能得齐王头者，封万户侯，赐金千镒！'由是观之，生王之头，曾不若死士之垄也。"①

颜斶面对一国之君，敢于说士贵而王不贵，甚至说生王的头颅还比不上死士的坟墓，他这样折尊齐宣王，旨在突出士的不可屈服的人格，伸张士的大义凛然的气节。颜斶认为士贵于王的依据就是士在道德上优胜于有名无德的君王，所以君主要"无羞亟问，不愧下学"。他以自己的雄辩折服了齐宣王，使齐宣王"愿请受为弟子"。面对齐宣王"食必太牢，出必乘车，妻子衣服丽都"的许诺，颜斶表示过自己的"晚食以当肉，安步以当车，无罪以当贵，清静贞正以自虞"②的隐逸生活，以清贫来换得独立自由的人格。齐人王斗（一本作"升"）欲见齐宣王，齐宣王使谒者延入。王斗说："斗趋见王为好势，王趋见斗为好士。于王何如？"结果是"宣王因趋而迎之于门"。③颜斶、王斗的个性心理与战国初年段干木、田子方、原宪、季次、子思等人一脉相承，但

① 《战国策》，上海古籍出版社1985年版，第408页。
② 《战国策》，上海古籍出版社1985年版，第412、413页。
③ 《战国策》，上海古籍出版社1985年版，第414页。

他们的个性锋芒更为犀利，而且他们也并非出于儒家阵营，他们啸傲王侯的依据也不是他们的道德修养，这就表明到了战国中期，重气节、讲操守、重独立人格的就不再局限于几个独抱咫尺之义的儒生了。

有的文人突出个人的利益，以利己主义作为人生的信念。例如杨朱就高举"为我"、"贵己"的旗帜，提倡全性保真，不以物累形，公然宣称拔一毛而利天下亦势所不为。这正好与墨家摩顶放踵、手足胼胝形成鲜明的对照。杨朱为我的人生信念从表面上看似乎在战国士林治天下的雄浑交响乐中是一个与主旋律极不和谐的音符，但这种个性心理却是在思想解放的文化氛围中出现的。它意识到个体生命价值的宝贵，但是却未能将个人生命价值与统一天下的伟大事业联系起来，而是走上自私自利的道路。杨朱的贵己信念充其量只是注意到生命的自然价值，而他丢失的则是生命的社会意义。

有的文人标榜清正廉洁的节操，并将这种节操推向极致。传统的文人大都以禄代耕，也就是《论语》中荷蓧丈人所讥讽的那种四体不勤五谷不分式的人物，他们的廉洁大多表现为不贪不义之财。在战国中期则有一些文人提倡完全依靠自己的双手劳动去挣得谋生的资本，不是自己种的粮食不吃，不是自己织的布不穿，不是自己建造的屋不住。齐国的陈仲子就是这样的廉士，因为他廉洁太过分，以至于在於陵的时候，三天没有进食，耳朵饿聋了，双眼饿得直冒金星。实在饿极了，他看到井边李树上有一个金龟子吃掉大半的李子，便把这李子摘下吃了，半晌才听得见人们说话的声音。有一次客人送他哥一只生鹅，他见到后很不以为然。后来陈仲子母亲将这只鹅杀了，送给陈仲子吃。陈仲子刚吃下几口，他哥哥从外面走进来说，这就是你所讨厌的那只鹅呀。陈仲子一听，赶忙跑出去，把吃进去的鹅肉吐出来。农家学者许行、陈相则倡导统治者应该自己种粮，自己做饭。这些文人否定了统治阶级以前不劳而获的寄生虫的生活方式，颇有一些现代人的劳工神圣的意识。他们批判统治阶级的寄生腐朽是有积极意义的，但他们主张所有生活之资料都完全由自己双手去制造，则又走向了另一个极端，而未能看到社会的发展必然会导致社会分工和商品交换。从陈仲子、许行、陈相等人不愿消费非自己劳动成果的言行来看，这些文人的廉洁确实达到了常人难以达到的程度。从中可以看出战国文人都愿意采用极端的方式，来突出自己不同凡响的个性与风格。

与陈仲子、许行、陈相等人不愿向社会索取相反，有些文人则以多向社会索取为荣耀，他们最高的人生目标就是猎取卿相富贵，他们认为人生最大的快意就是享受安富尊荣。食前方丈，后宫姬妾数百人，这些被他们看作是人生成功的标志。看到别人诚惶诚恐地匍匐在自己脚下，看到自己前呼后拥、一呼百应的气派，他们会感到由衷的满足。为了达到这个目标，他们不惜采用种种手段，反复无常，朝秦暮楚，无所不用其极。战国纵横策士就是这样一群文人。战国时期七雄并立，各诸侯国之间时而攻伐，时而联合，时而矛盾对立，时而又具有共同利益。这种错综复杂的国际关系为纵横策士施展权谋、猎取卿相富贵提供了机遇。纵横家的祖师据说是叫鬼谷子，他本人并未参与战国实际斗争，一生以讲学为务，这是一位擅长谋略的大师，战国著名纵横家苏秦、张仪等人就是出于他的门下。除苏秦、张仪以外，纵横家的代表人物还有苏厉、苏代、陈轸、甘茂、司马错、范雎、蔡泽等人。策士们最擅长的本领就是善于分析列国之间的利害关系，利用列国之间的矛盾来谋得一己私利。策士们席不暇暖，朝夕奔走，巧舌如簧，游说于各国之间，诸侯们对他们往往言听计从，因为他们确实能够抓住问题的要害。策士们胸中并无重建一统天下的宏伟抱负，因为分裂的多元政治能够给他们带来极大的利益，他们就是要利用国际之间的矛盾来实现个人利益最大化。他们也没有严肃的社会责任感，他们的立场、观点、方略往往伴随着个人的利益而变化。例如纵横家的代表人物苏秦原来倡导连横，结果未被秦惠王采纳．苏秦游说失败后回家，妻子不下织布机，嫂子不做饭，父母不和他说话，备受家人冷遇。苏秦从炎凉的世态中愈发感到功名富贵为人生所必不可少，因此发奋苦读，从中揣摩游说之术。困倦时便引锥刺股，鲜血流到脚下。正如一位论者所说，如果说妻不以苏秦为夫，嫂不以为叔，父母不以为子，那么苏秦为了卿相富贵，也不把自己的肉体当作肉体。倡导连横不成，他便改弦易辙，提出合纵的策略，结果游说赵王获得成功。终于圆了他的卿相之梦。他以赵国为依托，进一步游说山东五国，建立起联合抗秦的六国合纵大联盟，苏秦成为这个联盟的实际领袖，身佩六国相印，登上权力的顶峰。他路过家乡洛阳的时候，家人一改常态，父母到三十里郊外去迎候，妻子侧目而视，倾耳而听，嫂子在地下爬行谢罪。苏秦对此深致感慨："嗟乎！贫穷则父母不子，富贵则亲戚畏惧。人生世上，势位富贵，盍可忽乎哉！"[1] 这个"势位富贵"便是苏秦的人生追求的目标，是他的全部人生理想之所在。另一位连横派领袖人物张仪的志趣与苏秦完全相同。《史记·张仪列传》记载了张仪早年的一个小故事：

> 张仪已学而游说诸侯。尝从楚相饮，已而楚相亡璧，门下意张仪，曰："仪贫无行，必此盗相君之璧。"共执张仪，掠笞数百，不服，醳之。其妻曰："嘻！子毋读书游说，安得此辱乎？"张仪谓其妻曰："视吾舌尚在不？"其妻笑曰："舌在也。"仪曰："足矣。"[2]

从这个七分痛楚三分幽默的小故事中，我们颇能见出张仪的硬汉子品格。但这种硬品格却不是用来忧劳天下，而是用于谋求个人的富贵。苏秦不惜用铁锥刺自己的皮肉，而张仪被打得死去活来也不后悔，他们就是以这样坚韧顽强的毅力和无坚不摧的意志，向着富贵的目标攀登。蔡泽宣称："吾持粱刺齿肥，跃马疾驱，怀黄金之印，结紫绶于要，揖让人主之前，食肉富贵，四十三年足矣。"[3] 策士们就是这样赤裸裸

---

① 《战国策》，上海古籍出版社1985年版，第90页。

② 司马迁《史记》，中华书局1959年版，第2279页。

③ 司马迁《史记》，中华书局1959年版，第2418页。

地宣告他们的极端自私的人生哲学，他们毫不忌讳地宣称他们要官、要钱、要地位、要享受。这样一群无行的人，却又把握了时势的命脉，他们在现实政治中起到了其他诸子百家所无法比拟的决定作用。对于纵横策士这种以功名利禄作为最高价值取向的文化心态应作具体深入的分析。纵横策士投身于游说奔走的士林人群之中，无疑是受到士文化时代大潮的感染和鼓动，而他们在政治上的巨大成功，也会进一步促使诸侯贵族尊士重士。他们虽然注意到在现实政治中实现人的社会价值，但他们个人主义、利己主义的人生价值取向却是与战国士文化以天下为己任的大方向相违背的。因为他们的人生目标是个人的名位利禄而不是天下统一，所以纵横策士主宰下的战国政治大势是走向列国均衡而不是走向统一，完成统一大业的历史责任不是由纵横家来承担，策士政治仅是战国中后期一个阶段的现象，其原因也就在于此。当时的儒学大师孟子就说苏秦、张仪是"妾妇之道"，算不得真正的顶天立地的大丈夫，孟子的批评确实是一针见血的。随着战国乱世的结束，苏秦、张仪等纵横策士也就被人们视作不道德的典型、权谋诈术的代表，策士的文化心态对后代文人几乎没有产生什么影响。

有些文人发展了早期法家吴起、李悝的现实主义倾向，只要能够现自己的人生抱负，施展自己的非凡才能，就不顾众人的非议与怀疑，敢于蔑视传统道德，不惜采用一切手段，使自己获得成功。例如卫人商鞅说秦孝公，以景监为依托。景监是秦宫中的太监，当时正直的人们都羞于与太监为伍，但商鞅却不顾这些，只要能达到目的，他就可以选择景监作为恩主。结果他成功地获得了秦孝公的信任。他在实施变法前，曾有一个立木取信的小插曲，很能见出他的个性。《史记·商君列传》载：

> 令既具，未布，恐民之不信，已乃立三丈之木于国都市南门，募民有能徙置北门者予十金。民怪之，莫敢徙。复曰："能徙者

予五十金。"有一人徙之，辄予五十金，以明不欺。卒下令。[①]

雷厉风行，说到做到，不容置疑，一令既出，如倒海排山，这就是商鞅做事的风格，也是他为人的个性。如果没有这样果决的风格，没有快刀斩乱麻的犀利锋芒，要在一个充满惰性和陈规陋俗的国度中成功地实施变法，那几乎是不可能的。法令公布之后，秦孝公太子带头违法，商鞅敢于向太岁头上动土，他将太子的两位老师公子虔、公孙贾分别处以刑罚，以示对太子的惩戒。后来公子虔又再次犯法，商鞅不畏权势，下令割去了公子虔的鼻子。传统的礼制是刑不上大夫，但这些旧礼制对商鞅不起约束作用，贵族犯法，同样予以惩处。公子虔、公孙贾是太子的老师，而太子是君嗣，是商鞅未来的君主，对这位一人之下万人之上的人物，商鞅也敢于冒犯。如果说刑公子虔、公孙贾以惩戒太子显示了商鞅个性中的不畏权贵的胆识，那么欺骗公子印就代表了商鞅个性心理的另一面：无视传统的对朋友讲信用的伦理道德。商鞅率兵伐魏，魏国派公子印率兵迎击。商鞅与公子印是昔日的好友，因此他假借叙旧名义请公子印饮酒，表示喝完酒以后就罢兵回国。宴会之间他埋设伏兵袭击公子印，并趁机击破魏军，魏国只好割地求和。按照传统伦理，对朋友要讲究信义，公子印是恪守这个对朋友信义的伦理的，而商鞅却借这个伦理观念来欺骗昔日的朋友，达到克敌制胜的目的。司马迁在《史记》中称商鞅为"少恩"的"天资刻薄人"。实际上商鞅言行比较典型地体现了法家一派的现实主义个性心理。如果仅仅用刚直不阿这一类的词语来概括商鞅个性，显然是远远不够的。法家远远不是情操高尚的人物，需要他卑躬屈节的时候，他的腰会弯得比谁都低；而现实需要他铁面无私的时候，他也会一无所惧、六亲不认；当现实需要他背叛朋友的时候，他可以毫不留情地把朋友送上断头台。以这种冷酷无情的现实主义心理来处理人事，确实是一件可

---

① 司马迁《史记》，中华书局1959年版，第2231页。

怕的事情。但另一方面，如果没有这种彻底的现实主义个性，如果瞻前顾后，照顾方方面面，畏首畏尾，考虑种种人情关系，那还会有变法的成功吗？我们将商鞅因景监、刑公子虔、欺公子卬这些行为与吴起杀妻求将、母死不归、为士卒吮疽联系起来，就可以看出法家们都有这种天资刻薄的倾向，而他们的刻薄少恩又是为了达到自己的目的。

有些文人提倡清心寡欲，使自己处于一个与世无争、比较超脱的地位。例如宋钘就主张去掉自己的情欲，因为欲望太多，终日处于不知足的状态，这往往是招致祸患的根源。宋钘还主张别人侮辱了你，你可以淡漠处之，这样人世间的争斗就会渐渐减少。《庄子·逍遥游》说宋荣子（即宋钘）"举世誉之而不加劝，举世非之而不加沮，定乎内外之分，辨乎荣辱之境"①，这样的修养可以说超越了世俗而达到极境。虽然同属于道家阵营，但是宋钘又与为己的杨朱、随顺世俗的庄周等人有明显的区别。他对自己保持一种恬淡、超脱的心态，而对民生却又有一份火热的情肠。这集中体现在他为了平息诸侯相互征伐而奔走劝止上。在提倡非攻方面，他近于墨家，而在清心寡欲、与世无争、宠辱不惊诸方面，他又与道家相同。这种心态在战国中期确实是独树一帜，在当时就引起许多学者的注意与评论。

春秋战国时期剧烈的社会变动，使得事物的名实关系发生很大的变化。旧名往往不能适应新的内容，新名又纷纷涌现。当时文人都在不同程度上对名实进行调整，从事正名的工作。春秋末年的孔子就感慨："名不正则言不顺，言不顺则事不成，事不成则礼乐不兴，礼乐不兴则刑罚不中，刑罚不中则民无措手足。"②表示他执政后所做的第一件事就是"正名"。有些文人受到这种正名风气的感染，于是便专门从事名实的辨察。他们的辨察又不是像今天人们编写名词词典那样，采用世所公认约定俗成的说法，而是钻入牛角尖，从世俗相反的角度考

---

① 王先谦《庄子集解》，中华书局1954年版，第3页。

② 邢昺《论语注疏》，北京大学出版社1999年版，第171页。

辨名实。例如名家惠施提出"天与地卑，山与泽平"①，人们的常识是认为天高地卑，山高泽平，但从空间无限的无限来看，天地、山泽之间那种高低尊卑的差别几乎是微乎其微，所以惠子说天与地一样矮小，山与泽同一水平。这种说法真是既新奇又有意思，你能说惠施完全不对吗？不能！但他所说的确实超越了人们的常识。所以他们的辩论能胜人之口，而不能服人之心。惠子又说"日方中方睨，物方生方死"②，从时间上看，一切都在变化，而且所有的巨变在永恒无限的时间长河中都不过是极短暂的一瞬，日到中天那一刻同时就是它西倾的开端，事物出生的那一刻就意味着它走向死亡。到了公孙龙，更把辨察名实推向极端，甚至在玩弄概念游戏。例如他说"卵有毛"，鸡蛋上没有鸡毛，这是人们的生活常识，但鸡蛋可以孵出小鸡，小鸡是有鸡毛的，所以公孙龙说鸡蛋上有鸡毛。又如他提出著名的"白马非马"的命题，在他看来，"白"是一个概念，"马"是另一个概念，"白"是人们从视觉上得来的认识，"马"是人们从知觉上得来的认识，所"白"与"马"这两个概念合在一起，便不是指马。这些文人的学术个性是善于诡辩，爱走极端，颇有一些惊世骇俗的意味。他们的诡辩距离平治天下的时代主题较远，但对学术争鸣则起到了推波助澜的作用。

　　如果我们不厌其烦，我们还可以举出一些这一时期富有特色的某些文人个性心理。在这个学术自由、鼓励创新的时代，只要具有创造才能，任何文人都可以谈出自己的学术观点，任何文人都可以树起自己的理论旗帜。而在当时，为文与为人、学术与实际言行是完全统一的，因此，有多少种不同的学术观点，就会有多少种为人方式和个性心态。隐逸、狂放、刻薄、谲诈、宽容、超脱、自尊、狡辩、自私、至公……不同的个性，不同的心理，不同的观点，不同的生存方式，存在于同一时期，蔚成百花齐放的壮观。虽然这些文人的心理并非一片

① 　王先谦《庄子集解》，中华书局1954年版，第223页。
② 　王先谦《庄子集解》，中华书局1954年版，第223页。

光明，虽然有些文人的人生信念与追求呈现出负价值取向，但这一时期文人个性心理的主旋律却是要以自己的学说平治天下。本节尚未论及的一些著名文人，诸如孟子、庄子、屈原，他们的文化心态比同时代文人具有更为丰富的内容，他们的个性心理比其他文人更有特色，因而留待下文专节讨论。

五、庄子文化心态分析

庄子名周，宋之蒙人，大约生于公元前369年，死于公元前286年，与孟子同时而稍晚。在战国中期文人当中，他是最有个性特色的学者之一，堪称乱世中的隐士，自由的精灵。《史记·老子韩非列传》对他的学说有扼要的介绍：

> 周尝为蒙漆园吏，与梁惠王、齐宣王同时。其学无所不窥，然其要本归于老子之言。故其著书十余万言，大抵率寓言也。作《渔父》、《盗跖》、《胠箧》，以诋訿孔子之徒，以明老子之术。《畏累虚》、《亢桑子》之属，皆空语无事实。然善属书离辞，指事类情，用剽剥儒、墨，虽当世宿学不能自解免也。其言洸洋自恣以适己，故自王公大人不能器之。[1]

按照司马迁的说法，庄子是游离于现实政治体制之外的人物，他的学说似乎并不是要解决现实政治中的如何重建一统天下的迫切问题，他的十几万字的著作是"适己"之作，也就是说，庄子写书的目的完全是娱乐、满足自己的心态，而不是为天下人写的。进一步看，庄子岂止是不关心现实，他试图要毁灭人类的全部文化成果。《庄子·胠箧》

---

[1] 司马迁《史记》，中华书局1959年版，第2144页。

写道：

> 故绝圣弃知，大盗乃止；擿玉毁珠，小盗不起；焚符破玺，而民朴鄙；掊斗折衡，而民不争；殚残天下之圣法，而民始可与论议。擢乱六律，铄绝竽瑟，塞瞽旷之耳，而天下始人含其聪矣；灭文章，散五采，胶离朱之目，而天下始人含其明矣；毁绝钩绳，而弃规矩，攦工倕之指，而天下始人有其巧矣。故曰：大巧若拙。削曾、史之行，钳杨、墨之口，攘弃仁义，而天下之德始玄同矣。[①]

把人类的智慧抛弃掉，把珠玉财宝扔掉，把作为凭信的符玺烧毁，把斗衡打破或折断，把音乐家师旷那敏锐的耳朵塞上，将视力最强的离朱的眼睛胶粘起来，将能工巧匠工倕那灵巧的手指折断……一句话，毁灭人类所有的文明成果，使人成为毫无人文知识的最原始意义上的人。庄子描述了远古时代人们的生活情景：

> 当是时也，民结绳而用之，甘其食，美其服，乐其俗，安其居，邻国相望，鸡狗之音相闻，民至老死而不相往来。若此之时，则至治已。[②]

这种原始、淳朴、混沌的社会情景，被庄子称为"至德之世"，这些自然的生物意义上的原始人——天民，当然也是庄子心目中人的理想的人格。看到这些反文化的言论，人们有理由提出疑问：庄子心态中有文化的内容吗？

回答是肯定的，在庄子反文化的背后，实际上蕴含了极为丰富的文化内涵。庄子与战国时代其他著名文人一样，堪称战国七文化的精

---

① 王先谦《庄子集解》，中华书局1954年版，第60页。

② 王先谦《庄子集解》，中华书局1954年版，第61页。

英。庄子的心态同样反映了战国时代的文化精神。庄子文化心态的价值在于，他最集中、最彻底地表现了对心灵自由的热烈渴望，他盼望挣脱心灵的种种束缚，砸碎心灵的枷锁，冲破思想的牢笼，来享受绝对的不受任何束缚的精神自由。尽管他的学说采取了一种消极避世的方式，尽管他抛弃了人类的实践，从而使他的对自由的追求最终只能成为一种精神幻想，但他的学说从一个侧面反映了战国文人心灵解放的程度。在一个高度专制的社会，在一个不敢想、不敢说的社会，在一个始终以最高统治者思想为自己思想的社会，绝对不会有这样一颗自由的心灵，绝对不会有这样自由的学说。如果我们细心读《庄子》，就会发现《庄子》这部书并不完全是"适己"之作，庄子是以他的特殊方式表述了统一天下的主张，他的《应帝王》就描述了他心目中理想的政治蓝图。庄子的学说是战国文人平治天下交响乐章中的一个音符。

　　庄子对于如何获得心灵自由，有一套系统完整的思路。

　　首先值得我们注意的是庄子那种独特的处世态度。这种处世态度可以概括为内虚外顺，它见于《庄子·人间世》。所谓内虚，是指内心好道务虚，进入无知无欲的逍遥游境界："若一志（一本写作'一若志'），无听之以耳，而听之以心，无听之以心，而听之以气。听止于耳，心止于符。气也者，虚而待物者也。惟道集虚，虚者，心斋也。"[①]不用耳朵听，而用心听，用气听，这种奇妙的说法，其实是要人们摒除头脑中各种现实观念，让大脑保持虚空状态，然后以虚待物，这种虚的状态就是得道的状态，庄子是要人们在得道的状态中去感知现实。得道的状态就是逍遥游，就是心灵的自由。为了保证精神的自由，庄子要求人们在外表言行气色上则要对统治者随顺自然，去其圭角，放弃一切可能招致灾祸的主观之我见："彼且为婴儿，亦与之为婴儿；彼且为无町畦，亦与之为无町畦；彼且为无崖，亦与之为无崖；达之，入

---

① 　王先谦《庄子集解》，中华书局1954年版，第23页。

于无疵。"① 你说是什么，我就跟着你说是什么，你说这是白的，我就说这比雪还要白，你说这是黑的，我就说真是黑得发亮。这样随波逐流，绝不会触动统治者的逆鳞。外表上随顺自然的目的是保养内心的逍遥游："且夫乘物以游心，托不得已以养中，至矣。"② 而一旦达到了内心的逍遥游，便是无用之大用。《养生主》中"秦失吊老聃"的寓言，很形象地表达了庄子这一处世态度。秦失本来是看破生死的得道之人，他对生死采取了超然的态度："适来，夫子时也；适去，夫子顺也。安时而处顺，哀乐不能人也。"但他顺应时俗。吊唁死去的朋友老聃，且又"三号而出"。郭象在此注云："人吊亦吊、人号亦号。"③ 这深得庄子本心。

　　但是仅仅做到内虚外顺是不够的，因为人们还很难真正做到内虚，现实中有那么多的是非、贵贱、贫富、大小、寿夭、美丑、祸福、贤与不肖等等概念，这些概念像一条条绳索，把人的心灵捆绑起来。例如，人们都希望自己美，而不希望自己丑；希望自己贵，而不希望自己贱；希望自己富，而不希望自己贫；希望自己长寿，不希望自己早死……要求得心灵的自由，就要破除这些心灵的桎梏，不让这些世俗的观念干扰心灵的自由。为了使心灵彻底超脱现实，庄子从道的高度提出了齐物的观点。他认为，如果从世界上万事万物的外在表现形态来看，它们各有自己的结构、形体与特点，因而是不齐的。但是从一切事物都是道的外现这一观点来看，这些不齐的事物在本质上又都是齐一的。世俗之人不懂得这个道理，他们"随其成心而师之"，各执一偏之见便喋喋不休，用浮华之言隐蔽了至言大道，因此就各有一是非，并且各是其所是而非其所非。其实，用"万物皆一"的观点来看待一切事物，则它们的所谓对立都是相对的："方生方死，方死方生，方可方不可，方不可方可，因是因非，因非因是。""是亦彼也，彼亦是也，

① 王先谦《庄子集解》，中华书局 1954 年版，第 27 页。

② 王先谦《庄子集解》，中华书局 1954 年版，第 26 页。

③ 郭庆藩《庄子集释》，中华书局 1954 年版，第 59 页。

彼亦一是非，此亦一是非。"[1] 从不同的角度来看待同一事物，就会得出完全不同的结论。最好是把事物对立的一面去掉，达到无是无非的境界，就是掌握了道的关键了。所以庄子主张各种不齐的事物"复通为一"，即归于无为无形的道："故为是举莛与楹，厉与西施，恢诡憰怪，道通为一。"[2] 小草与大粗柱、丑女与姝丽，一切对立的概念统统都在虚无的大道中化为乌有。不齐的万物在主观精神上同一为虚无，这样心灵才能超脱现实中名与物的束缚，进入绝对自由的精神王国。

在现实生活中内虚外顺，在心灵上又齐一万物，这样，人们就彻底摆脱客观外在的物以及反映这些物的知识的束缚，达到无己、无功、无名的逍遥游境界。《庄子·逍遥游》就是写这种绝对自由的境界。文章写了鲲鹏、蜩、学鸠、宋荣子、列子，他们都未能达到逍遥游。庄子理想的境界是："若夫乘天地之正，而御六气之辩，以游无穷者，彼且恶乎待哉！故曰，至人无己，神人无功，圣人无名。"[3] 先是无己，而后是无功无名，这样就能从有待进入无待，到达广漠之野无何有之乡以游无穷。所谓逍遥游，就是一无所待的绝对精神自由，它是庄子哲学的核心，也是庄子文化心态的核心。

《庄子》一书记载了一些关于庄子言行，它们大都是以寓言形式出现的，尽管以寓言作为根据讨论庄子生平不尽可靠，但是将它们视为研究庄子文化心态的材料，并将这些材料与庄子倡导的学说互为考证，则是完全可以的。

《庄子·秋水》中有一则寓言，说的是庄子拒绝千金之礼卿相之聘的事：

> 庄子钓于濮水，楚王使大夫二人往先焉，曰："愿以境内累矣！"庄子持竿不顾，曰："吾闻楚有神龟，死已三千岁矣，王巾

---

① 王先谦《庄子集解》，中华书局1954年版，第9、10页。

② 王先谦《庄子集解》，中华书局1954年版，第10页。

③ 王先谦《庄子集解》，中华书局1954年版，第2页。

笥而藏之庙堂之上。此龟者，宁其死为留骨而贵乎？宁其生而曳
尾于涂中乎？"二大夫曰："宁生而曳尾涂中。"庄子曰："往矣，
吾将曳尾于涂中。"①

司马迁后来根据这则寓言，写入《史记·老子韩非列传》。虽然它不一
定是历史事实，但是这则寓言与庄子鄙弃名利爵禄、追求心灵自由的
心态是彼此完全一致的。出将入相，固然是享尽了人间的富贵荣华，
但人生因此也增加了许多风险，特别是心灵因此套上了重重枷锁。所
以庄子宁愿不要卿相富贵，他希望自己像拖着尾巴在泥泞中走来走去
的自由的乌龟一样，保持一颗自由的心灵。

《秋水》中还有一则寓言：

> 惠子相梁，庄子往见之。或谓惠子曰："庄子来，欲代子相。"
> 于是惠子恐，搜于国中，三日三夜。庄子往见之曰："南方有鸟，
> 其名为鹓鶵，子知之乎？夫鹓鶵发于南海，而飞于北海；非梧桐不
> 止，非练实不食，非醴泉不饮。于是鸱得腐鼠，鹓鶵过之，仰而
> 视之曰：'吓！'今子欲以子之梁国而吓我邪？"②

在这则寓言中，庄子将自己比为高洁的鹓鶵，而将卿相之位比作鸱鸮
口中的一只腐烂的老鼠，鹓鶵本来对腐鼠毫无食意，但鸱鸟却对其倍
加提防，唯恐将自己口中的臭老鼠抢走。这则寓言与上一则虽然构思
不同，但立意则完全相似。庄子本人追求的是精神的解放，他何曾对
禄位有半点兴趣，他在心灵中挣脱了名利的束缚，心灵的翅膀在自由
的王国里欢快地翱翔。对此那些热衷于现实功名的人确实难以理解。
《庄子·至乐》中有一则写庄子如何对待生死问题的寓言：

---

① 王先谦《庄子集解》，中华书局1954年版，第107、108页。

② 王先谦《庄子集解》，中华书局1954年版，第108页。

　　庄子妻死，惠子吊之，庄子则方箕踞鼓盆而歌。惠子曰："与人居，长子，老，身死不哭，亦足矣，又鼓盆而歌，不亦甚乎！"庄子曰："不然。是其始死也，我独何能无概然！察其始而本无生，非徒无生也，而本无形，非徒无形也，而本无气。杂乎芒芴之间，变而有气，气变而有形，形变而有生，今又变而之死，是相与为春秋冬夏四时行也。人且偃然寝于巨室，而我嗷嗷然随而哭之，自以为不通乎命，故止也。"①

死是人生所要渡过的一大难关，人之常情是贪生而恶死，乐生而悲死，但是庄子对妻子之死不仅不悲哀，反而敲着瓦盆唱小曲。之所以采取这种不通人情的举动，乃是因为庄子直接透入生命的本原。按照他的说法，世界上本无生命，而只是恍恍惚惚、若有若无的混沌的一团（这就是大道的状态），后来从这恍惚中变出气来，气又变为人的形体，这才有了人的生命。人的死亡意味着又重新回归到恍惚混沌的状态，生来死往，如此变化无穷，就如同春夏秋冬的四时运行一样。既然如此，那么生不必欢乐，死不必悲哀，对待生死，应该像对待来去一样顺其自然。这样，庄子的心灵就渡过了生死关，从世俗的贪生怕死中解脱出来，由此而获得了自由。

　　战国时期有一些不臣于天子、不友乎诸侯的游士，他们宣称不愿受到任何约束，而保持独立的人格与自由的意志。这些游士似乎与庄子有很大的相似之处。但仔细分析，就可以发现庄子的文化心态与他们其实很不相同。第一，这些游士虽然不愿进入现实政治的等级体系之中，虽然在一定程度上能够抵御利禄的诱惑，但他们无论如何也无法彻底摆脱现实功名的羁绊，他们其实是生活在一种社会赞誉的舆论氛围之中，生活在一种审美的精神状态之中。而庄子则对现实生活的一切功名利禄置若罔闻、心如死灰。第二，游士们追求独立自由的人

---

① 王先谦《庄子集解》，中华书局1954年版，第110页。

格完全靠一腔情感意气支撑，而庄子对心灵自由的向往则植根于他的系统的自由哲学理论。第三，游士们往往以不同凡响、超脱世俗的高节作为人生的最高目标，希望在世俗的注目和赞美中获得精神上的享受，而庄子心往神追的则是一无所累的逍遥游。所以庄子的文化心态在战国文人中独树一帜。

困难不在于指出庄子对精神绝对自由的热烈追求，而在于深入分析庄子这种文化心态的形成原因，并指出庄子文化心态在战国文人心态中的地位与特殊价值。

与其他战国文人一样，庄子看到了战国时代政治的黑暗面，他在文章中愤怒地揭露统治阶级为了滥施淫威而肆意地刑戮人民；为了养肥自己，他们无休无止地赋敛人民；为了得到更多的土地和人民，他们把成千上万的民众驱赶到充满血与火的战场上。因此，庄子在《人间世》中发出"民其无如矣"的呼喊。庄子不同意儒墨各家为挽救艰难时世而开出的药方，认为无论是儒家的仁义还是墨家的兼爱，最终都会被统治者用来作为欺骗人民的手段："为之仁义以矫之，则并与仁义而窃之。何以知其然邪？彼窃钩者诛，窃国者为诸侯。诸侯之门，而仁义存焉。"[①] 这岂不是对那些不遗余力地鼓吹仁义的儒家信徒们的绝妙讽刺！所以庄子对儒墨各家的救世主张表示怀疑。庄子似乎缺乏孟子那种平治天下舍我其谁的无与伦比的自信心，也没有张仪、苏秦等纵横家那种一怒而诸侯惧、安居而天下息的气魄，他的思路首先是拯救自己，尤其是拯救自己的心灵。对现实的黑暗是无可奈何了，只有安之若命，虚与委蛇。唯一追求的是心灵的解脱。如果全社会成员的心灵都自由了，大家都在虚无恍惚的大道境界中"相忘于江湖"，岂不是全社会都得救了？这样说来，庄子走的是一条曲线救天下的道路。

庄子比其他战国文人深刻的地方，就在于他不仅看到了黑暗的政治势力给人们所带来的灾难，而且从自然哲学角度，看出了统治阶级

---

① 　王先谦《庄子集解》，中华书局1954年版，第60页。

的以仁义为核心的意识形态对人性、人的自然心灵的摧残和扭曲。他把人类文明史看成是一部人性异化的历史。《庄子·骈拇》说："故曰仁义其非人情乎，自三代以下者，天下何其嚣嚣也？""自有虞氏招仁义以挠天下也，天下莫不奔命于仁义，是非以仁义易其性与？"[1]正是由于仁义等伦理规范的创立，才使人们的自然天性受到损害，从内部丧失了自然本性，而把自己的有限生命消耗在无限的名物追求之中，不惜"危生弃身以殉物"。《齐物论》对人们奔波劳碌追名逐利发出由衷的悲叹：

> 一受其成形，不亡以待尽。与物相刃相靡，其行尽如驰，而莫之能止，不亦悲乎！终身役役，而不见其成功，苶然疲役，而不知其所归，可不哀邪！人谓之不死，奚益！其形化，其心与之然，可不谓大哀乎？人之生也，固若是芒乎？[2]

庄子是为现实的人生痛哭，为人性的丧失、自我的沦落而悲悼。哀莫大于心死，在庄子看来，那些连吃饭睡觉都处心积虑地谋划、算计的人实际上已经心死了，那些在奔走、争斗、钻营的人们无非是一群没有真灵魂的行尸走肉。那些逐得蝇头微利的人们往往沾沾自喜，并以此炫耀于人。殊不知他们已经成为"非人"，这是一幅怎样可悲的画面啊！人啊，人，你何时从大梦中醒来，你何时才能找回那真实的自我呢？庄子深知人们难以超越现实的人世间，也知道他所梦魂萦绕的至德之世一去不复返，他所能做的就是精神出世，到六极之外，到四海之外，那里没有仁义对人性的摧残，没有名物的束缚和现实的烦恼，没有酷刑和杀戮，没有虚伪和争夺。那里什么内容都没有，只有一个无限广大的没有终极的空间，在那里可以"以游无穷"，可以实现

---

[1] 王先谦《庄子集解》，中华书局1954年版，第54、55页。

[2] 王先谦《庄子集解》，中华书局1954年版，第8页。

人的返璞归真，实现人的无限自由。

　　庄子虽然以反文化的姿态出现，但他这种文化心态只能出现在战国时代。生活在政治宗法等级体制下的人们只会考虑如何履行自己应尽的社会职责与义务，以此实现自己的人生价值，而很少考虑到人的社会意义与自然意义。战国尊士重士的社会氛围唤醒了士人的自我意识，战国文人绝大多数都考虑到人的社会意义，他们都希望按自己的学说改变现实、创造未来，在火热的现实斗争中最大限度地实现自己的社会价值。庄子不同于战国文人之处，就在于他不仅思考到人的社会价值，而且进一步深入地思考了人的自然价值问题。庄子试图通过否定人的社会价值而实现人的自然价值，由此而实现人的自由。如果没有战国时代的思想大解放，如果没有战国文人普遍的独立思考和锐意创新的风气，如果没有战国文人对人的价值、意义的思考与求索，那么就绝不会有庄子对人的心灵自由的追求。在西方，对人性、人道、人的价值意义的思考是到16世纪文艺复兴时代才蔚为文化主潮。而战国时代的文人不仅考虑了人的价值意义，而且以自由作为人生的追求目标，这显示了战国文人心态已达到一定的深度与广度。

　　应该指出的是，庄子对心灵自由的追求采取了逃避现实的方式，他通过心斋、坐忘来构筑心灵自由的天地，完全忽视了实践在人类争取自由过程中的重大作用，他以随顺自然、虚与委蛇的处世态度来保证心灵的自由，表现了一定的软弱性。庄子的文化心态在中国后代得到不少文人的认同，特别是对那些经历了政治失意和重大挫折的文人，更显得无比亲切，庄子学说成为后代失意文人的精神避难所或心灵栖息地，这进一步显示了庄子文化心态的消极性质。

六、孟子文化心态分析

　　孟子名轲，鲁国邹邑人。大约生于公元前385年，死于公元前304

年前后。《史记·孟子荀卿列传》说他"受业子思之门人"。学成之后曾游历过齐、魏、宋、滕诸国，一度为齐宣王的客卿。他四处宣传儒家仁政学说，但是诸侯却不能听从他，反而把他看作迂阔的文人。《史记·孟子荀卿列传》对此有生动的记载：

> 当是之时，秦用商君，富国强兵，楚、魏用吴起，战胜弱敌；齐威王、宣王用孙子、田忌之徒，而诸侯东面朝齐。天下方务于合纵连衡，以攻伐为贤，而孟轲乃述唐、虞、三代之德，是以所如者不合。退而与万章之徒，序《诗》、《书》，述仲尼之意，作《孟子》七篇。[①]

孟子虽然在政治业绩上远远不能与法家、兵家、纵横家相比，但在文化心态上却比法家、兵家、纵横家人物意义重大得多。就中国文人人格心理所达到的高度而言，中国封建时代要首推战国；而在战国时代，又以中期文人人格心理达到最高水平；在战国中期文人群体中，高扬文人独立人格的要首推孟子。孟子堪称中国封建时代文人气节傲骨的代表。孟子学说是中国封建时代文人独立人格和不屈气节的理论基础，他是把中国文人独立人格心理推向顶点的人。这不仅体现在他啸傲王侯的行为上，更重要的是他提出了一套系统的弘扬人格的理论。他的身上体现了战国乱世某种程度的民主风气。由于孟子的独立人格心理对中国文人心态影响极为深远，故而后代某些专制君主对这位古代人杰切齿痛恨。传说明代开国君主朱元璋就派人取下孔庙中配享的孟子牌位，并扬言这位孟老头儿如果活到今天，决不会轻饶他。专制君主对孟子的刻骨仇恨，正说明孟子的人格锋芒刺痛了暴君的神经。所以，我们特意将孟子从战国中期文人群体中选取出来，专节讨论他的人格心理。

---

① 司马迁《史记》，中华书局1959年版，第2343页。

　　孟子人格心理的形成既有历史文化学术渊源又有现实的因素。从历史渊源说，孔子的伦理学说对孟子有极为深刻的影响。孟子以孔子说的继承人和捍卫者自居，他宣称："乃所愿，则学孔子也。"孔子反复教导学生致力于仁的伦理品质的培养，将外在的礼仪规范化为内在的情感需求，做一个具有仁心的道德君子。孟子就是继承了孔子的这一思路而又有所发展。尤其需要指出的是，孔子之孙子思对孟子影响至为深刻。孟子学于子思之门人，是子思的再传弟子，因此对子思学说有着亲切的了解。子思"好大"，"有傲世主之心"，这对孟子人格有着直接的启示。从战国时代起，子思与孟子被人合称思孟。儒家的心性哲学，就是从思孟这条线索传下来的。从现实的因素说，孟子比墨子等战国初年的文人有着更为优越的条件，这就是战国士文化至此已有一百多年的发展历史，士林阶层已经成为时代政治的核心力量，在政治、军事、外交、经济、文化、艺术、科技等领域已经取得了辉煌的战果，无论是思想解放还是自由创造，此时都堪称战国时代的高峰期。百家争鸣在此时进入白热化阶段。因此，此时的文人比任何时候都更加充满自信、气魄与豪情。孟子这样的人物出现在战国中期，绝非偶然。

　　与孔子相比，孟子讨论政治的分量增多了，他的思路仍然是从伦理到政治，用孟子本人的话说，叫作"以不忍人之心""行不忍人之政"。"行不忍人之政"属于政治学说史的范畴，而"不忍人之心"则正是本书所要讨论的内容，因为孟子的人格心理正是从他的"不忍人之心"生发出来的。

　　儒家祖师孔子曾经说过"性相近也，习相远也"[①] 这样的话，孟子在此基础上提出性善论。所谓性善，就是指人生来就具有仁、义、礼、智的善心，人的伦理品质不是从外在强加的，而是带有与生俱来的特性。为了说明人皆有不忍人之心，孟子作了一个生动形象的比喻：假

---

①　邢昺《论语注疏》，北京大学出版社1999年版，第233页。

设一个小孩在井边玩，不小心要跌入井中，这时路过井边的人在这一瞬间，会抢上一步抓住这个小孩以免失足落井。这种同情心，孟子称为"怵惕恻隐之心"，也就是"不忍人之心"。救人者并非要与孩子的父母拉关系套近乎，也不是要在乡党朋友中刻意邀取声誉，更不是被孩子的惊恐喊叫声所打动，他此时此刻抢救失足孩子的唯一原因就是出于他的天生同情心，他的内心固有的善良本性。这个事例表明，人的天性都是善良的，仁、义、礼、智这些伦理品质就存在于人的本心。孟子由此而畅发议论：

> 由是观之，无恻隐之心，非人也；无羞恶之心，非人也；无辞让之心，非人也；无是非之心，非人也。恻隐之心，仁之端也；羞恶之心，义之端也；辞让之心，礼之端也；是非之心，智之端也。人之有是四端也，犹其有四体也。[1]
>
> ——《孟子·公孙丑上》

既然人皆有仁、义、礼、智之心，那么为什么有人成为君子，而有的人则成为小人呢？这其中的原因，就在于有些人固有的善性被声、色、货、利等物欲掩盖了，所以他们成为小人，成为坏人，成为乱臣贼子。而有些人则致力于扩充、保存自己善良的本性，所以他们成为圣贤君子。做小人还是做君子，关键在于是否能够保养自己固有的善心。孟子有一个著名的说法，叫作"人皆可以为尧舜"。他说：

> 舜何人也，予何人也，有为者亦若是。[2]
>
> ——《孟子·滕文公上》

---

① 焦循《孟子正义》，中华书局1954年版，第138、139页。

② 焦循《孟子正义》，中华书局1954年版，第189页。

尧、舜这些圣君在战国儒家的心目中已达到不可企及的高度，但是孟子却将这些圣人与普通人的距离拉近了，按他的说法，尧、舜与常人并没有什么特别的不同，只是尧、舜保持、培养、扩充了自己的善心，所以他们成为道德的楷模、政治的最高典范。任何一个人只要坚持扩充善心，都可以达到尧舜的光辉境界。

由于坚持对仁、义、礼、智等伦理品质的培养，孟子蓄积了一股巨大的伦理情感的力量与气势。孟子将这种气势力量称为"浩然之气"。《孟子·公孙丑上》记载了一次孟子与弟子公孙丑的对话：

> "敢问夫子恶乎长？"曰："我知言，我善养吾浩然之气。""敢问何谓浩然之气？"曰："难言也。其为气也，至大至刚，以直养而无害，则塞于天地之间。其为气也，配义与道；无是，馁也。是集义所生者，非袭义而取之也。行有不慊于心，则馁矣。"[1]

这种"浩然之气"是"配义与道"、"集义所生"，也就是说，孟子将自己在固有的仁、义、礼、智伦理品质扩而充之，由此而使自己的精神状态刚健充实，使自己的情感意志成长扩大，这时仿佛自己的情感气势力量不断膨胀，仿佛这股气势力量达到充塞于天地之间的程度。这完全是出于孟子本人的心理体验，孟子坚信仁、义、礼、智是人类最完美的伦理品质，以此作为他的伦理道德目标，经过长期的修养，他认为自己完全具备了这些伦理品质，已经达到了完美无瑕的尧、舜境界，此时他一腔正气，巍然屹立，宇宙之间充满了他的主体力量，天地万物都成为他的"浩然之气"的载体，都是他的主体力量的确证。他所说的"万物皆备于我"，就是这种特定心理体验的一种表述。不过，孟子也非常朴实地承认，这种"浩然之气"的心理体验完全是靠道义伦理力量的支撑，如果自己的某一行为不符合道义，如果稍微忽视

---

[1]　焦循《孟子正义》，中华书局1954年版，第117—119页。

自己的伦理道德品质的培养，那就像扎破的轮胎、泄气的皮球一样，顿时气馁下来。所以孟子以永不衰竭的情感意志来进行品质修炼，使自己精神世界充实饱满，浩气长存。

善养浩然之气，从而得到一种至大至刚、充塞于天地之间的主观体验，这是孟子对自己伟大的人格心理的形象描述。在《孟子·尽心上》，孟子又提出尽心、知性、知天的人生修养路线：

> 尽其心者，知其性也。知其性，则知天矣。存其心，养其性，所以事天也。[1]

尽心是指毫无保留地充分扩张自己善良的本心，知性是指理解人的善良本性，知天则是指掌握天命和天道。在尽心、知性、知天三者之中，尽心是先决条件。孟子认为只要长期不懈地进行伦理品质培养，扩充善良本性，这样就可以以一己之心上通天心，以一人之性上通天性，人心和天心、人性和天性达到完美的融通，由此而达到人与天地相参的水平。在孟子的尽心、知性、知天说法之后，实际上隐藏着一层思想，这就是仁、义、礼、智这些伦理品质不仅是人固有的善性，而且也是天地自然的伦理品质。唯其如此，人的心性才可以与上天相通，天人才可以合一。孟子是以与人相通的上天，来作为自我伦理人格力量的确证，通过上天而将自己的人格心理提升到一个空前高度。这与前文所讲的《易传》关于君子通过进德修业而与天地相参，在精神上完全相通。

由于孟子对自己的伦理品质有充分的自信心，他的胸中蕴积着一股巨大的情感、气势和力量，因而表现在政治抱负上，就是具有一种平治天下舍我其谁的宏伟气魄。《孟子·公孙丑下》载孟子语云：

---

[1]　焦循《孟子正义》，中华书局1954年版，第517页。

> 五百年必有王者兴，其间必有名世者。由周而来，七百有余岁矣。以其数，则过矣；以其时考之，则可矣。夫天未欲平治天下也；如欲平治天下，当今之世，舍我其谁也？[①]

孟子笃信天运按五百年的间隔来一次大循环，天运转机的时候正是圣王出现的时刻，而圣王出现总是伴随有著名的佐命名臣兴起，孟子本人就希望身膺五百年大运，做一个"名世者"。虽然战国中期是一个群星灿烂、贤才辈出的历史时刻，许多士人掌握着各国乃至天下的命运，在现实政治中发挥着举足轻重的决定作用，但孟子却自认为是人才中的人才，精英中的精英，贤能中的贤能，完成平治天下的伟大历史使命非他莫属，事实上他是将自己定位在天下第一位贤才的重要位置之上。孟子本人只是一位思想理论家，与吴起、李悝、商鞅、苏秦、张仪这些处理现实政治问题的文人不同，他一生只担任过齐宣王的客卿，而且属于"不治而议论"一类的顾问闲职，他从未有过实际的政绩，但孟子却执着地相信他是首屈一指的大政治家。他不厌其烦地向齐威王、齐宣王、梁惠王、梁襄王、宋偃王、滕文公等诸侯讲述他的仁政主张，说只要按照他那一套主张去做，就可以用木棒打败秦楚大国的坚甲利兵。我们与其重视孟子那些政治主张，倒不如强调他对自己从伦理到政治一系列观点的自信、执着的情感态度，重视他的无与伦比的气魄，重视他的最能代表时代水平的人格心理。与其从政治角度来研究他的政治观点，还不如从人格心理角度来讲他的政治学说。孟子本人被当时人讥笑为"迂远而阔于事情"。他的仁政学说不一定是拯救乱世的良方，但他在政治方面所表现出来的激情、信心与气魄，却最能体现战国时代的文化精神。当然，孟子的信心与气魄与夜郎自大式的无知与狂妄还是有一定的区别，因为他的自信建立在心性道德基础之上，从理论上说是完全可以讲通的，可以说其有深厚的理论根基。

[①]　焦循《孟子正义》，中华书局1954年版，第183、184页。

他外出游说、辩论、讲学的时候已近晚年，此时他已有几十年的伦理品质的修炼，在人格心理上形成了自己的特色。尤其是那个如火如荼的时代更给他以莫大的鼓舞。由于这些原因，当他认定平治天下舍我其谁的时候，无论是时人还是后人都能给予他以理解。

孟子的人格心理还体现在他对人生困厄与灾难的乐观态度以及对悲剧命运的抗争之上。在他看来，贫贱、困厄和种种难以逆料的人生灾难对士人来说不一定是坏事，此日的困厄意味着未来的人生辉煌。下面是他的两段著名论述：

> 舜发于畎亩之中，傅说举于版筑之间，胶鬲举于鱼盐之中，管夷吾举于士，孙叔敖举于海，百里奚举于市。故天将降大任于是人也，必先苦其心志，劳其筋骨，饿其体肤，空乏其身，行拂乱其所为，所以动心忍性，曾益其所不能。人恒过，然后能改；困于心，衡于虑，而后作；征于色，发于声，而后喻。入则无法家拂士，出则无敌国外患者，国恒亡。然后知生于忧患而死于安乐也。[①]
>
> ——《孟子·告子下》

> 人之有德慧术知者，恒存乎疢疾。独孤臣孽子，其操心也危，其虑患也深，故达。[②]
>
> ——《孟子·尽心上》

孟子列举舜、傅说、胶鬲、管仲、孙叔敖、百里奚这些前代圣君贤臣从艰难之中发奋而起的事例，说明灾难对人的磨炼往往是成就一代伟大人物的必要条件。他从上天意志的角度来解释圣贤遭受人生困厄的

---

① 焦循《孟子正义》，中华书局1954年版，第510—515页。
② 焦循《孟子正义》，中华书局1954年版，第532页。

情形，认为圣贤们所经历的人生磨难是上天对他们有意的考验，从而使他们在体魄、心理、意志、毅力、才能诸方面具备担任历史大任的条件。圣贤们经受住了这些考验，没有被灾难压垮，以百倍的坚韧毅力去迎接困难，灾难过去了，承担历史大任的心理条件也就成熟了。所以孟子从中得出了一个富于人生哲理意味的结论：生于忧患而死于安乐。孟子还进一步指出，古往今来那些有道德、智慧、本领、知识的杰出人物，差不多都是因为他们曾经经历过人生灾难，特别是那些孤立之臣、庶孽之子，他们往往能够深沉地考虑祸患，时刻保持高度的警惕，故而他们比一般人更能明达事理，从而也就能够肩负起历史重任。现在我们已经很难具体考证孟子说这些话的具体语言环境与历史背景，但是我们联系到孟子关于平治天下舍我其谁的人生抱负，联系孟子关于天下可运于掌的乐观与自信，联系孟子不屑于将自己与管仲相比的自负，我们有理由认为这不是孟子无为而发的空泛议论，而是寄寓了孟子本人生命体验的人生感慨，它极有可能是孟子在游说诸侯失败或者是遭受其他人生困厄时从内心流露出来的由衷之言。与一般人在遇到人生灾难时消极悲观、自怨自艾、一蹶不振的态度不同，孟子把人生苦难看成是"天将降大任于是人"的暗示，将灾难当作人生的宝贵财富，把灾难作为砥砺、激发自己艰苦创业的动力。这种乐观主义精神来源于他的伟大的人生抱负，来源于他对自身品质才能的极端自信，来源于他对人生的辉煌期望值，来源于他的特定的人格心理。当然，他的理想、抱负、自信又是受到时代文化氛围的鼓舞。在战国时代，困厄与灾难对士林来说并不是挥不去的终生笼罩在头上的人生阴影，只要士林内心具备了战胜困厄的素质，那么否极泰来就是一件很自然的事情，朝为布衣夕为卿相是战国常见的现象。前文所述的大纵横家张仪说只要三寸不烂之舌还在就有希望，就是一个极好的例证。在这样的时代环境中，孟子在面临人生困难时保持乐观豪迈的态度，是完全可以理解的。所以孟子对困厄所表现出来的乐观情绪，最终植根于战国时代的文化土壤之中。

在与诸侯交往的过程中，孟子保持了一种强烈的自尊意识，他没有半点怯懦、畏缩或谦卑，而是在心理上优胜、超出于对方。他去游说诸侯，本来是为了获得诸侯的信任，以实现自己的政治抱负，但他却没有丝毫"求职者"那种谦卑乞怜心理，而是摆出一副赐教、施惠于诸侯的"恩师"姿态：我给你送来治国法宝，你还不赶快虚心聆教？诸侯不能用他，他也绝对不会对自己的政治学说抱半点动摇、怀疑情绪，而是将自己的不遇归之于天意，是上天不让他平治天下，叫他有什么办法？他本人是永远不会错的，要错的话，则一定是诸侯错。他在内心对诸侯有一种藐视意识，因为他意识到自己的高大、诸侯的藐小，他从不被诸侯那些用宫廷、仪仗、卫士、阵势衬托出来的威严所吓倒，他说：

> 说大人，则藐之，勿视其巍巍然。堂高数仞，榱题数尺，我得志，弗为也。食前方丈，侍妾数百人，我得志，弗为也。般乐饮酒，驱骋田猎，后车千乘，我得志，弗为也。在彼者，皆我所不为也；在我者，皆古之制也，吾何畏彼哉？[①]
>
> ——《孟子·尽心下》

那些诸侯之巍巍然，无非是表现在殿堂之富丽，佳肴之丰盛，姬妾之众多，田猎之壮观，而这些外在的豪华奢侈形式是孟子所不屑为的，这也就是魏文侯所说的"干木虽以己易寡人不为"的意思。而孟子所有的一切，他的仁、义、礼、智的品质，他的仁政主张，他所继承的古代文化传统，这些都是诸侯所不具备的。你有的我不想要，而我有的你又不具备，我有什么理由怕你呢？孟子是一个重内在品质的人，而诸侯们恰恰是精神上的贫困者，孟子看出了这一点，故而在心理上能够凌驾于诸侯之上。唯其如此，孟子在游说诸侯时往往摆出很大的架

---

① 焦循《孟子正义》，中华书局1954年版，第596—598页。

子。有一次孟子到齐国去，齐宣王正好患感冒不能吹风，因此不能前去拜访孟子，他希望孟子到宫廷去见他。孰料孟子的架子更大，推辞说自己有病，不能上朝去见齐宣王。齐宣王派人前来问候，还派了医生一起前来。孟子至此仍不肯主动朝见齐宣王，他的这种近乎执拗的自尊态度遭到景丑氏的批评。孟子回答说：

> 曾子曰："晋楚之富，不可及也。彼以其富，我以吾仁；彼以其爵，我以吾义，吾何慊乎哉？"夫岂不义而曾子言之？是或一道也。天下有达尊三：爵一，齿一，德一。朝廷莫如爵，乡党莫如齿，辅世长民莫如德。恶得有其一以慢其二哉？故将大有为之君，必有所不召之臣，欲有谋焉，则就之。其尊德乐道不如是，不足与有为也。[①]

——《孟子·公孙丑下》

孟子引用曾子的话，指出仁、义伦理品质可与财富、爵位相抗衡，这也就是魏文侯所说的势不若德尊，财不若义高，孟子是以这种新的价值观来向君主爵位挑战。他进一步指出，爵位、年齿、道德是天下共同尊重的对象，齐王只是具有爵位，而自己则在年齿和道德上具有优越之处，齐宣王只有达尊一，而自己则有达尊二，自己丝毫不比齐王逊色，为什么要先去参拜齐宣王呢？孟子所希望的是做一名"不召之臣"，如果齐宣王希望人有作为的话，那么就应该放下做国王的架子，恭恭敬敬地上门求教，做出尊德乐道的样子，这样孟子才愿意赐教。从孟子的言行来看，他是竭力提高自己的身份与地位，而压低诸侯的地位。他敢于说"民为贵，社稷次之，君为轻"，他敢于面斥诸侯，说他们兼并争夺是"率土地而食人"，他将历史上的残贼人民的暴君说是"一夫"，说"闻诛一夫纣矣，未闻弑君也"，他说梁襄王"望之不似人

---

① 焦循《孟子正义》，中华书局1954年版，第153、154页。

君，就之而不见所畏焉"……这些言论表明，孟子心目中的君主的威权确实降到了有史以来的最低点。在这些君主面前，孟子是作为一个政治巨人、一位导师的面目出现的。据《孟子》载，孟子率领弟子几百人，从车数十乘，以传食于诸侯。所到之处，往往得到诸侯贵族的馈赠。但孟子对这些物质利益不屑一顾，因为这远远不是他游说的目标。《孟子·万章下》记载了孟子的一段议论：

> 缪公之于子思也，亟问，亟馈鼎肉。子思不悦。于卒也，摽使者出诸大门之外，北面稽首再拜而不受，曰："今而后知君之犬马畜伋。"盖自是台无馈也。悦贤不能举，又不能养也，可谓悦贤乎？①

孟子引用子思拒绝鲁缪公馈赠的故事表达一个观点：诸侯悦贤并不是表现在物质馈赠之上，礼贤更不是像养犬马一样给它们食料就完了，对贤人应该举而加之上位，委贤才以重任，最大限度地发挥贤才的聪明才智，这才是实质上的悦贤。孟子对诸侯提出的这些要求，表明孟子的人格心理中包含了多么强烈的自尊因素。

孟子的人格心理还体现在四肢形体甚至眼神之上。按照孟子的说法，一个伦理品质修养到极境的人，会在他的形体肤色上表现出来，他的眼神也显得那样澄澈、坚定、正直、明亮，而决不会混浊、游移、胆怯。他说：

> 君子所性，仁、义、礼、智根于心，其生色也，睟然见于面，盎于背，施于四体，四体不言而喻。②
>
> ——《孟子·尽心上》

---

① 焦循《孟子正义》，中华书局1954年版，第420—423页。
② 焦循《孟子正义》，中华书局1954年版，第535、536页。

> 存乎人者，莫良于眸子。眸子不能掩其恶。胸中正，则眸子
> 瞭焉；胸中不正，则眸子眊焉。听其言也，观其眸子，人焉廋哉！①
>
> ——《孟子·离娄上》

内在的伦理品质表现在颜面，可以使人的面容和悦；表现在人背，可以使人的躯体看上去伟岸高大；表现在人的四肢，则使人的四肢动作自然合于礼仪；表现在人的眼睛，可以使人从中见出善恶与邪正。这样，物质的形体就成为伦理化、精神化、人格化的形体，内在的人格与外在的形体可以达到高度的统一。

牺牲个人的生命而弘扬大义，这是士的人格力量的最高体现，孟子有一段名言：

> 鱼，我所欲也；熊掌，亦我所欲也。二者不可得兼，舍鱼而
> 取熊掌者也。生，亦我所欲也；义，亦我所欲也。二者不可得兼，
> 舍生而取义者也。生亦我所欲，所欲有甚于生者，故不为苟得也；
> 死亦我所恶，所恶有甚于死者，故患有所不辟也。如使人之所欲
> 莫甚于生，则凡可以得生者，何不用也？使人之所恶莫甚于死者，
> 则凡可以辟患者，何不为也？由是则生，而有不用也；由是则可
> 以辟患，而有不为也。是故所欲有甚于生者，所恶有甚于死者。②
>
> ——《孟子·告子上》

孔子曾经说过志士仁人应该杀身成仁，孟子在这里继承并发挥了孔子的人格思想，他指出士人在面临生死抉择的时候，应该把大义放在压倒一切的高度。生命是可贵的，但还有比生命更为可贵的东西，这就是大义。死亡是令人厌恶的，但还有比死亡更令人厌恶的东西，这就

---

① 焦循《孟子正义》，中华书局1954年版，第304、305页。

② 焦循《孟子正义》，中华书局1954年版，第461、462页。

是大义的丢失。所以往往有这种情形：明明可以求得生存，但士人却义无反顾地选择死亡；明明可以逃避祸患，但士人却慷慨赴难。对于舍生取义的士人来说，死，不是人生的退却，而是人格心理的最高升华。

从春秋末年到战国时代，儒家阵营产生了孔子、孟子、荀子三位大师，三人刚好代表了三个不同的阶段。孔子对战国士文化的开启意义是毋庸置疑的，但他由于生活在旧的政治宗法势力尚有一定影响的春秋末年，因而他的文化心态还有某种程度的温和色彩。生活在统一曙光初露的战国后期的荀子，虽然同样强调士的伦理修养，但他适应政治形势的需要，转向对君主专制的认同。唯有生活在士文化高潮阶段的孟子，以前所未有的充沛的情感意志，以最激烈、最慷慨的形式来弘扬士的独立的不可屈服的人格，表述平治天下舍我其谁的宏伟抱负，表现出澎湃、磅礴的气势、力量与豪情。孟子的文化心态最集中地体现了战国时代的文化精神，他将士的独立人格的心理推向时代的高水平。两千多年之后读《孟子》，仍能从中亲切地感受到孟子胸中奔涌的激情，仍能体会到他那雷霆万钧般的人格力量。

七、屈原文化心态分析

屈原是生活在战国中后期的南楚诗人，大约生于公元前340年，死于公元前277年。据《史记·屈原贾生列传》，屈原与楚王室同姓，曾一度跻身于楚国统治集团的上层，按其身份而言，屈原应该属于贵族阶层，但屈原的生平事业、思想情趣以及他的人格心理都属于战国士林阶层，因此我们特意将屈原选取出来，作为分析战国中期文人心态的个案。在分析屈原文化心态的时候，我们不仅要注意屈原与战国文人的共性的一面，考察战国士文化对屈原巨大深刻的影响，同时也要强调屈原个人的诗人特殊心理素质和屈原所禀受的南楚巫文化的营养以及由战国士文化与南楚巫文化共同哺育出来的个性心理。

据《史记·屈原贾生列传》记载，屈原在政治上曾经有一段短暂少年得志时期。他在青年时代就担任楚怀王左徒之职，从《史记·春申君列传》所载黄歇由左徒而升任令尹来看，左徒是仅次于令尹的一个非常重要的职务。而屈原也确曾在政治舞台上显露出杰出的政治才华：他博闻强记，极富辩才，深谙治国安邦之道。由于这些因素，屈原曾一度深得楚怀王的赏识与信任，他与楚王一起商量国家大事，参与制定国家的大政方针，并且经常接待外来宾客应对诸侯。如果按照这个趋势发展，屈原极有可能成为楚国的大政治家。

但是同僚的争宠忌妒过早地扼杀了这位大有希望的青年英才的政治生命。上官大夫看到屈原深得楚王宠信，便设计陷害屈原。屈原为楚王起草宪令，还没有完稿，上官大夫便来夺稿，屈原不愿将手稿让上官大夫拿走，遂导致一场矛盾的爆发。有些论者认为屈原起草的宪令是一份变法文件，便据此探幽发微，说屈原希望通过变法来使楚国走上富强的道路，因为变法要从根本上触动大官僚的既得利益，所以他们便千方百计地要将变法扼杀在萌芽之中。按照这种说法，屈原就是吴起式的法家人物。但这只是后人的推测之辞，因为宪令究竟是一份什么性质的文件，连司马迁都不清楚，更何况后人！根据《史记·屈原贾生列传》，上官大夫与屈原的矛盾并非变法派与保守派的矛盾，而是出于封建时代官僚阶层内部的争宠，上官大夫夺稿，乃是出于嫉贤妒能的卑劣心理。我们还是按照司马迁的指点去理解这场矛盾斗争的性质。上官大夫因为夺稿未遂而向楚怀王进谗，说屈原贪天之功，把楚王的一切功劳归为己有。在封建时代臣民的一切功劳都要归于明君圣德，上官大夫这个谗言实在是恶毒至极。因为它触痛了楚王的敏感神经，楚怀王勃然大怒，从此便疏远了屈原。这样屈原就由少年得志而进入政治失意，开始了他的悲剧生涯。他在被楚王疏远以后，满腔忠愤无处诉说，只有诉之于楚辞艺术，由此而创作了《离骚》这部划时代的伟大诗篇。

　　屈原在遭谗被疏以后仍然不改其存君兴国的执着情怀，这集中体现在谏杀张仪和劝阻怀王入秦这两件事上。屈原时代的秦楚关系是秦占上风，秦国使用军事侵略和政治欺骗这两手来对付楚国，或打或谈，完全掌握了主动权。而楚怀王则处于被动局面，摇摆于抗秦与和秦之间，结果在军事上丧师失地，而在政治上则屡受欺骗，最后他本人也因为上当而冤死秦国。从《史记·屈原贾生列传》来看，屈原在被楚怀王疏远以后只是离开了最高决策层而并未离开朝廷，他还作为外交使臣出访齐国，有些论者从屈原使齐而推断他主张联齐抗秦，实际上屈原这次出使的具体使命是什么，司马迁未作说明，可能也是因为史料缺佚而无法考实。屈原在当时政治上所起的作用主要是揭露秦国的政治欺骗。张仪为了离间齐楚关系，以商於六百里地说楚怀王绝齐，但楚国使者到秦国受地时，张仪却将六百里说成六里，这显然是一个事先预谋的政治骗局。张仪这个政治骗子理应受到惩罚，但狡猾的张仪却买通楚国权臣靳尚，打动楚王宠姬郑袖，使楚怀王轻易地放走张仪。屈原这时正好使齐归来，他对楚王放走张仪实在无法理解，问楚怀王为何不杀张仪，楚怀王此时如梦方醒，派人追杀张仪，但张仪早已逃之夭夭，楚国再一次被愚弄欺骗。在楚怀王入秦事件上，屈原认为秦国是包藏虎狼之心的不测之国，坚决反对楚怀王入秦。但楚怀王却听信了小儿子子兰"奈何绝秦欢"的话，贸然进入虎狼之秦，结果中了秦人的圈套，楚怀王刚进入武关之后就被秦人要挟割地，楚怀王坚决不同意，最后客死于秦。谏杀张仪和劝阻怀王入秦，都是屈原在蒙受不白之冤的逆境中对楚王提出的忠告，这表明屈原即使是身处逆境也不改存君兴国的忠心，这是最能见出屈原的品质、意志、毅力的地方。

　　屈原屡次谏君而不见用，便将他对国家前途命运的深情关注付之诗篇："虽放流，眷顾楚国，系心怀王，不忘欲反，冀幸君之一悟、俗之一改也。其存君兴国，而欲反覆之，一篇之中，三致志焉。"[①]这些诗篇传到了令尹子兰和上官大夫的手里，诗中的讥刺锋芒激起了这些佞臣的愤怒，他们又一次向屈原发动疯狂的围攻，顷襄王信谗而放逐屈原。从这次放逐到屈原自杀，屈原一直在山林湖畔流浪行吟。他的后半生是在极度痛苦的环境中度过的：他试图大展宏图而遭谗放逐，幻想出走又不忍离开那养育过他的楚国的土地。企图混同世俗却又不能降低自己的人格。在楚国的土地上，他孤独寂寞，他抑郁愁苦，他彷徨无主，他静默呼号，他流涕叹息。于是他发愤抒情，一行诗，一滴血，一串泪，为楚国，也为自己。他始终保持着理想的光辉。而这理想的光辉又始终照耀着楚国的土地。屈原最后采取了最激烈最亢奋的解决理想与现实矛盾的方式 —— 自杀，由此而结束了他那热烈追求而历经坎坷的悲剧的一生。

　　屈原在中国文化史上是作为衣被百代的伟人奇人出现的，但这并非屈原的本意，屈原的理想是要做一个政治巨人，这个理想贯穿了屈原的一生，即使是到生命的最后一息屈原也没有放弃这个抱负。屈原的"惊采绝艳，难与并能"（《文心雕龙·辩骚》）的诗篇是他政治失意后的产物，而且对楚国前途命运的深情关注始终构成屈原作品的灵魂。屈原的一生都与楚国的兴衰事业联系在一起，他的第一生命是政治，第二生命才是楚辞艺术。司马迁对此看得非常清楚，因此他笔下的屈原主要是一个虽历经挫折但九死未悔的政治家形象。这个艺术处理虽然把握了屈原这个历史人物的本质特征，但却不够全面，因为它掩盖了南楚的文化风俗对屈原文化心态的影响，它未能揭示作为诗人的屈原所特有的心理特征，还有，时代文化的因素在这篇人物传记中也不易见出。

　　要把握屈原文化心态，必须抓住两个文化要素：一是战国士文化，另一是南楚巫文化。而最集中体现屈原文化心态的，是他的光辉诗篇

---

①　司马迁《史记》，中华书局1959年版，第2485页。

《离骚》。

屈原赶上了战国士文化的高潮期，作为一个诗人，他敏锐地感受到士文化大潮的冲击，比任何人都更多地禀受了时代的灵气。他的火热的政治激情，他的宏伟的政治抱负，他的一些政治主张，甚至他的楚辞作品中的题材，都只有放到战国士文化的特定背景之下才能得到合理的解释。关于战国士文化的背景，我们在前文中已有较多的讨论，兹不赘述，这里要着重讨论南楚巫文化对屈原文化心态的影响。

楚国是一个巫文化源远流长的国家。古代文献中对此有片断记载，《汉书·地理志》说楚人"信巫鬼，重淫祀"①，"淫祀"是指过分频繁的祭祀。《淮南子·人间训》说："荆人畏鬼。"高诱注："好事鬼也。"②《吕氏春秋·侈乐》云："楚之衰也，作为巫音。"③《列子·说符》说："楚人鬼而越人礼。"张湛注："信鬼神与礼祥。"④王逸《楚辞章句》说："昔楚国南郢之邑，沅湘之间，其俗信巫而好祠，其祠，必作歌乐鼓舞以乐诸神。"⑤一些楚王带头倡导巫风，桓谭《新论》说："昔楚灵王骄逸轻下，信巫祝之道，躬舞坛前，吴人来攻，其国人告急，而灵王鼓舞自若。"⑥《汉书·郊祀志》载："楚怀王隆祭祀，事鬼神，欲以获福助，却秦师，而兵挫地削，身辱国危。"⑦近半个世纪以来，从春秋战国南楚古墓中发掘出来的竹简、帛书、帛画、漆器等文物，无不散发出浓郁的巫文化气息。在南楚巫文化习俗中，有一种巫娼习俗尤其对楚辞的发展有深刻影响。所谓巫娼，是指巫女以性爱的方式来敬神迎神。王书奴在《中国娼妓史》一书中认为娼妓源于宗教，世界上最

① 班固《汉书》，中华书局1962年版，第1666页。
② 高诱注《淮南子》，中华书局1954年版，第306页。
③ 《吕氏春秋》，中华书局1954年版，第48页。
④ 张湛注《列子》，中华书局1954年版，第96页。
⑤ 洪兴祖《楚辞补注》，中华书局1983年版，第55页。
⑥ 参见《太平御览》卷七二五。
⑦ 班固《汉书》，中华书局1962年版，第1260页。

早的娼妓形态便是巫娼。世界各国在还没有诞生职业娼妓的时候，都是先有巫娼，这就是社会学家所说的"宗教卖淫"。古代埃及、巴比伦、印度、希腊等地都流行过巫娼习俗。王书奴认为南楚也曾有过巫娼习俗，其证据便是《楚辞·九歌》。《九歌》的巫娼习俗集中体现在以性娱神之上。楚人心目中的神灵都是一些风流情种，要想博得这些风流神灵们的欢心，求得他们赐福于人类，最好的方式就是以性爱娱神，因而楚人选择美丽的巫师作为祭神、迎神、娱神、送神的使者，并以鲜花香草、美酒椒浆、歌乐鼓舞作为娱神的辅助形式。《九歌》所祭有男神也有女神，因而娱神者有女巫也有男巫。楚人将性爱生活中求美的共性运用于祭神，以美人、美歌、美舞、美花、美草、美酒等美丽的事物欢迎神灵，由此而形成楚人特殊的宗教审美情趣，楚辞艺术就是在这样的巫风土壤上产生和发展起来。屈原的代表作《离骚》与这种巫娼文化习俗有着血肉联系，这涉及《离骚》的创作过程的特殊性。从《离骚》的内容来看，《离骚》的创作似乎与后代诗人的诗歌创作不尽相同，它极有可能是屈原在经历一次长时间的巫术祭神过程之后，经过艺术概括而创作出来的。屈原在遭谗被疏之后，陷入巨大的悲愤与失意之中，在愁满天地、无可告语的情况下，在浓郁的巫风环境里，他很自然地转向巫术，试图通过巫术降神来为自己指明一条政治出路。而要从事巫术降神，就不能不沿用楚人的特定的祭神方式，即以性爱娱神，这样《九歌》就成为《离骚》的先驱作品，屈原在《离骚》中所表现的主人公的人格也就清晰地打上了巫文化的印记。

　　战国士文化与南楚巫文化是孕育屈原《离骚》的文化土壤，也是培养屈原文化心态的温床，所以我们必须从两种文化的结合点上来讨论屈原的文化心态。由于屈原文化心态具有极为丰富的内涵，所以我们拟逐条论述，剖析屈原文化心态的特点及其形成原因。

　　首先，屈原的人生抱负与战国文人完全一致，这就是用自己的思想来指导楚国现实政治，进而实现平治天下的宏伟目标，这也是《离骚》的灵魂。屈原接受了战国士文化以思想道术平治天下的主体精神，他把觉醒了的主体意识与国家观念结合起来，把实现个人生命价值与关注楚国的前途命运结合起来，在作品中表现了对楚国的宗教承担精神和深切的历史责任感。屈原所生活的怀、襄之际，正是统一步伐加快而楚国由极盛转衰的历史关键时刻，他以空前的紧迫感，投身于振兴楚国的斗争中。他在《离骚》中把自己塑造成一个光芒四射的政治巨人："乘骐骥以驰骋兮，来吾道夫先路！"关于这两句诗的意义，王逸说："言己如得任用，将驱先行，愿来随我，遂为君导入圣王之道也。"王邦采说："即先从隗始之意。"①这些解释都是正确的，为王导夫先路，也就是为楚王充当政治上的引路人，用当时的话来说，也就是为王者师，而这正是战国士林普遍具有的君师心理。屈原试图通过取得楚王的信任与支持，使自己平治天下的方略得以实现，使楚国政治走上历史传说中的理想大道。从《离骚》历述上古三代政治兴废来推测，他是迫切希望由强盛的楚国来完成统一大业的。即使是在政治失意以后，屈原也一刻没有忘记他的政治抱负。他在《离骚》中表示，他的致思点主要不是个人的安危得失，而在于楚国的强盛事业："岂余身之惮殃兮，恐皇舆之败绩。忽奔走以先后兮，及前王之踵武。"②为王者师，致力于楚国的强盛事业，这是屈原的全部理想之所在，是屈原恢宏气魄和磅礴激情的来源，也是他的诗歌创作的最深刻最强劲的动力。

其次，屈原把他毕生为之奋斗乃至为之殉身的理想政治境界称为"美政"。这个美政理想也是战国士文化与南楚巫文化相结合的产物。《离骚》所描述的美政内容正是战国子书中所表述的那种君明臣贤、举贤授能、遵循法度、以德为治的理想政治。而这种政治加一个"美"字予以修饰，则又显然来自楚巫求美习俗。屈原的具体思路是从美人到两美必合再到美政。"美人"一词原系楚巫对神灵、神灵对楚巫的称

---

① 参见游国恩《离骚纂义》，中华书局1980年版，第48—49页。

② 洪兴祖《楚辞补注》，中华书局1983年版，第8、9页。

呼，如《楚辞·九歌·河伯》:"送美人兮南浦。"而两美必合也是指神灵与巫师的互相沟通，如《楚辞·九歌·少司命》:"满堂兮美人，忽独与余兮目成。"屈原是借用"美人"及"两美必合"，来表达他对一种理想人格和君臣关系的追求。屈原所企盼的政治奇遇带有鲜明的战国士文化的色彩，他在《离骚》中写道:

> 汤、禹俨而求合兮，挚、咎繇而能调。苟中情其好修兮，又何必用夫行媒。说操筑于傅岩兮，武丁用而不疑。吕望之鼓刀兮，遭周文而得举。宁戚之讴歌兮，齐桓闻以该辅。[①]

这就是屈原热烈向往的举贤授能、两美必合。他所列举的贤能大都来自社会的下层，例如汤的贤相伊尹原来是一位陪嫁的奴隶，因能做得一手好菜，借烹调之道讽谏政治，得到汤的赏识，帮助汤成就了灭夏的大业。傅说本为一位服苦役的奴隶，武丁梦中得贤人，醒后按图求索。终于在傅岩的奴隶人群中发现傅说，后来傅说成为武丁一朝的贤相。吕望也是殷周之际的一位传奇人物，传说他为老妻所逐，到朝歌去当屠夫，结果肉卖不出去，生活没有着落，周文王发现了这位奇才，委之以重任，吕望成为叱咤风云的灭殷英雄。宁戚原以放牛为生，因怀才不遇而击牛角悲歌，齐桓公从歌声中体察到这是一位失意贤才，将其提拔到重臣位置。从屈原列举的伊尹、傅说、吕望、宁戚等贤才来看，屈原心目中的举贤授能是要彻底打破贵贱等级和宗法界限，按照士的实际才能而不是按照等级财富去录用贤才，这正是战国文人的典型的人才观。由于受到战国士文化精神的鼓舞，由于对自身价值具有高度的自信心，因而屈原心目中的举贤授能不是士林乞求君主，而是君明臣贤两美必合，他所心慕神追的是这样一种境界:贤士们正在困顿憔悴痛苦煎熬之中，突然，一代明君悄悄地来到他们身边，对他

---

① 洪兴祖《楚辞补注》，中华书局1983年版，第37、38页。

们寄予无限的信任，把政事委托给他们，让他们尽情地施展生平抱负和政治才能，实现政通人和天下大治，于是"两美"——明君贤臣就这样神话般地遇合了，一个美政局面也就因此出现了，此后的千秋万代便流传着他们君臣遇合的佳话。屈原以诗的优美意境，表述了战国士林希望得到诸侯信任和尊重以便施展才能抱负的心声。

第三，屈原的人格心理不仅在战国时代，就是在中国整个古代社会也是令人瞩目的特殊现象，这种现象只有放在两种文化的结合点上才能得到合理的解释。屈原人格心理的特点之一是追求人格绝对的纯洁，绝对的精粹，绝对的光明，不允许掺进一丝一毫的杂质，不允许受到半点的玷污，这种冰清玉洁的人格仿佛是庄子笔下的藐姑射山上不食五谷、吸风饮露的仙子。在《离骚》中，屈原是用服食、采摘、欣赏香花芳草来表达他对美好人格的追求。屈原在青春奋发大有作为的时代，一方面以极大的紧迫感在楚王身边奔走先后，为王导夫先路，另一方面又以高度的自觉来砥砺品德。他在《离骚》中写道：

> 纷吾既有此内美兮，又重之以修能；扈江离与辟芷兮，纫秋兰以为佩。汩余若将不及兮，恐年岁之不吾与。朝搴阰之木兰兮，夕揽洲之宿莽。[①]

屈原深知自己诞生在良辰吉日，具有极其美好的天赋条件，但他决不以此为自满，而是深感时不我待美人迟暮，必须抓紧时间进行品质修炼，他把花草采来披挂在身上，又以只争朝夕的精神奔走在山坡水泽，以期采摘更多的花草。花草的芳香四溢意味着诗人人格之馥郁芳洁，而花草装扮的美人则寓指诗人是一位杰出的才志之士。

就在屈原对自己的人格不断锤炼的时候，楚国的一些佞臣却竞进贪婪，为一己私利求索不已，他们嫉贤妒能，排斥异己，甘心让自己

---

① 洪兴祖《楚辞补注》，中华书局1983年版，第4—6页。

的人格走向堕落。屈原明确表示自己与他们大异其趣，他所关注的是自己的美名，是自己的美好品质：

> 朝饮木兰之坠露兮，夕餐秋菊之落英；苟余情其信姱以练要兮，长顑颔亦何伤！擥木根以结茝兮，贯薜荔之落蕊；矫菌桂以纫蕙兮，索胡绳之纚纚。[①]

在混浊的社会环境中，诗人仍然朝也采花，夕也摘草，永不停息地修炼，永无休止地为自己积累美德，只要自己的品质确实美好，即使清贫窘困又有何妨！一面是屈原的人格愈来愈臻于完美，另一面则是那些佞臣的人格每况愈下，这样两种人格的对立斗争在所难免，屈原终于成为佞臣的攻击目标。能不能在险恶的环境下保持节操不改其志，这是对屈原人格心理的重大考验。由此而带来屈原人格心理的第二个特点，这就是在逆境之中仍然保持自己的美好品格，决不因政治失意而降低对自己人格修炼的要求，相反要使自己的人格境界不断得到提升，从自己的美好人格中吸取一种生存、奋斗的力量，获得某种精神慰藉。好在昏君佞臣并未剥夺诗人修炼品质的权利，他可以用更大的热情来呵护、培育自己的品格：

> 进不入以离尤兮，退将复修吾初服。制芰荷以为衣兮，集芙蓉以为裳。不吾知其亦已兮，苟余情其信芳。高余冠之岌岌兮，长余佩之陆离。芳与泽其杂糅兮，唯昭质其犹未亏。……佩缤纷其繁饰兮，芳菲菲其弥章！民生各有所乐兮，余独好修以为常！[②]

---

① 洪兴祖《楚辞补注》，中华书局1983年版，第12、13页。
② 洪兴祖《楚辞补注》，中华书局1983年版，第17、18页。

屈原在政治事业上被佞臣中伤、谗毁，由此而断送了他的远大的政治前途，但佞臣只能在政治中击败他，而不能损害、降低他的美好人格。他采摘的芳草更多，他制作的花冠更高、佩饰更长，他身上的芳香更为浓烈，他的人格光芒更加耀眼夺目。这种人格心理，屈原一直保持到老年，保持到生命的最后一息。《涉江》写道：

> 余幼好此奇服兮，年既老而不衰。带长铗之陆离兮，冠切云之崔嵬。被明月兮佩宝璐，世溷浊而莫余知兮，吾方高驰而不顾。驾青虬兮骖白螭，吾与重华游兮瑶之圃。登昆仑兮食玉英，吾与天地兮同寿，与日月兮齐光。①

可见到了晚年，屈原还一如既往地保持了对花草服饰的强烈爱好。他的人格不仅没有任何变质，相反，由于他常年不懈地精心修炼，他的人格心理已上升到与天地同寿、与日月齐光的水平。后来淮南王刘安、司马迁等人对屈原的人格期望表示了认可，认为屈原的人格"虽与日月争光，可也"（《史记·屈原贾生列传》）。

屈原不仅要保持个人的洁身自好，而且作为一名志在改造现实社会的才士，他势必要同丑恶、黑暗社会进行不调和的斗争。因此，憎恶丑恶，鄙视奸佞，与奸邪势不两立，构成屈原人格心理的第三个特点。屈原在作品中对这些佞臣的奔走钻营、嫉贤妒能、背弃法度、苟合取容等种种卑劣行径给予了无情的揭露和抨击，他最弄不明白的是这些佞臣为什么以丑为美，以恶为善，他悲愤地写道：

> 民好恶其不同兮，惟此党人其独异：户服艾以盈要兮，谓幽兰其不可佩。览察草木其犹未得兮，岂珵美之能当？苏粪壤以充

---

① 洪兴祖《楚辞补注》，中华书局1983年版，第128页。

怵兮，谓申椒其不芳！ [①]

佞臣们已经在人格心理上坠入了万劫不复的黑暗深渊，再也无可救药了。对这样一群丑恶势力，屈原还能再说什么呢？除了暴露他们的阴暗心理之外，屈原所能做的就是自觉地与他们划清界限，他们能扼杀屈原的政治生命，却永远不能使屈原向他们低头屈服，不能使屈原放弃原则立场，不能使屈原的节操变易。屈原反复表示：

> 虽不周于今之人兮，愿依彭咸之遗则！
>
> 亦余心之所善兮，虽九死其犹未悔！
>
> 宁溘死以流亡兮，余不忍为此态也！
>
> 伏清白以死直兮，固前圣之所厚！
>
> 虽体解吾犹未变兮，岂余心之可惩！
>
> 既莫足与为美政兮，吾将从彭咸之所居。 [②]

宁愿去死也要保持自己的清白，即使是五马分尸也不会改变自己的原则立场，这就是屈原的人格，屈原是用自己的鲜血与生命来铸造自己的人格。这种光明、芳洁、坚定、可与日月争光的人格心理应该视为士文化与巫文化融合的结晶。巫文化对美的执着追求启示屈原以美作为自己的人生追求目标，屈原对美花、美草、美人、美服的特殊珍爱

---

① 洪兴祖《楚辞补注》，中华书局1983年版，第36页。
② 洪兴祖《楚辞补注》，中华书局1983年版，第13、14、15、16、18、47页。

揭示了他的人格心理与巫文化的密切联系。而刻意修身，重视品质、意志、人格的培养，是战国士人在平治天下的过程中所表现出来的共同倾向。屈原吸收了两种文化的精华，然后又以诗人的激情与想象加以强化，遂使他的人格心理既有鲜明的时代特征，又具有一种无尽的美的内涵。

第四，屈原的恋国情结尤为战国文人心态中的奇特现象。屈原在受到奸臣陷害、楚王疏远乃至放逐以后，就一直在一种既充满悲苦又满怀期待的复杂感情旋涡中备受煎熬。但纵观他的一生，除了出使齐国完成外交使命之外，他始终没有离开过楚国的土地。屈原这种深厚的乡国之情与战国士林奔走列国朝秦暮楚的行为恰好形成鲜明的对照。我们不必为了肯定屈原而否定那些离开本国而四方游说的文人，因为中国的天下一统的观念根深蒂固。春秋战国时期诸侯割据分裂的多元政治局面是王室衰微的产物，它并不代表中国封建政治的正常形态。因而从春秋时期到战国时代的文人们大都只有天下的概念而无国家的观念，他们奔走奋斗的目标是结束分裂实现统一，在他们看来，任何一个诸侯国都可以作为统一天下的依托，而根本不必拘执于某一诸侯国。因此从孔子开始，士林阶层就广泛地游说诸侯。孔子本人到过十几个诸侯国，他离开故乡鲁国的时候，只不过是放慢了远行的步伐，但是拯救天下的人类责任心与施展个人抱负的宏愿终于使他义无反顾地踏上了周游列国的征途。风气既开，战国士林便蜂起游说，著名的如墨子、孟子、荀子、商鞅、孙子、吴起、惠施、驺衍、苏秦、张仪、李斯等，次一等的有宋钘、许行、鲁仲连、虞卿、慎到、申不害、淳于髡、环渊、接子、田骈、驺奭、公孙龙、剧子、李悝、尸子、长卢、吁子等等，莫不离开故国游说天下诸侯，以期找到政治出路。尤其是纵横家，更把这种风气推向极端。这种士林周游列国的事实使那些坚持屈原有爱国主义思想的观点的人们感到异常苦恼，因为肯定屈原的爱国主义，就意味着以孔子为代表的先秦诸子没有祖国观念；而赞成先秦诸子周游列国施展政治抱负，则又分明暗示屈原心胸的褊狭。这似乎是一个无法解释的两难命题，一个永远挣不脱的怪圈，除非我们采用二重评价标准，在讨论其中一个问题的时候回避另一个问题，亦即谈屈原爱国主义时不谈先秦诸子的周游列国，而在讨论先秦诸子的人类责任心时不谈屈原的乡国情结。屈原的恋国情结确实是一个难解之谜。

平心而论，屈原并非没有想到出国远走。《离骚》中灵氛在为主人公占卜时曾忠告他：

> 两美其必合兮，孰信修而慕之？思九州之博大兮，岂唯是其有女？曰勉远逝而无狐疑兮，孰求美而释女？何所独无芳草兮，尔何怀乎故宇？[1]

后来巫咸降神时又再次怂恿他：

> 勉升降以上下兮，求榘矱之所同。……苟中情其好修兮，又何必用夫行媒？[2]

屈原试图昕从灵氛、巫咸的劝告，在巫术幻境中离开了故乡，但他实在又无法割断对乡国的深长情思：

> 陟升皇之赫戏兮，忽临睨夫旧乡。仆夫悲余马怀兮，蜷局顾而不行。[3]

当他在皇天的光耀中升腾，眼前出现一片辉煌灿烂前景的时候，他忽然回头看到了楚国的故土，他再举眼望去，为他赶车的仆夫流下

---

[1]　洪兴祖《楚辞补注》，中华书局1983年版，第35页。

[2]　洪兴祖《楚辞补注》，中华书局1983年版，第37、38页。

[3]　洪兴祖《楚辞补注》，中华书局1983年版，第47页。

了酸楚的热泪，那几匹马也弓起背，蜷局着往回看，再也不肯往前走了……这是怎样巨大的磁场啊！诗人的心被深深地震撼了，他终于留了下来，做一个痛苦的殉国者。

屈原不愿去国构成一个巨大的问号，困惑着两千多年的学人。最早为屈原作传的司马迁在《史记·屈原贾生列传》中写道："又怪屈原以彼其材，游诸侯，何国不容，而自令若是？"[1]两千多年后，冯友兰先生在他的《中国哲学史新编》中说，战国时期只有一个半爱国者，一个是指屈原，还有半个是韩非。于是对屈原始终不肯离国出走这一罕见的现象就有种种推测：司马迁在《史记·屈原贾生列传》中，以贾谊《鵩鸟赋》中"同生死，轻去就"的和光同尘、泯灭是非的道家观点来说明屈原不愿去国的原因。班固在《离骚序》中认为屈原"愁思苦神，强非其人，忿怼不容，沉江而死"是出于屈原"贬絜狂狷景行"的个性[2]。清末的马其昶从宗法血缘关系来解释屈原不愿去国的现象，他在《屈赋微》中解释《离骚》首句时说："同姓之臣，义无可去，死国之志，已定于此。"[3]近代学者则多从楚国独特的生活、语言传统、地理环境以及楚国作为南蛮而受歧视的地位诸多因素来说明屈原何以具有如此深厚的爱国之情。

究竟怎样说明屈原的恋国情结呢？

反对屈原爱国说的一个最有力的证据，就是战国士林都没有爱国观念。但这种实证方法却不适用于战国，因为其他时代的人们趋向求同，而战国文人则志在求异。战国是一个个性大放异彩的时代，士林阶层享受着较大的精神自由，他们最大限度地突出自己的创造个性，努力标新立异以与其他人区别开来。学术上求新求异开宗立派自不必说，就是在用世诸方面也异彩纷呈：庄子之宁要自由不要富贵，鲁仲连之功成不受赏，魏公子之与博徒卖浆者游，毛遂之自荐，夏侯章之

---

[1]　司马迁《史记》，中华书局1959年版，第2503页。

[2]　郭绍虞《中国历代文论选》，上海古籍出版社1978年版，第89页。

[3]　《马其昶著作三种》，安徽大学出版社2009年版，第97页。

以诽谤术报答恩主，宾卑聚之不忍梦中受辱而自杀，冯谖之烧债券而为孟尝君买回道义，苏秦之以引锥刺股的方法激励自己发奋揣摩游说之术……一切无不意味着求异与创新。实证方法的特点是寻找尽可能多的类似证据来说明自己的观点，而第一次出现的事物是找不到旁证的。战国人偏偏就追求第一次！所以不能以战国士林周游列国的普遍现象来类比屈原，甚至也不能以楚人离开楚国的事实（例如伍子胥奔吴报楚）来与屈原对比，因为屈原就是屈原，屈原有屈原的个性。即使痛苦至极甚至去死也不离开楚国一步，这正是屈原的独特个性。屈原不仅是一个具有独特个性的诗人，而且是一个具有浓烈的浪漫气质的诗人。情绪热烈，感情充沛，多愁善感，敏感易怒，浮躁不安，爱走极端，狂放激进，是浪漫艺术家的共同特征。屈原那样执着地追求美政理想，那样迷恋故乡国土，一个胡同走到底，宁愿去死也不愿改变初衷，再痛苦也要洁身如玉，这些都与他的浪漫气质有一定的联系。因为标举特异个性，所以屈原在其他战国士林奔走列国的情况下独能坚守楚国；因为性格激进浪漫，选择了一个目标就不再回头，所以尽管屈原具备了周游列国的优越条件，但他至死也不愿离开楚国的土地。

影响屈原的恋国情结的因素除了战国士风以外，还有南楚巫风。楚巫对品质修炼有一种极高的要求，因为巫的职能是沟通神人关系，而要与神灵沟通就必须精诚专一，不允许精神旁骛，不允许有一丝一毫的私心杂念，否则就无法充当神人之间的使者。《国语·楚语下》载楚国大夫观射父对楚昭王说：

> 民之精爽不携贰者，而又能齐肃衷正，其智能上下比义，其圣能光远宣朗，其明能光照之，其聪能听彻之，如是则明神降之，在男曰觋，在女曰巫。[1]

---

[1] 《国语》，上海古籍出版社1998年版，第559页。

观射父在此对巫的品质修烁提出了极高的要求，巫师必须绝对做到专一、透明、不含杂质，态度恭敬严肃，巫师的智慧应该上通神明下达民情，巫师的圣明应该烛照幽微，无所不通，巫师的目光应该照彻一切，巫师的听力也应该到达常人所达不到的地方，这样巫师才能迎来明神。屈原接受巫文化的影响，他是把巫的精诚专一的品质运用于火热的现实斗争，运用于他所为之奋斗的目标，运用于自己的故国。屈原的信仰对象是他的美政理想，这种美政理想是屈原心目中最高的神灵，它对于屈原来说是那样崇高，那样美好，那样神圣。这个美政理想绝不是随便说说而已，屈原要用自己最大的努力将它付诸实施，让它变为现实。为此，屈原必须得到一个圣明的君主的全力支持，必须有一批志同道合的贤臣同他一起共同奋斗，必须有一块"政治试验田"，而这块试验田，屈原就选定了自己的故乡楚国。屈原对楚王、对楚国寄托了多大的希望啊！这里有一个问题：在楚王昏庸浩荡、楚国佞臣为非作歹、众芳从俗变质的情况下，屈原是不是可以另选别国以实现美政理想呢？从巫术品质来说，这几乎是不可能的。因为巫强调精诚专一，反对二三其德，要求对所信仰的对象绝对的忠诚和为宗教献身的精神。个人可能会蒙受无穷无尽的劫难和人生痛苦，但也正是在这样的劫难与痛苦中，个人体会到一种我为宗教目标献身的崇高感受。由此人的深度与广度得到极大的拓展，人生境界得到极大的提高。当然这样说并不意味着屈原是一位巫官，他只是以巫的品质去从事现实斗争。是战国士风与南楚巫风，才哺育了屈原这样一位与故国生死相守的奇士。

第五，屈原表现出既强烈又独特的审美情趣与审美理想，这种审美情趣与审美理想构成屈原文化心态的重要组成部分。从现象上看，屈原的审美情趣与楚巫的求美倾向一脉相承。但在实际上，屈原对巫术美学进行了重大的改造，给楚人的宗教审美情趣注入了极其丰富的现实生活内容。屈原心目中的美人不再是纯粹巫娼习俗意义上以性娱神的媒介，而在很大程度与战国士林所说的贤才相近。屈原在《离骚》

中写道：

> 昔三后之纯粹兮，固众芳之所在。杂申椒与菌桂兮，岂维纫
> 夫蕙茝？[①]

从《离骚》的内容来看，屈原所说的"众芳"也就是伊尹、皋陶、傅说、吕望、宁戚一流的贤能，而所谓美之所在，也就是指这些贤才的优异杰出的品质与才能。这些现实美的内容是此前楚巫美学所不具备的。由于受到战国士人重内在培养品质的启示，屈原理想中的美人是内美与外美的完满结合。《九章》反复表述了这一思想：

> 善不由外来兮，名不可以虚作。孰无施而有报兮，孰不实而
> 有获？
>
> ——《抽思》
>
> 文质疏内兮，众不知余之异彩。[②]
>
> ——《怀沙》
>
> 纷郁郁其远蒸兮，满内而外扬。情与质信可保兮，羌居蔽而
> 闻章。
>
> ——《思美人》

这些诗句强调品质培养应该由内而外，表里合一，达到文质彬彬的美的境界。屈原从自己痛苦的生命体验中，深切地认识到美好的事物如果不坚持立场，就有可能在恶劣的条件下蜕化变质，向美的对立面——丑恶转化。他在《离骚》中悲愤地写道：

---

① 洪兴祖《楚辞补注》，中华书局1983年版，第7页。
② 洪兴祖《楚辞补注》，中华书局1983年版，第138、139、144、148、149页。

> 兰芷变而不芳兮，荃蕙化而为茅。何昔日之芳草兮，今直为此萧艾也？岂其有它故兮，莫好修之害也。①

不好修就会由美变丑，正是基于这样的认识，屈原以最大的自觉性来维护自己美好品质，与丑恶划清界限，以永不妥协的斗争精神批判混浊、黑暗与丑恶。

第六，屈原表现出巨大而深沉的孤独、寂寞、感伤、哀愁种种复杂而又缠绵悱恻的情感，由此而形成南楚诗人所特有的情感旋律。这种感情特色首先是受到南楚祭歌的感染，南楚祭歌在表现神与巫、神与神之间的悲欢离合时，往往流露出一种因会合无缘、生离死别而产生的哀愁与感伤。例如：

> 扬灵兮未极，女婵媛兮为余太息。横流涕兮潺湲，隐思君兮陫恻。
>
> ——《湘君》
>
> 结桂枝兮延伫，羌愈思兮愁人。
>
> ——《大司命》
>
> 入不言兮出不辞，乘回风兮载云旗。悲莫悲兮生别离，乐莫乐兮新相知。
>
> ——《少司命》
>
> 风飒飒兮木萧萧，思公子兮徒离忧。②
>
> ——《山鬼》

这些深情绵邈的歌辞给屈原以极大的艺术感染，当屈原沿用南方祭歌的艺术形式时，这些祭歌哀怨、感伤的情感基调也被他继承下

---

① 洪兴祖《楚辞补注》，中华书局1983年版，第40页。
② 洪兴祖《楚辞补注》，中华书局1983年版，第61、62、70、72、81页。

来。① 但对屈原情感旋律影响更为深刻的是战国士文化。屈原与同时代的其他士文化精英，都有一种高居社会之上、领导时代潮流的巨人心理。他对自己的品质、才能有极大的自信，对自己的人生抱有辉煌的期望值。由于佞臣中伤、君王昏庸，屈原从春风得意而陷入痛苦失意之中。理想与现实构成巨大的反差，个人的前途、国家的命运、天下的未来，一下子失去了原来的光明前景。像屈原这样具有巨人、先知心理的人，是不屑于对那些平庸的芸芸众生倾吐心曲的，他也不会心甘情愿地回到人群中做一个普通百姓，于是听他倾诉的就只有天地神祇了。从屈原身后聚集的一群诗人以及屈原沉江激起楚人巨大深刻的同情、屈原作品有那么多的爱好者来看，屈原无论是在生前还是在死后都有一大批同情者和崇拜者，屈原的歌唱实际上代表了楚民族的心声。但是屈原本人却认为整个世界都是那样黑暗混浊，普天下没有一个人能理解他，以至于发出"国无人莫我知兮"的近乎绝望的呐喊。他失意后的作品，有相当一部分内容是表现他的孤独、寂寞、抑郁、愁苦的情感，例如：

> 退静默而莫余知兮，进呼号又莫吾闻。申侘傺之烦惑兮，中闷瞀之忳忳。②
>
> ——《惜诵》
>
> 入溆浦余儃佪兮，迷不知吾所如。深林杳以冥冥兮，乃猿狖之所居。山峻高以蔽日兮，下幽晦以多雨。霰雪纷其无垠兮，云霏霏其承宇。哀吾生之无乐兮，幽独处乎山中。吾不能变心而从俗兮，固将愁苦而终穷。
>
> ——《涉江》

---

① 关于《九歌》的创作，旧有屈原改写南楚祭歌与屈原创作之说，我认为《九歌》是《离骚》的先行作品，它之系与屈原名下，与战国署名习俗有关。

② 洪兴祖《楚辞补注》，中华书局1983年版，第124、130、131页。

深林冥冥，猿狄哀鸣，重山蔽日，霰雪无垠，屈原就是在这样的凄苦、寂寞、幽暗、寒冷的环境中苦熬挣扎，他的痛苦孤独的诗魂在诗国中飘落游荡，他无论如何也走不出那个愁苦抑郁的感情氛围。屈原之沉江自杀，固然是出于对实现美政理想的绝望与对那个君昏臣佞的黑暗政治环境的抗争，但是国人莫知而造成的孤独与寂寞，也是将屈原逼向死亡之境的一个重要原因。

屈原是一个真诚的人，他的作品向人们展示了他的欢乐与痛苦、追求与憎恶，一览无余地坦露他的心扉。由于他具有诗人的强烈激情与飞扬的想象力，同时也由于他禀受两种文化的营养，他的心态中比同时代其他文人因此具有更丰富的文化内涵，在整个中国封建时代文人心态中，屈原的文化心态也独树一帜。就他"为王导夫先路"的宏伟志向而言，屈原与其他战国文人一样，唱出了那个时代的最强音。而他的失意、哀怨、愁苦与感伤，则不仅表明他个人在政治上的失意，而且也预示着南楚国运的没落，这与战国中后期统一步伐加快有着内在的联系。以屈原沉湘为标志，战国文人心态进入了后期阶段。从这个意义上说，从屈原的生命体验及其心态中，也多少可以看出战国中后期文人心态的嬗变。

第五章　战国后期文人心态

　　战国后期的时间上限是公元前278年，下迄公元前221年秦王朝统一，历时约半个世纪。这一期诸侯贵族在尊士程度与养士规模上较之于前期和中期甚或过之，但随着统一曙光的出现，文人们在学术上由创新求异而逐渐走向整合与兼容，在人格心理上则由高扬自由独立人格而转向对专制统治的认同，南方楚辞作家由对国运的深情关注而变为咏唱一己的穷通。在经过两百多年的求索奋斗之后，战国文人终于用他们的思想学说缔造了一个新的一统天下，而目标的达到也就意味着战国文人心灵花朵的枯萎与凋谢，中国文人由此而开始踏上新的心路历程。

一、战国后期的养士之风

　　由于受到战国前期、中期养士尊士风气的影响，同时也因为战国后期兼并争夺的加剧，战国后期诸侯贵族进一步深刻认识到得士者昌、失士者亡的道理，因而这一时期在养士规模和尊士程度上都超过了前期和中期。

　　生活在战国中、后期之交的燕昭王，是当时尊士的一个典范。燕昭王的父亲燕王哙效法尧舜禅让故事，将王位让给丞相子之，结果导致国内大乱，齐国乘机攻入燕国，燕几乎亡国。燕昭王继位之后，发誓要复仇报齐，他向郭隗请教招贤纳士的策略，郭隗说："帝者与师处，王者与友处，霸者与臣处，亡国与役处。"① 这就是说，种瓜得瓜，种豆得豆，君主用什么态度对待士林，就会有什么样的政治后果。郭隗还告诉燕昭王，欲尊士林，先从隗始！于是燕昭王专门为郭隗修筑宫室，拜郭隗为师。天下贤士听到燕昭王求贤的消息，纷纷北上来到燕国，其中有当时的著名文人乐毅、驺衍、剧辛等人。阴阳学派大师驺衍到燕国的时候，燕昭王胳膊下夹着扫帚走在驺衍之前，表示为贤士清宫除道，极尽礼贤的能事。昭王还专门为驺衍修筑了一座碣石宫，拜驺衍为师，亲自听驺衍讲课。燕昭王的心血没有白费，他终于依靠这些贤士完成了复仇大业。

齐国的稷下仍然保持了养士的传统。儒家大师荀卿曾在稷下三为祭酒，成为稷下学宫流传的佳话。

最能代表战国后期养士之风的是战国四公子和吕不韦。这五位贵族每人所养贤士都达三千多人，远远超出了稷下学宫的规模。在四公子中最能折节下士的是魏国信陵君无忌。魏公子是魏昭王之子、安釐王的异母弟，在魏国是一人之下万人之上的权贵人物，他的可贵之处就在于他不以富贵骄士，而是主动地以贵下士。太史公作《史记·魏公子列传》，在魏公子所礼三千多位贤士中，重点写了魏公子与四位下层士林人物的交往。第一位是看守魏国都城东门的侯赢，这是一位沉沦社会下层而能保持崇高气节的文人，大约是原宪、季次一流的人物。魏公子最初是馈赠重金给侯生，但侯生要保持清名节操，不肯接受资财。于是魏公子置酒大会宾客，亲自驾车去迎接监门侯生，给侯生留下左边的尊位。侯生为了试探魏公子的度量与真诚程度，故意提起破烂衣衫毫不客气地坐到尊位之上，然后偷偷地观察魏公子的脸色，却看到"公子执辔愈恭"。途中侯生再一次考验魏公子，他提出要去拜访屠户朋友朱亥，请魏公子枉道赶车到闹市，让公子一行车马久立闹

---

① 《战国策》，上海古籍出版社1985年版，第1064页。

市之中，自己一边有意地与朱亥长时间交谈，一边斜视魏公子脸上气色的变化。这时魏公子府上的满堂将相宗室宾客都在焦灼地等待主客的到来，街市行人都在驻足观看魏公子执辔静待的情景，魏公子的随从人员也都纷纷小声责骂这位摆穷架子不识相的看门老头，但"公子颜色愈和"，丝毫没有不耐烦或不愉快的表示。回到府中以后，魏公子把侯生请到上座，向宾客盛赞侯生美德，并向侯生劝酒祝寿。满堂将相宾客看到魏公子以如此超常隆重的礼节请回一位衣衫褴褛的看门穷老头，一个个大惊失色。魏公子对侯生的朋友朱亥也给予极大的尊重，经常派人上门存问，而朱亥却无回敬的意思。魏公子在赵国羁留期间，听说赵国有两位处士毛公和薛公，这两位贤士同样隐匿在社会下层，一位当店小二，另一位干脆做了个浪荡儿。魏公子在人群中找到了他们，与他们结成莫逆之交。魏公子在这四位下层士林的辅佐之下建立了窃符救赵、存魏却秦两大功业，成为战国后期的大军事家。需要说明的是，魏公子并不是预见到侯嬴、朱亥、毛公、薛公这几个人对他后来有用，才去刻意接近他们，他最初只是为了表达对贤士的尊敬，而不论这些贤士的身份地位。在战国两百多年的历史中，礼贤下士的诸侯贵族不乏其人，诸如魏文侯、燕昭王等等，但他们所礼的都是名士，而魏公子所礼的都是下层文人，这是他的礼贤的特点，也是他的过人之处。在战国秦汉之际，魏公子因礼贤而获得了巨大的声名，赢得了后人的尊敬，连汉高祖这位草莽天子每在路过大梁的时候，也要去祭祀魏公子。司马迁在为魏公子作传的时候，对这位折节下士的贵公子寄寓了深切的崇敬之情，他以无限唱叹、无限低回的笔调，记述魏公子的事迹。有人做过这样的统计，司马迁在《魏公子列传》这篇传记中称"公子"一百四十七次，这在《史记》中确实构成令人瞩目的现象。

　　另外三位公子是齐国的孟尝君田文、赵国的平原君赵胜和楚国的春申君黄歇。但孟尝君所养多为侠士和亡命之徒，甚至有鸡鸣狗盗之徒。他养这些侠士的目的是为了保护自己的贵族利益，与稷下养士的发展学术的目标大异其趣。平原君养士虽多，但往往囿于名位而不能礼遇真正的贤士。例如毛公、薛公就在赵国，但平原君却置若罔闻失之交臂，在这方面，他确实不及信陵君魏公子。还有那个著名的"毛遂自荐"的故事也就出在平原君门下。毛遂在平原君门下三年而无所知名，平原君说楚合纵，毛遂自请处于囊中，结果恰恰是他说服了楚王。平原君回到赵国以后，自称"胜不敢复相士"，因为他养士三千，自以为不失天下之士，结果恰恰没有发现门下最优秀的人物毛遂，这不能不令他自惭。而他失士的原因就在于他只重士的外在条件而忽视了内在的实际才能。值得一提的是，在战国四公子中，平原君是一个重视学术的人，他对名家公孙龙倍加礼遇，著名的阴阳学派大师驺衍到赵国的时候，平原君迎接时侧身行走极为谦恭，还亲自为驺衍拂去坐席上的灰尘，这个尊重文人的特点又是信陵君、孟尝君所不具备的。重视文士的贵族还有楚国的春申君，他与儒家大师荀子有过交往，荀子在齐国稷下学宫遭到别人的谗毁，于是荀子从齐至楚，春申君让他担任兰陵令，此后荀子就老死在兰陵。春申君门下的士林生活待遇极为优厚，《史记·春申君列传》记载了这样一个小故事：

> 赵平原君使人于春申君，春申君舍之于上舍。赵使欲夸楚，为瑇瑁簪，刀剑室以珠玉饰之，请命春申君客。春申君客三千余人，其上客皆蹑珠履以见赵使，赵使大惭。[①]

平原君、春申君门下文士不是比论辩舌战，而是互夸豪奢，这说明战国后期文人虽然不能像稷下文士那样被封为列大夫，不治而议论，但他们的生活条件极为优裕，而不会有生活之忧。

另一位养士的贵族是秦相吕不韦，《史记·吕不韦列传》载：

---

① 司马迁《史记》，中华书局1959年版，第2395页。

当是时，魏有信陵君，楚有春申君，赵有平原君，齐有孟尝君，皆下士喜宾客以相倾。吕不韦以秦之强，羞不如，亦招致士，厚遇之，至食客三千人。是时诸侯多辩士，如荀卿之徒，著书布天下。吕不韦乃使其客人人著所闻，集论以为八览、六论、十二纪，二十余万言，以为备天地万物古今之事，号曰《吕氏春秋》。布咸阳市门，悬千金其上，延诸侯游士宾客有能增损一字者予千金。①

吕不韦集门客著书是战国后期文化学术界的一件盛事，它表明吕不韦不仅有超人的商业目光和政治目光，而且在文化学术上也有自己的深刻见解。战国四公子和吕不韦都养士三千，在折节下士方面应首推魏公子，但在重文化学术方面，四公子都无法与吕不韦相比。

战国后期诸侯贵族养士风气盛于前期和中期，四公子及吕不韦几位贵族还展开了互相竞争的活动。受到充分礼遇的文人们，感受到明显加快的统一步伐，他们以更加紧迫的使命感去从事统一事业，他们的心态与前期、中期虽有一脉相承之处，但更多的是呈现出与此前文人不同的特色。

二、独立人格心理的延伸

在讨论战国后期文人心态的主导倾向之前，有必要谈谈战国后期文人的独立人格心理。从文化传承的角度来说，战国中后期文人的独立人格心理是前中期文人心态的延伸，而后期诸侯贵族对贤士的延揽与竞争，对文人心理当然是一种强大的鼓动力量。独立人格心理虽然不是后期文人心态的主流，但却是一种不容忽视的心态现象。

---

① 司马迁《史记》，中华书局1959年版，第2510页。

战国四公子门下的文人们都程度不同地具有这种独立人格心理倾向。前文提及的监门侯生、朱亥、毛公、薛公都是"被褐怀金玉"式的人物，从他们后来辅佐魏公子建立奇功成就声名大业来看，他们都胸怀文韬武略，有着超人的见识、非凡的智慧、惊人的勇气和高尚的情操，应是战国士林中的杰出人物。按照当时诸侯贵族竞相尊士养士的普遍社会风气，只要他们稍微主动一点接近诸侯贵族，何愁不能大显身手施展生平抱负，成为当时政治舞台上大红大紫的显赫人物？而他们之所以选择隐迹社会下层的生存方式，从事监门、屠者、博徒、卖浆这些微贱的职业，其中一些人还不乏放浪形骸、啸傲江湖的意味，乃是因为他们要守住自己人格尊严，不愿意对权贵摧眉折腰。当魏公子表现出要与这些下层文人交往意向的时候，他们往往是"不肯受"，"故不复谢"，"自匿不肯见公子"。这既是对魏公子尊士诚意的一种考验，同时也是向王侯贵族展示自身价值的一种手段。侯生一再考验魏公子，直到他认为对方的尊重是出于内心的真诚，才放弃了这种诚意测试。一旦他们发现对方具有诚意，他们就会以自己的生命相期许。所以当时诸侯贵族们想养士，也不是一件轻而易举的事情。造庙不易，请神更难！

平原君门下的文人们也时刻捍卫自己的人格尊严。《史记·平原君虞卿列传》载，平原君楼房下是民宅，一位跛足士一瘸一跛地打水，平原君的姬妾在楼上看见了，大笑不止。第二天这位跛足士找到平原君，要求平原君拿笑者的头颅来向自己赔罪。平原君表面上笑着答应了，但并不杀那位姬妾。一年过后，平原君门下贤士离去者过半，他感到自己并无失礼之处，不理解贤士们为什么要舍弃他。后来有人告诉他，这是因为他没有杀那位笑跛足士的姬妾，士人们认为他"爱色而贱士"，所以要离开他。平原君无奈，只好砍下笑者的头，亲自送到跛足士家里以谢罪。那些离开的贤士们听说平原君杀了美人，才渐渐回到平原君门下。平原君姬妾取笑他人的生理缺陷，固然是一种不道德的行为，但从跛足士方面来说，仅仅因为别人耻笑了一下自己，就要求对方以自己的生命来抵偿，这也未免太过分、太不人道了。从这件事我们可以看出，这一时期的文人对自己的人格尊严是何等珍视。

孟尝君门下贤士也不乏捍卫人格尊严者。《史记·孟尝君列传》记载了一则小故事：

> 孟尝君曾待客夜食，有一人蔽火光。客怒，以饭不等，辍食辞去。孟尝君起，自持其饭比之。客惭，自刭。[1]

这位贤士所争的不是一盘饭，而是平等的待遇，因为饭食的不等也就意味着待遇的差异，而享受比别人低的待遇是对士人格的莫大侮辱，所以这位士要愤怒地扔下饭碗，告辞而去。后来等到他发现是自己误会之后，自杀而死。他的自杀固然在很大程度上是出于自惭和自责，但从另一个角度来看也是在捍卫人格的尊严，因为他不允许自己处于一个被他人嘲笑的地位，不能容忍自己以一个误解他人、狭隘偏私的形象生活在世界之上，所以他要以生命的代价来作为对自己小小过失的抵偿。

有些士维护自身人格尊严几乎达到了极端的地步。《吕氏春秋·离俗》载：

> 有士曰宾卑聚，梦有壮子，白缟之冠，丹绩之袧，东布之衣，新素履，墨剑室，从而叱之，唾其面，惕然而寤，徒梦也。终夜坐不自快。明日召其友而告之曰："吾少好勇，年六十而无所挫辱，今夜辱吾，将索其形。期得之则可，不得将死之。"每朝与其友俱立乎衢，三日不得，却而自殁。[2]

---

① 司马迁《史记》，中华书局1959年版，第2354页。
② 《吕氏春秋》，中华书局1954年版，第238页。

宾卑聚的生平及生活年代均不详，但从他的言行推测，他应该生活在战国中后期，故系于此处。他一生中未受过侮辱，因此一旦在梦中受辱，心理上的阈限就被突破，感到无法容忍，发誓要复仇。当然他的复仇对象是很难在现实生活中发现的，最后只好愤而自杀。梦中受辱尚且不能承受，现实中的他是如何维护人格尊严就可想而知了。

以上诸例谈的是捍卫人格尊严，保持独立人格的另一种表现形式是不肯进入现实政治体系之中，做一个天子不得臣、诸侯不得友的闲云野鹤式的人物。齐人鲁仲连就是这类高士的代表。鲁仲连生平有两大奇功：一是说平原君、新垣衍义不帝秦，二是遗书燕将下聊城。义不帝秦事件发生在长平之战后秦兵包围邯郸之时。当时赵国在兵临城下、万分危急之际求救于楚、魏，魏王因为害了恐秦症而不敢救援，却要私下派客将军新垣衍到赵国，企图说动平原君尊秦为帝，以此来消弭灭顶之灾。新垣衍准确地转述了魏王的观点，平原君犹豫未有所决，按照当时秦胜六国败的战略格局，秦人称帝只不过是时间迟早问题，而且此前秦、齐曾一度称帝，只是迫于情势而很快自动地取消帝号，所以魏王之策并非毫无原因。只是此策无异于饮鸩止渴，它的要害在于丢掉一个诸侯国应有的独立国格，放弃山东六国的平等地位，放弃为这种独立平等地位斗争到底的权利，心甘情愿地跪倒在秦兵的铁蹄之下。就当时军事大势而言，赵尊秦为帝不仅丝毫无助于兵临城下的危局，反而会助长秦人的侵略气焰，因而它的下一步就是走向亡国的深渊。在这种情况下，鲁仲连以自己的雄辩说服了平原君与新垣衍。他剖析了秦国的虎狼本质，慨然表示如果秦人称帝，他宁愿赴东海而死，而不愿做秦人统治下的百姓，以自己的一身正气来激发赵人宁死不屈的抗秦斗志。他具体分析了尊秦为帝的后果与危害，引史说明此举只会自取其辱，于魏、赵君臣都有害无益。他还以邹鲁小国义不帝秦为榜样，从正面鼓动魏、赵保持自己的独立国格。鲁仲连一番话坚定了魏、赵与秦人血战到底的信心，为魏、楚援赵赢得了时间，使赵国没有从内部崩溃。它弘扬了一个诸侯国不在强敌面前屈服的应有国格，突出了士林阶层反奴辱反强暴的崇高气节。

鲁仲连的另一功业是遗书燕将下聊城。其时燕将攻下聊城，但因为燕王听信谗言而致使燕将不敢归燕，齐将田单要收复聊城，伤亡惨重而难以攻下，形成骑虎难下之势。鲁仲连遗书燕将，对燕将实施攻心战。他先指出燕将死守聊城不符合忠、勇、智的品质，从伦理道义上摧毁了燕将坚守聊城的信心。接着鲁仲连向燕将剖析天下大势，指出齐人收复聊城势在必行。最后他规劝燕将去感愤之怨立终身之名。这封书信从根本上动摇了燕将顽抗到底的斗志，燕将感到归燕与降齐都非良策，因而自杀身亡。燕将一死，聊城即陷入大乱，田单趁机攻下聊城。鲁仲连这封书信所起的作用不亚于几十万雄师。

鲁仲连的奇伟倜傥不仅在于他善于排难解纷，更表现在他居功不愿受赏，不为富贵利禄所羁，而宁愿保持一种独立的人格和自由的意志。说魏、赵义不帝秦之后，平原君欲封鲁仲连，被鲁仲连婉言谢绝。平原君又赠千金为鲁仲连祝寿，鲁仲连笑着说："所贵于天下之士者，为人排患释难解纷乱而无取也。即有取者，是商贾之事也，而连不忍为也。"他分文不取，辞别平原君而去，终身不再见面。鲁仲连辞去封土千金之赏，这使他的人格升华到一个更高的境界。说燕将下聊城之后，齐王要封鲁仲连爵位，鲁仲连再次逃赏，他说："吾与富贵而诎于人，宁贫贱而轻世肆志焉。"[①] 为了精神的自由和人格的独立，而视金钱爵位如粪土，这便是鲁仲连高节的内涵。鲁仲连的行为表明，他所持的实际上是一种理想的审美人生态度，他之超脱名利爵禄，乃是出于一种更高尚的精神追求：我建立了奇功，但是我又不愿受赏，你们看我是何等高尚啊！试想，当平原君捧来千金礼品、当齐侯送上封土之印的时候，鲁仲连却淡然一笑作揖而去，那种挥一挥衣袖不带走一片云彩的飘逸风姿，该怎样使身后的齐、赵君臣为之倾倒、为之赞颂，而鲁仲连在这样的倾倒与叹服面前，内心又该是怎样满足和

① 司马迁《史记》，中华书局1959年版，第2465、2469页。

愉悦啊!

　　无论是四公子、吕不韦门下诸士还是鲁仲连,他们的人格心理都不能代表战国后期文人心态的主流。因为这一时期统一步伐加快,文人们也适应形势而调整心态,驺衍、荀子、韩非、李斯以及吕氏文人集团才是战国后期文人心态的代表人物。

三、驺衍文化心态分析

　　驺衍是齐人,生活在战国中后期,是阴阳五行学派的大师。他的学术轰动了当时各诸侯国的政治文化界,并对秦汉的政治文化产生了极其深刻重大的影响。他没有做官,一辈子都是讲学授徒,他到过齐国稷下学宫,又先后到过燕、赵等国,受到赵平原君、燕昭王超规格的礼遇,极尽文人之尊荣,比起孔、孟等儒学大师遭受困厄和备受冷落的情形,他应该是战国时期最幸运的文人之一。

　　驺衍的著作,据《史记·孟子荀卿列传》记载,有《终始》、《大圣》、《主运》十余万言,但这些著作都已经亡佚。司马迁在《史记》中对他的学说有扼要的介绍,此外在《吕氏春秋》以及汉人奏疏、《文选》李善注诸书中有片断驺衍言论的材料。

　　驺衍生活的齐地濒临渤海,大海气象的明灭变幻,海岛的烟波微茫,尤其是海市蜃楼的微妙奇观,都能引发人们丰富的联想,因此齐地是盛产神仙方士的地方。驺衍得地理之便,他的学说大都建立在想象和推理的基础之上,他的文化心态可以用恢诡谲怪四个字来概括。我们看一下《史记·孟子荀卿列传》对驺衍学说的介绍,就可以知道他的立论基础,他的论述方式以及他的结论确实与众不同:

　　　　驺衍睹有国者益淫侈,不能尚德,若《大雅》整之于身,施及黎庶矣。乃深观阴阳消息而作怪迂之变,《终始》、《大圣》之篇十余万言。其语闳大不经，必先验小物，推而大之，至于无垠。
先序今以上至黄帝，学者所共术，大并世盛衰，因载其机祥度制，
推而远之，至天地未生，窈冥不可考而原也。先列中国名山大川，
通谷禽兽，水土所殖，物类所珍，因而推之，及海外人之所不能
睹。称引天地剖判以来，五德转移，治各有宜，而符应若兹。以
为儒者所谓中国者，于天下乃八十一分居其一分耳。中国名曰赤
县神州。赤县神州内自有九州，禹之序九州是也，不得为州数。
中国外如赤县神州者九，乃所谓九州也。于是有裨海环之，人民
禽兽莫能相通者，如一区中者，乃为一州。如此者九，乃有大瀛
海环其外，天地之际焉。其术皆此类也。然要其归，必止乎仁义
节俭，君臣上下六亲之施，始也滥耳。①

从这一段文字来看，驺衍学说的起点和归宿与儒家相近，他的学说产
生的契机是看到时君奢侈淫逸不能尚德，而最终"止乎仁义节俭，君
臣上下六亲之施"。他的恢诡谲怪就怪在中间的论证部分。他构建理
论的方式是由小及大，由近及远，由实及虚。这里的大、远、虚，不
是常人所能够想象的，而是"至于无垠"，在空间上一直推到无限的程
度，在时间上则上溯到"天地未生，窈冥不可考而原"的地步。他是
将经验实证与天才预测结合起来，他的实证经验是人们可见可感的，
但他的天才想象却是普通人所不具备的，而他的学说的魅力恰恰在于
推测想象部分。他能够做到"深观阴阳消息"，阴阳本来是指天气的阴
晴寒暖，西周末年抽象为物质性二气，到战国时代进一步抽象为精神
性的宇宙律。驺衍的"深观"，就是能观测到宇宙阴阳力量的变化，就
是说他的那颗心与冥冥的宇宙联系在一起，他的目光能够穿透一般人
所看不到的地方，他的卓绝之处是从"深观"之中推测到未来社会的
发展趋势。他融合阴阳和五行学说，并用它来解释历史上帝王政治的

---

① 司马迁《史记》，中华书局1959年版，第2344页。

嬗变，由此而形成五德终始的神秘主义历史哲学。他将自然界的阴阳灾异机祥变化与帝王政治盛衰结合起来。他认为历代王朝的嬗变按照五行相胜的模式运行，终而复始，在一个平面上无限循环。具体地说，就是唐虞土德，夏木德，殷金德，周火德。一个王朝的兴衰可以从机祥上看出，帝王受到天命，上天事先降下祥瑞，而一旦天命终结，上天就会降下灾异，天人之间存在着感应关系。《吕氏春秋·应同》对帝王受命祥瑞作了具体说明：

> 凡帝王之将兴也，天必见祥乎下民。黄帝之时，天先见大螾大蝼，黄帝曰："土气胜。"土气胜，则其色尚黄，其事则土。及禹之时，天先见草木秋冬不杀，禹曰："木气胜。"木气胜，故其色尚青，其事则木。及汤之时，天先见金刃生于水，汤曰："金气胜。"金气胜，故其色尚白，其事则金。及文王之时，天先见火，赤乌衔丹书集于周社。文王曰："火气胜。"火气胜，故其色尚赤，其事则火。代火者必将水，天且先见水气胜。水气胜，故其色尚黑，其事则水。水气至而不知，数备将徙于土。①

这一节文字保存了驺衍关于五德转移以及机祥度制的观点。"其事则土"、"其事则木"等等，这个事就是驺衍所说的"度制"。由于新德代替旧德意味着天命已经发生变化，因而当新德主运的时候，受命帝王应该改正朔，易服色，变度制，定官名，封禅，制礼作乐，建立一套新王制度，以此与新德相配合。驺衍提出了这个历史哲学，原来人们根本无法理解的"阴阳消息"，一经他的"深观"，便有了一个运行变化的命定模式。

驺衍的学说还不止如此，在地理上他亦不乏天才的想象与推测。他说中国叫作赤县神州。中国之外又有九个州，九州外是大海环绕，

---

① 《吕氏春秋》，中华书局1954年版，第126、127页。

将九州合抱为一州，像这样大海环抱的九州，天下共有九个，天下是九九八十一州，中国这个赤县神州是八十一州中的一州。至于《尚书》所说的禹序九州，不应列于州数。经过他这一划分，天下的地理就如同天人宇宙按五行相胜模式运行变化一样，似乎有一个清晰可见的规则。应该怎样看待驺衍的大九州说呢？这要从中国所在的地理环境说起。中国东南部面临大海，西北部是广袤的沙漠戈壁，西部是喜马拉雅山，可以说中国是处在一个相对封闭的地理环境之中。因此，此前人们的地理观念是四夷和中国。所谓四夷，就是东夷、南蛮、西戎、北狄。四夷之中，便是华夏，因处于四夷之中，故又称中国。这个由四夷与中国组成的地理环境，便是天下，对古代中国人来说也就是全世界。到战国时代，中国人的足迹基本不出四夷和华夏的范围，对欧洲、非洲、澳洲、美洲根本不了解。驺衍的大九州学说，虽然不能与今天的世界地理相符，但他仅凭天才的想象，就已经推出世界是分九大部分，且被海洋环绕。这在当时，简直是一个奇迹。

驺衍的历史地理学说，构成了一个天人宇宙观，这个天人宇宙观将时间和空间都完全地规范化、秩序化了。人们的心灵对秩序有一种天然的亲和力，但是人们从春秋战国以来，恰恰是面对着一个秩序紊乱的世界，礼坏乐崩，诸侯兼并残杀，君臣父子人伦混乱，学术上百家言治，乱纷纷，你方唱罢我登场，社会前途在何处？出路在哪里？对未来能否有一个预期？如果能够预期，这未来的社会又该是一个什么样的情形？未来实行什么样的制度？这一个个的巨大困惑长期萦绕在人们心头，而似乎很难得到答案。现在驺衍站出来，为人们勾勒出一个天人宇宙的变化发展模式，在时间上是五德转移，在空间上是大九州并存，未来的王朝得水德、尚黑色。由此，混沌的宇宙有规则可循了，仿佛如庖丁解牛一样，已经完全掌握了牛的经络督脉，解牛时游刃有余。于是社会轰动了，驺衍成为备受欢迎的文化奇人。

驺衍的诙诡谲怪的个性心理并不是凭空产生的。前文提及的齐地地理环境孕育出来的地域风气固然是一个因素，但更为重要的是驺衍本人对时代政治需求的敏感。驺衍生活在统一步伐加快的战国中后期，此时不仅需要统一天下的政治学说，对天人宇宙的运行变化也需要做出哲学上的说明。驺衍准确地把握了时代的脉搏，他充分发挥齐人所特有的恢宏的想象力，大胆地从已知推出未知，做出天才的推理，对未来社会进行预测。他的恢诡谲怪实际上是适应社会的需要，满足社会心理的渴求。驺衍的学说并无具体可行的政治主张，《史记·孟子荀卿列传》说："王公大人初见其术，惧然顾化，其后不能行之。"[①] 这就是因为他没有像儒、墨、道、法各家一样提出具体的政治举措。但这并不是说他的学说大而无当，他的学说偏重于宗教哲学方面，后来秦皇、汉武都按照他的五德转移学说实施受命改制，就是明显的例证。所以，驺衍的学说是战国文人以思想学说平治天下的重要内容，是战国士文化的重要组成部分。

四、荀子、韩非、李斯文化心态分析

荀子是战国后期最后一位儒学大师。他的两名学生韩非和李斯却是法家的代表人物，他们的学说是秦人统一天下的理论武器，他们的文化心态是战国后期文人心态的主流。

唐代杨倞注释《荀子》，说荀子"大醇小疵"，就是说荀子作为儒学大师，在大的方面继承了孔子的学说，只是在某些小的方面背离了原始儒学的原则立场，这个评语成为对荀子的定评。

从文化心态来看，荀子继承了战国前期、中期文人心态的某些特征，甚至还有所发展。例如，荀子从道高于君的理论高度，在《臣道》和《子道》中两次提出"从道不从君"的命题。这一命题将文化道术和君权政治分为两大系统，其中道术系统高于君权系统，道对君权政治

---

① 司马迁《史记》，中华书局1959年版，第2344页。

起着指导、规范、匡正的作用，而士林阶层恰恰拥有文化道术，因此这一命题实际上隐含着士贵于君的意味。对于战国前期势不若德尊、财不若义高的价值观和战国中期孟子以年齿、道德与爵位相抗衡的价值观，荀子关于道高于君、从道不从君的命题实际上又有所发展，它极其精辟地概括了战国时期新的价值观的精髓。《荀子·尧问》载荀门弟子称颂荀子说："德若尧舜，世少知之。方术不用，为人所疑。其知至明，循道正行，足以为纪纲。呜呼贤哉，宜为帝王。"①荀门弟子在这里提出荀子宜为帝王的依据是伦理道德、思想理论与智慧力量，而不是天命神意。它是从荀子关于道高于君的价值观念出发的，在荀门弟子看来，既然道高于君，而君的功能是行道，那么让有道的士人亲自做帝王，岂不是一条使文化与政治、道统与政统重新合一的更好的捷径？既然中国上古时代的尧舜禅让是以德行作为依据，那么当今有德之士为什么不能做君王？应该说这是一种非常大胆的设想，是对传统君权世袭、君权神圣观念的突破与挑战，其中闪耀着原始民主政治思想的光芒。荀子本人并无做帝王的意识，荀门弟子这一段话不一定代表荀子的思想，但荀门弟子说荀子宜为帝王的依据是道高于君，可见荀子从道不从君的价值观对当时文人该有何等巨大的鼓动作用。荀子也有为王者师的心理，《荀子·大略》云："国将兴，必贵师而重傅。贵师而重傅，则法度存。国将衰，必贱师而轻傅。贱师而轻傅，则人有快，人有快则法度坏。"②荀子将诸侯尊士为师与国运兴衰存亡联系起来，认为尊士则国兴，贱士则国衰，真是说够了尊士的重要性。《史记·孟子荀卿列传》载荀子在稷下三为祭酒，"齐襄时，而荀卿最为老师"。可见荀子当时备受王侯尊重，他强调王侯尊士为师，可能与巩固自己的君师地位不无关系。荀子同孔孟一样重视修身，他专门写了一篇《修身》论文，其中说："志意修则骄富贵，道义重则轻王公，

① 王先谦《荀子集解》，中华书局1954年版，第364页。

② 王先谦《荀子集解》，中华书局1954年版，第336页。

内省而外物轻也。"①修身的目的是为了提升人格心理，使自己在心理上超越王公富贵，培养平治天下的品质。在这些地方，荀子的心态都与战国前期、中期儒家有相通之处。

但是荀子心态中还有一些为战国前期、中期儒家所没有的内容。首先表现在他对君主专制威权、对君主各种特殊物质享受的认同。他宣称，做帝王就是要在最大限度上满足自己的感官享受，《荀子·王霸》说：

> 夫贵为天子，富有天下，名为圣王，兼制人，人莫得而制也，是人情之所同欲也，而王者兼而有是者也。重色而衣之，重味而食之，重财物而制之，合天下而君之，饮食甚厚，声乐甚大，台榭甚高，园囿甚广，臣使诸侯，一天下，是又人情之所同欲也，而天子之礼制如是者也。……名声若日月，功绩如天地，天下之人，应之如景响，是又人情之所同欲也，而王者兼而有是者也。故人之情，口好味而臭味莫美焉，耳好声而声乐莫大焉，目好色而文章致繁、妇女莫众焉，形体好佚而安重闲静莫愉焉，心好利而谷禄莫厚焉。合天下之所同愿，兼而有之，睪牢天下而制之，若制子孙，人苟不狂惑戆陋者，其谁能睹是而不乐也哉？②

荀子在这里指出，贵为天子，富有天下，就是要穿最美的衣服，吃最好的佳肴，拥有最多的金钱，听最动听的音乐，观赏最美丽的台榭，拥有最广阔的园囿，住最好的房屋，娶最多最美的妻妾……一句话，天下最好的东西都归他享受。他统治天下所有的人，就如同指使子孙一样，而天下却没有一个人能够管他。他还享有最美好的声名，建立最辉煌的人生功业。这与孟子所说的王者"与民同乐"，与百姓一同

---

① 王先谦《荀子集解》，中华书局1954年版，第16页。
② 王先谦《荀子集解》，中华书局1954年版，第140—142页。

"好色"、"好货"，与颜斶所说士贵王者不贵、生王之头不及死士之垄，已经有很大的距离了。这倒不是说荀子天生长有一副软骨头，愿意跪倒在专制君主的脚下，荀子还是讲文人气节、人格的人，我们看他的价值观和君师心理，就可以知道了。荀子认同专制君主的特权与威权与他讲独立人格，是他的文化心理的两个侧面。从一个士人的角度来说，他渴望得到王侯的尊重，渴望自己的学说能够起到指导现实政治的作用。但在另一方面，他又是讲礼治秩序的人，他认为人的天性是"目好色，耳好声，口好味，心好利，骨体肤理好愉佚"[①]，一句话，人的本性是恶的，欲望是无止境的。每个人都有这些无穷无尽的欲望，怎么办呢？只好用礼治秩序来规范人们的行为，区分上下贵贱，每人按自己的名分地位各得其利，只有天子的欲望可以得到尽情的满足，其他的社会成员都要不同程度地抑制自己的欲望。从荀子这些言论来看，荀子文化心态具有一种过渡特色，即从高扬士的独立人格渐渐过渡到对尊卑贵贱礼治秩序的认同。在《荀子》一书中，讲礼的内容远远比讲士独立人格的要多，他不厌其烦地劝学，而学习的内容也无非是经典和礼仪："其数则始乎诵经，终乎读礼，其义则始乎为士，终乎为圣人。"[②]他心目中的文人理想人格与孟子笔下的那种充满浩然之气、高喊民贵君轻、藐视王侯大人的傲士已经有一些差距了。

孔孟都有不同程度的恋旧复古情结。孔子以梦见周公为乐事，向往西周的礼乐制度，他的学生颜渊问他怎样治国，孔子说要用夏历，乘殷代的车，戴周人的帽子，音乐则要采用《韶》《武》。孟子还具体为一个小诸侯国滕国设计了恢复西周井田制的方案。荀子也有一定的复古情绪，他有一个著名的"法后王"的说法，这个"后王"指的是周王，再要推到周王以前，荀子就不赞成了。荀子又主张"礼顺人情"，礼仪可以根据人情风俗的变化而创新，只是在制定新礼的时候参考一

---

① 王先谦《荀子集解》，中华书局1954年版，第291页。

② 王先谦《荀子集解》，中华书局1954年版，第7页。

下灿然的后王即周王之制就行了。可见同为复古，但荀子较之于孔孟又稍稍前进了一些。

伴随着统一进程的加快，统治阶级需要从天命上寻求建立新的统一政权的宗教依据，驺衍的五德转移以及机祥度制说适应了官方的要求。在对待天命、天道问题上，荀子并没有走驺衍这一条路，他从另一个方面鼓励统治者不必担心天命，不要寄希望于冥冥之中神灵的力量，而要作出人事上的最大努力。他专门写了一篇《天论》讨论天道，将天视为一种没有意志的自然现象。文章说："天行有常，不为尧存，不为桀亡。"[1] 这是说上天的运行有它的自然规律，这个自然规律并不因圣君唐尧而存在，也不因暴君夏桀而消亡，天有天道，人有人道，天人相分，而根本不存在什么互为感应关系。像星坠、木鸣这些令国人恐惧的自然现象，驺衍是将它们解释为显示天命神意的祥瑞或灾异，而荀子则说这是"天地之变，阴阳之化，物之罕至者也"[2]。他对于求雨、卜筮之类的巫术一概采取否定的态度。他劝告人们不要"错人而思天"，要把努力放在现实生活之中，依靠正确的行为决策来趋吉避凶。他说："强本而节用，则天不能贫；养备而动时，则天不能病；修道而不贰，则天不能祸。故水旱不能使之饥，寒暑不能使之疾，妖怪不能使之凶。"[3] 只要人的行为不出差错，那么上天对人是无可奈何的。他提出著名的戡天观点，主张利用天时，制伏天时，使天时服务于人的目的。从西周的敬天保民到春秋时期的"天道远，人道迩"，到孔子的"敬鬼神而远之"，再到荀子"制天命而用之"，可以看到先秦时代文人在对待天命问题上所经历的心路历程。荀子能够达到这样的认识水平，与时代文化条件密不可分。战国一两百年以来，士林阶层最大限度发挥自己的创造才能，在现实政治生活中屡创奇迹，他们何曾乞灵过天道鬼神！他们对自己的能力拥有充分的信心，他们坚信用自己的

---

[1] 王先谦《荀子集解》，中华书局1954年版，第205页。

[2] 王先谦《荀子集解》，中华书局1954年版，第209页。

[3] 王先谦《荀子集解》，中华书局1954年版，第205页。

双手能够刨造出一个新世界，而根本不必跪倒在天道之下。荀子的戡天思想正是战国文人自信心的体现。他希望王侯们也要以这种心态来对待天道，排除所谓天道的干扰，把自己的全部注意力投入于现实政治斗争之中。《史记·孟子荀卿列传》说："荀卿嫉浊世之政，亡国乱君相属，不遂大道而营于巫祝，信机祥。"[1] 看来荀子对于天道问题确有一种无畏无惧的勇气。

孔孟都倡导用道德感化的方法来促使人民向善，荀子也讲以德兼人，但他吸收了法的因素。《荀子·劝学》说："礼者，法之大分，类之纲纪也。"[2] 这是说礼是法的纲领，是一切条文的准绳。《王制》说："以善至者，待之以礼；以不善至者，待之以刑。"[3] 这就说明荀子已经不像孟子那样天真，他对社会现状的认识比孟子要现实一些，深刻一些，并不是一味抱着美好的理想，当道德教化失效的时候，还要是辅之以刑罚。《议兵》说："制号政令，欲严以威；庆赏刑罚，欲必以信。"[4]《正论》说："罪至重而刑至轻，庸人不知恶也，乱莫大焉。""治则刑重，乱则刑轻。"[5] 这一类的话都是孔孟不会说出口的。荀子本人是儒家阵营的人，但他的两个学生韩非、李斯却坚决地站在法家的立场上，这种由儒而法的转变不是偶然的，而是因为在荀子的意识中本来就有重法的成分。

《荀子·仲尼》还谈到"持宠处位终身不厌之术"：

> 主尊贵之，则恭敬而撙；主信爱之，则谨慎而嗛；主专任之，则拘守而详；主安近之，则慎比而不邪；主疏远之，则全一而不倍；主损绌之，则恐惧而不怨。贵而不为夸，信而不处谦，任重而不

---

① 司马迁《史记》，中华书局1959年版，第2348页。
② 王先谦《荀子集解》，中华书局1954年版，第7页。
③ 王先谦《荀子集解》，中华书局1954年版，第95页。
④ 王先谦《荀子集解》，中华书局1954年版，第183页。
⑤ 王先谦《荀子集解》，中华书局1954年版，第218、219页。

敢专。财利至则善而不及也，必将尽辞让之义然后受。福事至则和而理，祸事至则静而理。富则施广，贫则用节。可贵可贱也，可富可贫也，可杀而不可使为奸也。是持宠处位终身不厌之术也。虽在贫穷徒处之势，亦取象于是矣。夫是之谓吉人。①

这一段话的大意是：如果君主把你放在尊贵的位置上，你就应该表现出恭敬谦卑的态度；君主对你相信宠爱，就应该谨慎小心不敢自满；君主对你专一寄托大任，就应该谨守职事详明法度；君主接近你，就应该小心亲比于君但不要谄佞；君主疏远你，仍要忠贞不贰切勿怀背叛之心；君主将你降级处分，就应该怀恐惧之心但不要怨愤。尊贵时不要矜夸奢侈，得到信任不要有作威作福之嫌，握有重权时不要专横。面临财利，该考虑自己是否该得，先辞而后受。福事来的时候应该以平和心态处理，祸事来则以冷静心态处理。富贵时要乐施好善，贫穷时就要节省用度，做到可贵可贱，可富可贫，可以被杀头，但不要做奸臣。郭沫若先生在《十批判书·荀子的批判》一文中说，荀子这些"术"实在太卑鄙、太乡愿了，有点不大像荀子所说的话。他说："这样的一片妾妇之道，汉以后有不少的太平宰相正靠着这种方术的实践而博得了安富尊荣，死而配享文庙的。然而要说真是出于荀子的手笔，荀子似乎还没有堕落到这样的程度。"② 郭沫若先生还举出《荀子·臣道》中斥责"偷合苟容，以持禄养交"的"国贼"和"巧敏佞说，善取宠乎上"的"态臣"，称赞"谏争辅拂之人"是社稷之臣、国君之宝，说明荀子此处的态度与《仲尼》持宠处位之术相矛盾。确实，《荀子》一书的内容比较驳杂，荀子本人的寿命比较长，他的这些文章不会写于一时一地，而是写在不同时地；他的心态也处于变化和发展之中，而不可能一成不变。《仲尼》所谈的持宠之术应该是出于荀子之手，这不仅

---

① 王先谦《荀子集解》，中华书局1954年版，第69页。
② 郭沫若《十批判书》，东方出版社1996年版，第256页。

是因为文中所谈的恭敬、谨慎、谦抑、礼让均与儒家学说相通，更重要的是荀子所说之术与他的弟子韩非所说的"术"有一致之处，如果《荀子》一书中没有这些文字，那么从荀子到韩非的转变才是真正不可思议的。

荀子的文化心态一方面与战国前期、中期文人有较多的相通之处，而在另一方面他又认同专制君主的种种特权，不厌其烦地研究文人的持宠处位的方术；一方面与孔孟一样倡导德治，另一方面又吸收某些法制思想。这种文化心态具有一种典型的过渡特征，韩非、李斯的文化心态就与荀子有血缘联系，汉代的某些文人更是从荀子那里学到在专制统治下如何生存的方术。

韩非是韩国的公子，约生于公元前280年，死于公元前233年。《史记·老子韩非列传》说韩非与李斯俱学于荀子，李斯自认为不如韩非。其实韩非所学并非局限于荀子学说，《史记》说韩非"喜刑名法术之学，而其归本于黄老"，大抵到了战国后期，学术由分裂走向统一，学者们都渐渐博采百家以丰富自己的学说。韩非从他的老师荀子那里接受了性恶学说及其刑法成分，彻底摒弃了儒家的仁义立场及典章制度，又吸收黄老刑名之学和前期法家思想，成为战国后期法家集大成的人物。

韩非所在的韩国如同战国后期其他山东五国一样，处于风雨飘摇之中。与其他文人不同，韩非不仅有平治天下的宏愿，而且作为韩国诸公子，对韩国有一种宗法血亲情感，因此迫切希望韩国能够改变积贫积弱的状况。但是韩王却苟且偷安，并无振作整肃国政的意图，尤其是面临众说纷纭百家争鸣的局面不能做出理性的选择，致使国家一天天沉沦衰落下去。韩非目睹这种政治状况，心中有一种深沉的危机感与忧患意识。《史记·老子韩非列传》说：

　　非见韩之削弱，数以书谏韩王，韩王不能用。于是韩非疾治国不务修明其法制，执势以御其臣下，富国强兵而以求人任贤，反举浮淫之蠹而加之于功实之上。以为儒者用文乱法，而侠者以

> 武犯禁。宽则宠名誉之人，急则用介胄之士。今者所养非所用，
> 所用非所养。悲廉直不容于邪枉之臣，观往者得失之变，故作《孤
> 愤》、《五蠹》、《内外储》、《说林》、《说难》十余万言。①

由此看来，一部《韩非子》是他的忧患意识的产物，而绝非形而上的谈玄论道。韩非是一位清醒的现实主义者，而且现实到可怕的程度。他判断是非的唯一标准就是视其是否有利于富国强兵。他本来是出身于儒家阵营，但他认为儒家的仁义道德礼乐典章不适用于乱世，无益于拯救乱世，因而指责"儒以文乱法"，视儒家为社会的蠹虫。战国时期是讲尊师重道的，但韩非却公开与儒家决裂，向儒家宣战，他的老师荀子也在他所指责的蠹虫之列。孔子曾经说过"当仁，不让于师"，这句话用在韩非身上是再适合也不过的。侠士是战国士林阶层的一个组成部分，他们扶危救困，恪守信用，为了他人而不惜牺牲自己的生命，而且施恩不图报答，从不在他人面前夸耀自己的才能品德。侠士的义举受到民众的高度赞誉，人们在遭受围厄时尤其盼望得到侠士的扶助。但是韩非认为"侠者以武犯禁"，对国家的法制是一个潜在的危险因素，因此坚决主张予以禁止。韩非最为痛心疾首的是诸侯们不能明辨是非，听信游士们的浮言细说，他们所礼遇的游士丝毫无助于富国强兵，而国家赖以生存的耕战之士又处于被漠视、被冷落的地位，他认为这才是导致国运没落的真正原因。他的忧患是建立在清醒的理性分析之上。可惜的是这样深中肯綮的分析仍然不能打动韩王。他的著作传到秦国，得到秦始皇的激赏，秦始皇说："嗟乎！寡人得见此人与之游，死不恨矣！"②李斯告诉他，这些著作的作者是韩非。于是秦始皇发兵攻韩，韩王派韩非使秦。秦始皇非常喜欢韩非，结果遭到李斯、姚贾的谗毁，韩非屈死于秦王狱中。但韩非并未因为冤死而导致事业

---

① 司马迁《史记》，中华书局1959年版，第2147页。
② 司马迁《史记》，中华书局1959年版，第2155页。

中止，他的学说在秦国到了完全的实施。

《史记·老子韩非列传》说韩非"悲廉直不容于邪枉之臣"，法家之廉是毋庸置疑的，但韩非是一个正直之臣吗？他的心态能够称得上直臣心态吗？请读他的《说难》吧：

> 彼显有所出事，而乃以成他故，说者不徒知所出而已矣，又知其所以为，如此者身危。规异事而当，知者揣之外而得之，事泄于外，必以为己也，如此者身危。周泽未渥也，而语极知，说行而有功，则德忘；说不行而有败，则见疑，如此者身危。贵人有过端，而说者明言礼义以挑其恶，如此者身危。贵人或得计而欲自以为功，说者与知焉，如此者身危。强以其所不能为，止以其所不能已，如此者身危。
>
> ……
>
> 凡说之务，在知饰所说之所矜，而灭其所耻。彼有私急也，必以公意示而强之。其意有下也，然而不能已，说者因为之饰其美而少其不为也。其心有高也，而实不能及，说者为之举其过而见其恶，而多其不行也。[1]

他这样设身处地、无微不至地揣摩君主和贵族的心理，想方设法顺着君主贵族的心意，说对方爱听的话，而不要揭开君主贵族的隐私，小心谨慎地绕过"雷区"，最后达到自己的目的。这样不择手段地逢迎、巴结君主贵族，难道是正直之人的心态么？郭沫若先生说荀子在《仲尼》中提出的持宠处位之术是妾妇之道，而韩非《说难》所表达的揣摩之术，较之于荀子实在是有过之而无不及。韩非之所以这样提倡士人察言观色，是出于他的君主专制的主张，在他的学说体系中，专制君主的意志可以无限地扩张，而士的独立人格荡然无存，他们只能战战

---

[1]　王先慎《韩非子集解》，中华书局1954年版，第61—63页。

兢兢地生活在专制君主的淫威之下，看君主的脸色过日子。韩非所设计的理想人格有着两面性：对君主，应该做一只百依百顺、摇尾乞怜的哈巴狗；对人民，则要做铁面无情、张牙舞爪的虎狼。为了达到目的，任何正义、良心、人格尊严都可以完全抛弃，这是战国法家人物的共同点。吴起可以杀妻求将，母死不归，可以为士卒吮疽；商鞅可以投靠为人蔑视的太监，可以欺骗朋友来获取战斗的胜利。韩非在行为上虽无劣迹，但他的《说难》却真正地袒露了一位"态臣"的心理。

韩非还有一篇有名的文章《孤愤》，这是一种智能法术之士欲进忠而不可得的孤愤。文章大意是写人主昏庸，为权贵大臣所蒙蔽，法术之士处于孤立无援的境地。文中说：

> 夫以疏远与近爱信争，其数不胜也；以新旅与习故争，其数不胜也；以反主意与同好争，其数不胜也；以轻贱与贵重争，其数不胜也；以一口与一国争，其数不胜也。法术之士，操五不胜之势，以岁数而又不得见；当涂之人，乘五胜之资，而旦暮独说于前，故法术之士奚道得进，而人主奚时得悟乎？①

韩非在此处所说的可能正是韩国的情形，文中法术之士的处境正是韩非本人境遇的写照，法术之士的孤愤就是韩非的孤愤。从文章来看，韩非的遭遇与屈原后期大体相同，都是处于欲补苍天而不能的失意、悲愤之中。

韩非在现实政治中既无所作为，只好将他平治天下的抱负著之于篇籍。他吸收了商鞅的法、申不害的术和慎到的势，形成法、术、势三者结合的体系。法是国家的成文法令，应该公布全国，行法时要不分贵贱，有刑有赏，而且要重刑少赏。术是君主驾驭群臣的权术，只能藏在心里，用术要在知人善任，用人的智能，听言察实，执简御繁。

---

① 王先慎《韩非子集解》，中华书局1954年版，第56页。

对位高的大臣，韩非主张运用扣押妻子做人质、赐以高官厚禄进行控制和考验察责的方法，如果还不行，那就将他干掉。行法用术都要依靠权势，掌握庆赏、杀戮两大权柄是握势的关键。法、术、势都是为巩固和加强君主专制统治服务的。如果说荀子还只是从性恶的角度来肯定君主的特殊物质享受和专制威权的话，那么到了韩非，就完全赤裸裸地宣扬封建君主专制统治的合理性了。什么以德义与爵禄相抗衡，什么王侯要以贤士为师，什么民贵君轻，什么士的独立人格，战国士文化的这些优秀成果被韩非丢得一干二净。要是硬要为韩非找回一点与战国士文化精神共同之处的话，就是他对现实政治状况有强烈的忧患意识，并希望用自己的学说指导现实政治。他所提出的法家的铁血政策受到了专制君主秦始皇的热烈欢迎，在秦统一天下的过程中起到了重大的指导作用。历史的发展往往不以人们的意志为转移。进入战国以后，涌现出无数的志士仁人，出现了诸多学术派别，提出了种种博大深沉的平治天下的主张。像孔、孟、墨这些大师对人类的爱心，墨子为天下摩顶放踵的伟大牺牲精神，都赢得了后人无穷的钦敬。庄子对自由人格的追求，还有许许多多文人啸傲王侯的故事，千百年来仍对人们有无穷的魅力。但是他们的文化心态、人格心理虽然可敬可爱但却不能拯救乱世。法家的人格历来因其刻薄寡恩而为人所鄙弃，但他们的彻底的现实主义态度和充分的理性精神却使他们所向披靡无往而不胜，李悝、吴起、商鞅、慎到、申不害，莫不政绩卓著，最终多元分裂的战国在韩非学说指导下而走向统一。这其中的奥秘确实发人深思。有些文化心理内容可以适用于人类社会发展的全过程（例如仁爱），但却不能用来拯救乱世，而有些文化心理内容可以用来救乱世，但成功后又遭到人们的厌恶和唾弃，法家文化心态正是如此。

李斯是由战国入秦的文人，是一个大起大落的传奇人物。他以辅佐秦始皇统一中国而登上事业顶峰，最后以具五刑被腰斩于咸阳，思欲与家人牵黄犬游上蔡东门而不可得。古今学者都将李斯人生悲剧归结为他贪恋富贵，而贪恋富贵又出于他那"人生在所自处"的卑鄙阴暗的处世哲学。李斯的政治建树主要是在秦统一中国之后，但他的文化心理则在战国以前就已定型。

李斯与韩非是同学，但他的人格心理却比韩非更为卑下。韩非犹有报国之志，李斯则是极端的利己主义者，他的心理比韩非要阴暗得多。《史记·李斯列传》记载了李斯少年时期的一个小故事：

> 年少时，为郡小吏，见吏舍厕中鼠食不洁，近人犬，数惊恐之。斯入仓，观仓中鼠，食积粟，居大庑之下，不见人犬之忧。于是李斯乃叹曰："人之贤不肖譬如鼠矣，在所自处耳！"[1]

厕所中的老鼠吃的是不洁的粪便，而且还经常受到人们的干扰，往往惊恐万状；而仓库中的老鼠吃的是皇粮，没有人犬的骚扰，过着悠闲自得的日子。不同的生存环境培养了老鼠不同的心理。李斯从中悟出一个人生道理：人生也如同老鼠一样"在所自处耳"。如果终生沉沦在社会下层，那也就像厕中鼠一样，在物质生活和精神上都受到困扰；而要跻身上层，就会安享富贵尊荣。两相对比，他当然愿意选择仓中鼠的人生。这个老鼠人生哲学是李斯的全部人生信念，他后来全部言行表明，他一生都奉行这个"在所自处"的人生哲学。"何不策高足，先据要路津！无为守贫贱，坎坷长苦辛！"用《古诗十九首》这几句诗来形容李斯的心态，是非常贴切的。如同吴起、商鞅、韩非一样，李斯的愿望是不惜一切代价，冲上人生事业的顶峰，享受人间的荣华富贵。

从理论根源来看，对李斯人格心理影响最大的主要有两大思想家：一个是他的老师荀子，另一个是他的同窗韩非。李斯对荀子思想学说有吸取也有扬弃，而对韩非的理论则完全信服，从这个意义上说，韩非对李斯的学术影响甚至比荀子还要大。李斯与姚贾因出于嫉贤

---

[1] 司马迁《史记》，中华书局1959年版，第2539页。

妒能的卑劣心理而合伙害死韩非，但他却将韩非学术思想完全付诸实施。李斯在历史的关键时刻的人生选择基本上是按照韩非的人性理论行事，这最终导致他走向毁灭。

荀子认为，人的自然本性是追求利欲，所以人类的天性是丑恶的。《荀子·王霸》说："夫人之情，目欲綦色，耳欲綦声，口欲綦味，鼻欲綦臭，心欲綦佚。此五綦者，人情之所必不免也。"①《荀子·性恶》说："若夫目好色，耳好声，口好味，心好利，骨体肤理好愉佚，是皆生于人之情性者也，感而自然，不待事而后生之者也。"②《荀子·荣辱》说："凡人有所一同：饥而欲食，寒而欲暖，劳而欲息，好利而恶害，是人之所生而有也，是无待而然者也，是禹桀之所同也。"③这是说，人类的感官天生具有趋利性，趋利避害是人类与生俱来、无待而然、不学而能的自然天性。那么，天性就有贪欲的人为什么会有善举，为什么有的人会成为圣人呢？荀子有一个说法，叫做化性起伪。伪者，为也，意指后天的造作。化性起伪，就是通过后天的人为努力来感化、矫正、改变人类丑恶的自然天性。《荀子·礼论》说："性者本始材朴也，伪者文理隆盛也。无性则伪之无所加，无伪则性之不能自美。性伪合，然后圣人之名一，天下之功于是就也。"④圣人在化性起伪中起到关键的作用，《荀子·性恶》说："故圣人化性而起伪，伪起而生礼义，礼义生而制法度。然则礼义法度者，是圣人之所生也。"⑤如何化性起伪呢？荀子提出劝学，即通过学习《诗》《书》礼义，积礼义而为君子。移风易俗对于化性尤为重要，《荀子·儒效》说："注错（措）习俗，所以化性也；并一而不二，所以成积也。习俗移志，安久移质。并一而

---

① 王先谦《荀子集解》，中华书局1954年版，第137页。
② 王先谦《荀子集解》，中华书局1954年版，第291页。
③ 王先谦《荀子集解》，中华书局1954年版，第39页。
④ 王先谦《荀子集解》，中华书局1954年版，第243页。
⑤ 王先谦《荀子集解》，中华书局1954年版，第292页。

不二，则通于神明，参于天地矣。"①《荀子·性恶》有一个说法："涂之人可以为禹。"②《荀子·荣辱》也说："尧、禹者，非生而具者也，夫起于变故，成乎修，修之为待尽而后备者也。"③荀子与孟子，一主性善，一主性恶；主性恶者倡导化性起伪，主性善者主张培养善性，最后殊途同归，分别得出"人皆可以为尧、舜""涂之人可以为禹"的结论。

李斯对荀子的性恶论只接受了前半截，即认为趋利是人的天性，却抛弃了乃师关于化性起伪、终为圣人的思想。《史记·李斯列传》载："乃从荀卿学帝王之术。学已成，度楚王不足事，而六国皆弱，无可为建功者，欲西入秦。辞于荀卿曰：'斯闻得时无怠，今万乘方争时，游者主事。今秦王欲吞天下，称帝而治，此布衣驰骛之时而游说者之秋也。处卑贱之位而计不为者，此禽鹿视肉，人面而能彊行者耳。故诟莫大于卑贱，而悲莫甚于穷困。久处卑贱之位，困苦之地，非世而恶利，自托于无为，此非士之情也。故斯将西说秦王矣。'"④这是李斯内心情感的真实显露，生活在战国后期的李斯，看准了当时正处于风云际会、布衣驰骛的历史时刻，发愤要做一番解穷脱困、平步青云的伟业。他说，人生最大的耻辱莫过于卑贱，最大的悲哀莫过于穷困。一个人如果自托无为，不能改变自身卑贱困苦的处境，那就无异于人面禽鹿。可见他是将谋取功名利禄作为人类区别于禽兽的本质特征。李斯辞别乃师所说的这些话，是荀子人性好利思想的传述。这表明李斯从出师门那一天起，就没有打算要化性，根本没有想到要做一名圣人，他满脑子想的都是功名富贵，他是这样说的，也是这样做的。从此，李斯就一直"得时无怠"，抓紧一切获取功名利禄的时机。他向秦王进献歼灭山东诸侯的计策："诸侯名士可下以财者，厚遗结之；不肯者，

---

① 王先谦《荀子集解》，中华书局1954年版，第91页。
② 王先谦《荀子集解》，中华书局1954年版，第295页。
③ 王先谦《荀子集解》，中华书局1954年版，第40页。
④ 司马迁《史记》，中华书局1959年版，第2539、2540页。

利剑刺之。离其君臣之计，秦王乃使其良将随其后。"[①] 通过采用种种阴谋手段，李斯最终辅佐秦王一统天下，而他也登上丞相之重位。秦统一天下之后，李斯揣摩秦始皇的心理，为持禄保宠而频出新招。他从荀子学《诗》、《书》、《礼》、《易》、《春秋》，但他当权后却视《诗》、《书》为死敌，一心迎合秦始皇以酷刑治国的专制意图，建议秦始皇焚烧《诗》、《书》与百家之语，禁止天下民众议论时政，实施灭绝文化的愚民政策；他陪同秦始皇巡游天下，所到之处为秦始皇刻石颂功；他将韩非的专制理论付诸实施，以严刑峻法作为治国的手段，将全国变成一个大监狱。经过几十年处心积虑的惨淡经营，李斯本人在布衣驰骛、实现人的趋利本性方面达到了"富贵极矣"的地步："斯长男由为三川守，诸男皆尚秦公主，女悉嫁秦诸公子。"[②] 身居高处不胜寒的境地，李斯在感激、陶醉、庆幸之余，似乎有一种隐隐约约的无名恐惧："物极则衰，吾未知所税驾也！"在事业达到顶峰的时候，他所害怕的是盛极而衰，失去富贵，而根本不思考如何改恶从善。他的一言一行淋漓尽致地体现了荀子的性恶学说，但他却将荀子化性起伪的理论抛到九霄云外。他一生中也有两次劝谏，一次是秦王下令逐客，他写了一篇有名的《谏逐客书》，成功地避免自己成为逐客；另一次是给秦二世上《督责书》，同样是出于自保。天下苍生的利益，士的社会责任，李斯是从来不考虑的，他心中只有自己。司马迁在《史记·李斯列传》中批评李斯"知六艺之归，不务明政以补主上之缺，持爵禄之重，阿顺苟合，严威酷刑"[③]，这其中的学术原因，就在于李斯从荀子那里所接受的半截子人性论。

荀子虽然讲性恶，但他最后的落脚点是要引导人们做圣人，他曾经专门作了一篇《臣道》，主张人臣不要谄谀逢迎，贪图禄位，而要做谏、争、辅、拂之臣。他将人臣的忠诚划分为以德复君、以德辅君、

---

① 司马迁《史记》，中华书局1959年版，第2540、2541页。

② 司马迁《史记》，中华书局1959年版，第2547页。

③ 司马迁《史记》，中华书局1959年版，第2563页。

以是谏非三个层次，要求人臣在大节上做忠臣，用道德仁义辅佐君主。我们虽不能说荀子这些思想对李斯丝毫不起影响，但在做忠臣与维护自身利益两者之间作出最后选择的时候，李斯否定了荀子而接受了韩非的君臣学说。

以上是说李斯继承了荀子的性恶论，下面再来看韩非对李斯的影响。韩非继承了荀子人性欲利的思想，而进一步将其落实到人际关系之中。韩非认为，社会各阶层人们的行为都一无例外地被利所支配。《韩非子·外储说左上》说："利之所在，民归之；名之所彰，士死之。"a《韩非子·备内》说："故王良爱马，越王勾践爱人，为战与驰。医善吮人之伤，含人之血，非骨肉之亲也，利所加也。故舆人成舆，则欲人之富贵；匠人成棺，则欲人之夭死也。非舆人仁而匠人贼也，人不贵则舆不售，人不死则棺不买。情非憎人也，利在人之死也。"② 他认为人们都是从利己的角度来处理人际关系《韩非子·外储说左上》说："庸客致力而疾耘耕者，尽巧而正畦陌畦畤者，非爱主人也。曰如是，羹且美，钱布且易云也。"③ 这是说农民努力耕耘，是为了图得主人的一顿美餐和一笔高酬金。《韩非子·六反》说，"父母之于子也，产男则相贺，产女则杀之"，父母为什么会重男轻女呢？这是因为父母"虑其后便，计之长利也"。这是说父子关系也是出于利己之心，尽管他们之间有着血缘亲情。韩非感叹说："故父母之于子也，犹用计算之心以相待也，而况无父母之泽乎？"④《韩非子·内储说下》载："卫人有夫妻祷者，而祝曰：'使我无故，得百束布。'其夫曰：'何少也？'对曰：'益是，子将以买妾。'"⑤ 这表明夫妻之间也要计较利害得失。韩非不相信荀子关于做忠臣的教诲，他认为君臣之间都是为了各自的利

① 王先慎《韩非子集解》，中华书局1954年版，第196页。
② 王先慎《韩非子集解》，中华书局1954年版，第83、84页。
③ 王先慎《韩非子集解》，中华书局1954年版，第205页。
④ 王先慎《韩非子集解》，中华书局1954年版，第319页。
⑤ 王先慎《韩非子集解》，中华书局1954年版，第183页。

益而互相算计。《韩非子·饰邪》说："君以计畜臣，臣以计事君，君臣之交计也。害身而利国，臣弗为也；害国而利臣，君不为也。臣之情，害身无利；君之情，害国无亲。君臣也者，以计合者也。"[1]《韩非子·外储说右下》进一步将君臣关系比作市场上买卖关系，他引用田鲔的话说："主卖官爵，臣卖智力。"[2]《韩非子·难一》又说："臣尽死力以与君市，君垂爵禄以与臣市。君臣之际，非父子之亲也，计数之所出也。"[3]君主将爵禄卖给大臣以换得为其卖力，大臣将自己的智慧卖给君主以换来爵禄，君臣之间都是赤裸裸的利益交换，都是精明的利害算计，没有任何情感恩义可言。就是韩非这些人性理论，给李斯处理大是大非问题以决定性的影响。

公元前210年，秦始皇病死于沙丘，留下遗诏要嫡长子扶苏与丧会咸阳而葬。秦始皇虽然没有明确地说将皇位传给扶苏，但从他将后事托付给扶苏来看，他显然是要扶苏当秦二世。平心而论，如果没有赵高惊天的阴谋，那么李斯也会忠实地执行秦始皇的遗诏。假设扶苏即位，那么李斯的人生结局不外三种：一是李斯继续发挥他善于揣摩逢迎的手段，得以持禄保宠；二是削职为民；三是受谴赐死。从扶苏直谏秦始皇滥杀来看，李斯第二种结局可能性最大。但是赵高篡权的图谋击碎了这些假设。

李斯最初多少还有一些做忠臣孝子的念头，但这一点念头实在抵挡不住赵高对利害关系鞭辟入里的剖析。"君侯自料能孰与蒙恬？功高孰与蒙恬？谋远不失孰与蒙恬？无怨于天下孰与蒙恬？长子旧而信之孰与蒙恬？"[4]赵高五个"孰与蒙恬"的发问，像一支支连环利箭，一直穿透李斯的灵魂。赵高所描述的扶苏为帝、蒙恬为相、李斯被诛死的恐怖前景，更对李斯心灵具有无比的震慑力，而赵高许诺的拥立

[1] 王先慎《韩非子集解》，中华书局1954年版，第93页。
[2] 王先慎《韩非子集解》，中华书局1954年版，第255页。
[3] 王先慎《韩非子集解》，中华书局1954年版，第267页。
[4] 司马迁《史记》，中华书局1959年版，第2549页。

胡亥则长有封侯、世世称孤的愿景，无疑正是李斯一贯的人生追求，也是李斯在后秦始皇时代的最大愿望。所以，尽管李斯深知废嫡立庶、更易太子会给秦王朝带来严重的灾难性后果，但他最终还是俯首做了赵高的俘虏。秦始皇之死，对李斯来说确实是一次人生危机，但对秦王朝而言则是一次自我更新的机遇。李斯在历史关键时刻的行为表明，他最终抛弃了荀子关于做谏、争、辅、拂之臣的思想，不惜牺牲秦王朝的利益换得一己之私利，这就是韩非"臣以计事君"、"害身而利国，臣不为也"思想的体现。李斯害死了韩非，但他在治国时用的是韩非思想，在人生的关键时刻，他所用还是韩非思想。

由于李斯放弃原则立场，赵高擅自废立的阴谋得以成功实现。秦王朝政治因此失去了改弦更张的机会，在赵高、胡亥倒行逆施、滥施淫威之下，本来就已经高度尖锐的社会矛盾进一步激化，秦王朝由此加快了灭亡的步伐。后来的事实表明，沙丘之谋还只是赵高阴谋的起点，他还有更大的篡位自立的政治野心。胡亥、李斯都不过是他达到险恶目的、用完就丢的道具。在赵高如此险恶的布局之下，李斯的悲剧命运在所难免。赵高只不过是个宫廷小丑，论智慧和才能，李斯都远在赵高之上，为什么沙丘事件以后，李斯就步步被动，沦为赵高掌中玩物？这其中的原因，就在于赵高准确地把握了李斯极端利己、热衷功名利禄的致命弱点。每当人生的关键时刻，"在所自处"这个人生信念便发挥决定性的作用。

李斯这个"在所自处"的人生信念是在他被五刑的前一刻才放弃的，他临刑前的感慨是不能像普通老百姓那样牵着黄狗到城东门去溜达了。他做了一辈子的富贵梦，待到梦醒时已经太晚了。李斯虽然没有写《说难》一类的文章，但像他这样不顾一切向上爬的人，何尝不在时时刻刻处心积虑地揣摩游说对象的心理和游说技巧。将李斯与韩非相比，韩非是心里想的比实际做的要多得多，这可能与他的生理缺陷有关；他口吃，不善辞令而善于著书，而李斯实际做的比口头说的、心里想的要多。李斯留给后人的只有《谏逐客书》，和一些歌颂秦始皇功德的碑文，从这些文字来看，他的文采不在韩非之下，但他却没有写下《李斯子》一类的政论著作，这可能是因为他不屑于做一个书案文人，他要把他的全部心志和精力都运用于现实的权力角逐之中，他丝毫没有韩非的那种书卷气，他是一个现实得可怕的人，一个把利禄富贵刻在骨子里的人。

李斯这种极端利己主义的心态也在与同学的关系中体现出来。他与韩非是同学，而自知才情不及韩非。秦王读到韩非书，恨不能与之同游。李斯告知这是韩非所著，秦王发兵攻韩，韩非使秦，受到秦王器重。李斯看出韩非是他仕进道路上的一大敌人，于是联合姚贾陷害韩非。《史记·老子韩非列传》载：

> 李斯、姚贾害之，毁之曰："韩非，韩之诸公子也。今王欲并诸侯，非终为韩不为秦，此人之情也。今王不用，久留而归之，此自遗患也，不如以过法诛之。"秦王以为然，下吏治非。李斯使人遗非药，使自杀。韩非欲自陈，不得见。秦王后悔之，使人赦之，非已死矣。[1]

李斯迫害韩非的手法，与庞涓加害孙膑如出一辙，庞涓尚能留下孙膑一条性命，只是将其刖足，李斯下手比庞涓狠毒得多，他毫不手软地置韩非于死地。李斯真的是担心韩非为韩不为秦吗？对此只要将李斯的《谏逐客书》加以对照就行了。在这篇著名的谏书中，李斯反复说明的就是一个道理：诸侯宾客对秦国的发展做出了决定性的贡献，秦国逐客只会有利于山东六国。六章最后说："夫物不产于秦，可宝者多；士不产于秦，而愿忠者众。今逐客以资敌国，损民以益仇，内自虚而外树怨于诸侯，求国无危，不可得也。"[2] 李斯由楚入秦，韩非从韩入

---

[1]　司马迁《史记》，中华书局1959年版，第2155页。

[2]　司马迁《史记》，中华书局1959年版，第2545页。

秦，他们同为山东六国人，当秦王逐客的时候，李斯极言客卿有利于秦，而对于韩非，却偏偏说韩非不利于秦，为什么前后说法不一呢？说穿了，是李斯嫉贤妒能，他怕韩非一旦得到秦王重用，对自己的政治前途就构成一个极大的威胁，影响到他的"自处"。李斯内心的狠毒和黑暗，于此可见一斑。

李斯的文化心态除了极端利己、狠毒残酷之外，还有个重要特点，就是对专制统治的坚决维护。如果说韩非提供了专制集权的理论，那么李斯就是这个理论的实施者；若把韩非比作设计师，那么李斯就是工程师。秦王朝焚烧《诗》、《书》，禁止私学，实行愚民政策，灭绝人类文化，李斯是其首倡者。文人的历史责任感、独立人格以及参政议政的愿望，都被他的无情铁帚一扫而光。

荀子、韩非、李斯代表了战国后期文人心态的一股主流。荀子是一位承前启后的人物，他一方面讲道高于君，讲为王者师，讲士的独立人格，但在另一方面又讲性恶，承认专制君主的种种特权，讲士的持宠处位之术。韩非和李斯彻底地抛弃了荀子心态中前一方面的内容，而大大地发展了荀子心态中后一方面的因素，他们为专制统治设计了一套系统的理论，倡导灭绝文化、鼓励耕战的铁血政策。极有意味的是，韩非、李斯均为封建君主专制统治的坚定倡导者和拥护者，但他们又都钻研揣摩游说之术，完全丢掉文人的独立人格去迎合专制君主的意图，求得独裁者的欢心，以达到自己的功名利禄目的。他们设计的社会结构是这样一幅图画：在社会的最上层是一个意志无限膨胀、没有人能够控制、铁腕治理天下的专制君主，在专制君主之下便是位极人臣的宰辅，这个宰辅仅对专制君主一人负责，他善于察言观色，体察独裁者的心意，极力满足独裁者的愿望，而对下面的吏民则挥舞着皮鞭和刺刀。宰辅本人处于一人之下万人之上，他享尽了人间的荣乐，他拥有爵位、财富、成群的姬妾和无数的侍从。在宰辅之下，是天下的芸芸众生，他们必须俯首帖耳，逆来顺受，绝对服从统治。他们不必有文化，也无权议论时政，他们所要做的事情就是拼死作战、努力生产。宰辅这个位置，是韩非、李斯的人生目标，韩非被李斯害死，只有李斯实现了自己的人生愿望。说韩非、李斯是中国古代的法西斯主义者，也绝不过分。但是法西斯主义并不符合人性和人情，因为没有人喜欢皮鞭，没有人愿意当奴隶，也没有人喜欢屠刀和枷锁。人们要饭吃，要衣穿，要房子住，要有爱情，要社会的承认，要社会的尊重，要实现自己的人生价值。韩非和李斯只想到自己持宠处位，只想到自己的利禄，只考虑自己如何得志，他们没有想到天下千千万万的人们也需要生存的基本权利。韩非和李斯只是揣摩一人之心，而没有研究广大民众的心理。他们为自己暂时不遇而孤愤，却没有想到他们学说的实施是以成千上万的头颅和白骨作为代价的。李斯后来的确得志了，一统天下的目标也实现了，但秦王朝这个建立在法西斯理论基础之上的残暴政权却无法凭借皮鞭和刺刀来维护统治，当人民的怒火火山一般喷发出来的时候，这个罪恶的太阳就不可避免地陨落了。飘风骤雨不终朝，独裁暴君可以逞志于一时，而无法维系他的永久的罪恶统治。千百年来人们都在诅咒秦王朝的暴君暴政，却没有从韩非、李斯的文化心态中去寻找秦王朝暴政的心理原因。

五、吕氏文人集团文化心态分析

吕氏文人集团是指以吕不韦为领袖的文人团体。吕不韦本人虽为商贾出身，但他却有着深远的政治目光和学术目光。战国四公子和吕不韦虽然都号称养士三千，但彼此侧重点则有一定的区别：四公子养士的首要目的是持宠处位、邀取声誉，其次也是为了捍卫本国的利益。孟尝君所养之士多为侠士和亡命之徒；魏公子门下食客成分也极为驳杂，例如探赵王阴事之士显然是特务，斩如姬仇者头之士是刺客，万端说魏王援赵之士、说魏公子谦逊忘德之事是辩士说客，与魏公子百乘赴秦军之士是侠士，侯赢者流是谋臣，只有进献兵法的士是舞文弄墨的标准文人；平原君礼遇驺衍和公孙龙；春申君接纳过荀子，其余门客恐怕也是形形色色应有尽有。只有吕不韦养士是出于学术的目的，是为了写那部《吕氏春秋》。在这一点上，吕不韦与设立稷下学宫的齐威王、齐宣王倒是有共同之处。《吕氏春秋》中不会有吕不韦本人亲手写的文章，但这并不是说吕不韦对这部著作毫无贡献，著述的指导思想与理论框架应该是吕不韦确立的，至少是经过他认可的。从《吕氏春秋》内容来看，这部出于多人之手的著作绝不是随意杂凑拼合的，而是有着完整的理论框架和严格的取舍。吕不韦担任秦相是在庄襄王、秦王政两朝，此时正处于秦统一六国的前夜。庄襄王在位时间仅三年，秦王政即位时年仅十三岁，从庄襄王即位到始皇九年夷族嫪毐，吕不韦在秦实际掌权达十二年之久。吕不韦免相后，李斯入秦用事，开始贯彻法家路线。吕不韦集门客著《吕氏春秋》是在他执政期间，《吕氏春秋·序意》云："维秦八年，岁在涒滩，秋甲子朔，朔之日，良人请问十二纪。"[1] 可见该书写于秦王政八年。这是吕不韦有意识地组织文人集团，发挥群体智慧，为即将到来的一统政权制造统治理论。因为是有意识、有组织、有目的的集体学术活动，所以我们有充分的理由认为吕氏文人集团已经形成了共同的文化心态特征。

这个特征就是由创新立异而走向趋同融合，即把此前分裂的对立的各家思想整合为一个体系，以海纳百川的心态来对待各家学说，以统一的思想服务于统一的政权。在战国前期，墨家致力于非儒；在战国中期，孟子以"辟杨墨"为己任，庄子也以辛辣的讽刺"剽剥儒墨"；在战国后期，荀子非十二子，韩非则将儒家视为蠹虫：尽管表现形式不一样，但他们都是各执一端，以是其所是，非其所非。显然，这种对立、分裂的学术思维方式不能适应即将统一的新形势。在新的历史条件之下，吕氏文人集团不再致力于学术争鸣，而是力求弥合各派的不同。这确实是一种新的文化学术心态，一种变对立为整合的心态。

---

[1] 《吕氏春秋》，中华书局1954年版，第122页。

吕氏文人集团旧称杂家，《汉书·艺文志》说："杂家者流，盖出于议官。兼儒、墨，合名、法，知国体之有此，见王治之无不贯，此其所长也。及荡者为之，则漫羡而无所归心。"① 可知吕氏文人集团是贯穿百家、兼容并蓄的。《明理》篇说："凡生，非一气之化也；长，非一物之任也；成，非一形之功也。故众正之所积，其福无不及也；众邪之所积，其祸无不逮也。"② 这段话大意是说一个事物的成长是由众多因素积聚而成的。按此思想，治理天下就不能只用一家思想，而必须博采百家为己所用。《用众》篇说："物固莫不有长，莫不有短，人亦然。故善学者，假人之长以补其短，故假人者遂有天下。"③ 吕氏文人集团是想集众人百家之长来作为统一天下的理论。高诱说《吕氏春秋》"以道德为标的，以无为为纲纪，以忠义为品式，以公方为检格，与孟轲、孙卿、淮南、扬雄相表里"④。这就是说，《吕氏春秋》是杂取了儒道各家思想而写成的。学术思路的不同，是因为指导思想不一样，这也就意味着心态的变化。从《吕氏春秋》可以看出，战国末年的文人已经对争鸣、攻讦、驳难、论辩失去了热情，他们要结束百家争鸣，做思想统一的工作了。

《吕氏春秋》对儒家思想吸收最多。例如它赞成儒家天下为公的观点，旗帜鲜明地反对家天下。《贵公》说："昔先圣王之治天下也必先公，公则天下平矣。"又说："天下非一人之天下也，天下之天下也。"⑤ 这种天下为公的思想是先秦儒家在设计未来社会时而提出来的美好理想，其中闪耀着原始民主政治的思想光辉。吕氏文人集团将天下为公的观点写进《吕氏春秋》，表明他们心目中的来来一统天下并非实行独裁统治，而是带有某种程度的民主政治色彩，可惜的是这样的

---

① 班固《汉书》，中华书局1962年版，第1742页。
② 《吕氏春秋》，中华书局1954年版，第92页。
③ 《吕氏春秋》，中华书局1954年版，第42页。
④ 《吕氏春秋》，中华书局1954年版，第2页。
⑤ 《吕氏春秋》，中华书局1954年版，第8页。

思想被秦始皇无情地抛弃了。孟子曾经说过，得民心者得天下，《吕氏春秋》吸收了这一思想，强调民心在得天下过程中的重要作用。《顺民》说："先王先顺民心。""凡举事必先审民心，然后可举。"① 按照这些说法，民心被置于帝王政治首先考虑的要素。《务本》说："安危荣辱之本在于主，主之本在于宗庙，宗庙之本在于民。"②《精通》说："圣人南面而立，以爱利民为心。"③ 这些说法与孟子关于得民心者得天下的观点是彼此一致的。《吕氏春秋》还采用儒家从伦理到政治的修齐治平的思路。《执一》说："为国之本在于为身，身为而家为，家为而国为，国为而天下为。故曰：以身为家，以家为国，以国为天下。"④ 这与《礼记·大学》关于修齐治平的论述仅仅是字句上的差异。值得我们注意的是，吕不韦所在的秦国历来重视耕战，被鲁仲连称为"弃礼义而上首功之国"。但吕氏文人集团所提出的治国思想却是以儒家为主，这表明以吕不韦为首的一群有识之士已经清醒地认识到，随着由攻天下到守天下的大局的转变，统治方术也应该有所变化，即从重法转变到重儒之上。云梦秦简《为吏之道》中也有不少言辞与儒家思想接近。它说明即使在吕氏文人集团覆灭，李斯极端法家主张得势之后，统治集团中仍然有人坚持儒家思想立场。

《吕氏春秋》对道家主张也有所吸取。它反对君主"好以己为"、"伤形费神，愁心劳耳目"，认为"用则衰，动则暗，作则倦，衰、暗、倦，三者非君道也"。理想的治理方式应该是处虚静之位，无为而治。《分职》说："君也者，处虚素服而无智，故能使众智也。智反无能，故能使众能也。能执无为，故能使众为也。无智、无能、无为，此君之所执也。"⑤ 事必躬亲，自矜自用，势必导致危败，只有虚静无为，

---

① 《吕氏春秋》，中华书局1954年版，第86、88页。

② 《吕氏春秋》，中华书局1954年版，第133页。

③ 《吕氏春秋》，中华书局1954年版，第92页。

④ 《吕氏春秋》，中华书局1954年版，第214页。

⑤ 《吕氏春秋》，中华书局1954年版，第321页。

执君主之要，这样才能达到事简而国治。

《吕氏春秋》还采用了阴阳五行学派关于五行相胜和五德终始的说法。《十二纪》以十二月令为时间线索，以五行为模式，以农业生态为内容和标志，把物候、天象等自然变化与帝王政令、农事、祭祀、音律、服色、数字、起居、礼仪等联系起来，整合成一个以五行及其相对应事项为内容的复杂系统。《荡兵》说："黄、炎固用水火矣，共工氏固次作难矣，五帝固相与争矣，递兴废胜者用事。"[①]这里说黄帝、炎帝分别得水德和火德，并且说五帝之间也有五行相胜的嬗递，这个观点与秦汉之际阴阳家的通行说法不尽一致，与《应同》所列的虞土、夏木、商金、周火的次序也不尽相同。

中国古代有所谓春生、夏长、秋杀、冬藏之说，《吕氏春秋》十二纪按照天人感应思想，将全书论文分配在春、夏、秋、冬之下。例如在春季之下的论文讲养生，多吸收道家思想。夏季之下的论文多讲教化，多采用儒家礼乐之说。秋季之下的论文多讲用兵，所吸收的是兵家、法家理论。冬季之下的论文多讲丧葬，同时运用儒家孝亲理论和墨家节葬学说。虽然大都是吸取前人学说，但在全书构思上却很有新意。

郭沫若先生在《十批判书·吕不韦与秦王政的批判》一文中，对《吕氏春秋》全书的思想倾向作了如下的概述：在大体上它是折中着道家与儒家的宇宙观和人生观，尊重理性，而对于墨家的宗教思想是摒弃的。它采取着道家的卫生的教条，遵守着儒家的修齐治平的理论，行夏时，重德政，隆礼乐，敦诗书，而反对着墨家的非乐非攻，法家的严刑峻法，名家的诡辩苟察。它主张君主无为，并鼓吹着儒家的禅让说，和"传子孙，业万世"的观念根本不相容。郭沫若先生进一步认为，它的每一篇每一节差不多都是和秦国的政治传统相反对，尤其是和秦始皇后来的政见和作风作正面的冲突。郭沫若推测秦始皇除掉

---

① 《吕氏春秋》，中华书局1954年版，第67页。

吕不韦，根本原因是政见不合，而不是出于宫廷丑闻。这个分析有一定的道理，吕不韦和他手下的文人集团是一个有思想、有主见的生气勃勃的文化学术团体。如果吕不韦得行其志，那么秦王朝的覆灭或许不至于如此迅速。可惜的是秦始皇根本不能接受这些主张，吕氏文人集团的政治设计终于成为纸上谈兵。

吕氏文人集团虽然在政治上未获成功，但他们的文化心态在战国后期却构成除韩非、李斯之外的又一股主流，这就是在学术上从事总结与整合，它标志着文人心态在经历了种种分化之后，又在更高的层次上向着秩序化回归。随着秦汉一统政权的建立，汉代前期和中期的文人继承了吕氏文人集团的志向，像司马谈《论六家要旨》，像《史记》"厥协六经异传，整齐百家杂语"，像《汉书·艺文志》执六艺观百家的思路，虽然观点不尽相同，但都是沿着吕氏文人集团的路子走下来的。

六、宋玉文化心态分析

宋玉是战国后期继屈原之后的又一位重要楚辞作家。先秦两汉传世文献中没有关于宋玉生平的专门记载，《史记·屈原贾生列传》对他的生平事迹仅有寥寥数语的记载："屈原既死之后，楚有宋玉、唐勒、景差之徒者，皆好辞而以赋见称。然皆祖屈原之从容辞令，终莫敢直谏。"[①] 他的生卒年已不可详考，其事迹散见于《九辩》、《高唐赋》、《神女赋》、《登徒子好色赋》等辞赋作品，《史记》、《汉书》、《韩诗外传》、刘向《新序》、王逸《楚辞章句》、习凿齿《襄阳耆旧传》等文献中有一些关于宋玉的零星记载，但大都出于传闻。从他的作品所透露的信息看，宋玉的身份与唐勒、景差一样，都是楚国顷襄王的文学侍臣，也就是后人所说的御用文人，他的辞赋创作活动大都在顷襄王朝代。《楚

---

① 司马迁《史记》，中华书局1959年版，第2491页。

辞章句·九辩序》和《襄阳耆旧传》都说宋玉是屈原的弟子，战国时期门人后学大抵祖述宗师思想文风，宋玉《九辩》留下了学习《离骚》的印记，这表明他对屈原有着深切的同情，刻意从屈原《离骚》中吸取艺术营养。从这一点来看，即使他不是屈原的及门弟子，也应该受到屈原的深刻影响。

宋玉的作品，《汉书·艺文志》著录十六篇。王逸《楚辞章句》将《九辩》、《招魂》断为宋玉所作，但司马迁则说《招魂》的作者是屈原，可见其中的疑问很大。《文选》收录宋玉赋五篇：《风赋》、《高唐赋》、《神女赋》、《登徒子好色赋》和《对楚王问》。《古文苑》又载有《笛赋》、《大言赋》、《小言赋》、《钓赋》、《舞赋》和《讽赋》六篇宋玉赋作。历来人们认为散体赋形成于汉代，战国还不可能出现散文赋，因此怀疑《文选》、《古文苑》所收宋玉诸赋非宋玉所作，几成定论，但自20世纪70代山东临沂银雀山出土汉简中发现唐革赋，一些学者认为唐革就是唐勒，而出土唐勒赋在形式上与《文选》、《古文苑》所载宋玉诸赋相近，故而认为在宋玉时代完全有可能产生像《高唐赋》、《神女赋》这样的赋作，由此而推论《文苑》、《古文苑》中宋玉诸赋有可能出于宋玉本人之手。目前为学界认定为宋玉所作的作品有：《九辩》、《风赋》、《高唐赋》、《神女赋》、《登徒子好色赋》、《对楚王问》、《笛赋》、《大言赋》、《小言赋》、《讽赋》、《钓赋》等。[①] 这些赋作大都是叙述宋玉与楚王的问答之辞，属于委婉托讽的从容辞令。

从文化心态的角度来看，最值得我们重视的是宋玉的《九辩》。因为从《离骚》到《九辩》，我们可以明显看出战国中后期楚辞作家文化心态转变的痕迹，而且《九辩》对汉代文人心态的影响极为深刻。关于《九辩》的创作，历来有两种见解：一种认为是宋玉代其师屈原抒情，另一种认为是宋玉悲己之作。我们采用后一种说法。《九辩》

---

① 其他宋玉作品如《文选补遗》以及明人所辑《宋玉集》中的《微咏赋》、《报友人书》、《对友人问》、《对或人问》、《高唐对》、《郢中对》等作品著作权，还有待学界继续探讨加以认定。《招魂》是不是宋玉作品，还存在不少争议。

较之于《离骚》，创作精神已经发生了重大转变。

　　屈原的《离骚》是南楚巫文化与战国士文化融合的产物。《离骚》的出现从某种意义上说是一种特殊的历史机遇。因为此时楚国正处于由极盛而迅速转衰的关键时刻，南楚巫文化面临着战火摧残的命运，而战国士文化伴随着封建一统政权的来临，也从高潮渐渐转入低潮，封建君主专制取代百家争鸣庶人议政已成为一种历史趋势。《离骚》正处于文化转型的前一刻，它赶上了那个如火如荼、风雷激荡时代的最后几幕，它吸取了那个伟大时代最强烈的思想光芒，它唱出了时代高亢雄壮的最强音。《九辩》创作的文化环境就不同了，它的创作是以楚辞文化的衰落作为背景。宋玉的生卒年代不可考，他的一生主要活动于顷襄王时期。在这个时代，楚辞艺术赖以生存的文化母体正在经历着巨大而深刻的变化。

　　首先是南楚巫风饱受战火的摧残。从战国中后期到秦统一，楚人饱受战争的忧患，昔日那种在相对富庶、和平、稳定的环境中以歌舞娱神的条件已不复存在。公元前278年，秦将白起攻破郢都，顷襄王退保陈城；公元前253年，楚考烈王迁都于钜阳；公元前241年，楚考烈王迁都于寿春；公元前223年，秦国灭楚。从近一个世纪发掘的战国后期楚墓来看，文物中很少有那种洋溢着浪漫理想与情思的巫文化艺术作品，这应该与残酷的战争环境有关。秦军的铁蹄践踏着南楚大地，楚国的土地上战火熊熊、鲜血流淌。传说楚怀王试图通过巫术降神来抗秦却敌，结果却无法挽救丧师失地的命运。严酷的事实告诉人们：楚人不能依靠巫术救国。因此楚人对巫术的信仰长城被无情的事实摧垮了。在秦军血淋淋的屠刀面前，楚人首要问题是生存，至于巫文化艺术事业，恐怕连巫师本人也顾不上了。这表明南楚巫文化艺术已经接近尾声。

　　战国士文化也在发生剧变。虽然战国四公子以及吕不韦在养士规模上超过了前期和中期，但这一时期伴随着统一步伐的加快，学术主导思想渐渐由百家争鸣走向整合，由高扬士的独立人格面转向对君主专制威权的认同。君主专制威权的确立同时也就意味着士林独立人格的失落和人身束缚的加强。而一旦士林重新进入封建等级制的特定坐标系，它实际也就奏响了战国士文化的最后乐章。

在楚辞文化衰落的背景下，宋玉的《九辩》表现了不同于《离骚》的创作精神。"贫士失职而志不平"，是全诗的画龙点睛之笔。全诗从悲秋开头，写主人公去乡离家外出游宦，希望在仕途上有所进取，他似乎也有一段春风得意的时期，但很快就步入仕途坎坷的阶段。他很想当面向君主倾诉衷肠："愿一见兮道余意，君之心兮与余异。"君主不愿意再理睬他，更何况有那么多的小人从中作梗。诗人对自己的不幸遭遇表示了极大的怨愤，对污浊现实表示了强烈的愤慨，他表白自己是清白无辜的。诗人想离君远去，但一想到往日君主的恩惠便难以割断旧情，最后想象自己超脱现实去做仙游，并表示对君主的祝福："赖皇天之厚德兮，还及君之无恙。"①

从表面上看，《九辩》的这些内容似乎与《离骚》有极大的相似性，深入分析就会发现《九辩》的思想精神相对于《离骚》而言已经产生了转换，转换的标志是由对国运的深情关注而转移到一己的穷通。《离骚》主人公苦苦追求的是美政。他为之奋斗并表示为之献身的就是这个政治蓝图，它是主人公的全部精神寄托，是主人公的宗教。而实现美政又是为了楚国的强盛事业，屈原的一生都是以楚国富强作为目标。他在《离骚》中说："岂余身之惮殃兮，恐皇舆之败绩！忽奔走以先后兮，及前王之踵武。"为了国家的事业，屈原早已把个人安危置之度外。屈原当然也意识到个人的巨大价值，他也热烈地期待着实现自己的人生价值，但他并不是将关心国运与实现个人价值对立起来，而是将两者予以统一，即是说他将实现个人生命价值具体落实到楚国的强盛事业之上，楚国强盛之日同时也就是他的人生价值实现之时。屈原当然也为自己信而见疑，忠而被谤而叹息、流涕、哀怨、悲伤，但是

---

① 洪兴祖《楚辞补注》，中华书局1983年版，第182—196页。

他的泪水并不只是为自己而流，更重要的是为楚国、为美政理想而流。但是《九辩》就不同了，诗中叹息的是宋玉一人的不幸，诗中关注的是个人的命运。一切怨愤和批判，都是由个人的穷通而引发的。我们可以设想，如果宋玉本人飞黄腾达，那么还会不会有《九辩》的悲唱呢？肯定是不会有的。从《九辩》中我们很难看到诗人的理想政治蓝图是什么。《九辩》中虽然也有"事绵绵而多私兮，窃悼后之危败"之类的诗句，但这种怨愤是由朝廷不任用自己而引发的。从总体上说《九辩》歌唱的是个人的悲愁。

屈原的关心国运是以平治天下的战国士文化精神作为原动力，因而《离骚》主人公表现了一种为王者师、为天下先的宏伟气魄。《离骚》痛陈历史上的政治成败，正是这样一种指点江山的雄风的体现。《离骚》的主人公是一个收揽八方政治风云、纵论天下大事的政治巨人形象，是一个具有超前政治预感和深沉忧患意识的政治先知者的形象，是一个悲天悯人、力挽狂澜的救世主的形象。这种心胸与气魄在《九辩》中是看不见了，《九辩》所表现的是羁旅之悲、失职之怨，与《古诗十九首》所咏唱的那种天涯沦落而又志在要津的寒士情怀极为接近。

与屈原远大政治目标及博大心胸相应的是他的矢志求索、九死未悔的精神。屈原以必死的钢铁意志去从事美政追求。对他来说，要么是实现美政，要么是死，除此以外绝无第三条出路。与屈原这种激烈情绪相比，宋玉就显得卑弱多了："愿衔枚而无言兮，尝被君之渥洽。""欲寂漠而绝端兮，窃不敢忘初之厚德。"原来受过君主的许多好处，现在即使被君主遗弃，也只好保持缄默，而在心中念叨君主的恩德。这就是宋玉在政治失意后心态的真实写照。最能见出两者强弱之分是对神游天国的描写。《离骚》主人公的神游天国是诗人现实斗争的继续，因而诗中以极度加强、放大的形式来写诗人的上下求索，由此而出现一个又一个既瑰丽无比又惊心动魄的画面，凸现了一个痛苦而执着的苦闷诗魂。而《九辩》所写的则是一种超脱：

　　　　愿赐不肖之躯而别离兮，放游志乎云中。乘精气之抟抟兮，
骛诸神之湛湛。骖白霓之习习兮，历群灵之丰丰。左朱雀之茇茇
兮，右苍龙之跃跃。属雷师之阗阗兮，通飞廉之衙衙。前轻辌之
锵锵兮，后辎乘之从从。载云旗之委蛇兮，扈屯骑之容容。计
专专之不可化兮，愿推遂而为臧。①

　　这些诗句显然是从《离骚》的神游天国而来，但其中的精神则由积极
追求而变为游仙的愉悦。诗中主人公虽然同样役使众神，但这只是从
形式上学习《离骚》，而不是对巫术幻境的真实描写，役神的目的是游
仙超脱，而不是寻求理想的出路。两者的格局也不可同日而语，《九辩》
写神游的诗句仅有十四句，而《离骚》写神游的诗句是《九辩》的十倍。
这其间的原因，就在于《九辩》缺少战国士文化精神的灌注，缺少平治
天下的巨人胸怀，缺少屈原那种体解未变的执着精神。

　　《九辩》的成就不及《离骚》是显而易见的，但这并不是说《九辩》
毫无价值不足一提。相反，我们认为《九辩》是《离骚》之后最重要的
楚辞篇章。《九辩》的价值，就在于它在楚辞文化衰落、时代由士林平
治天下即将转入君主专制统治的新的历史条件下，及时地唱出"贫士
失职而志不平"的新主题。这个主题在此后的封建专制主义统治下
的广大文人阶层之中产生了广泛的强烈的共鸣。

　　宋玉的散文赋则从另一个方面揭示了他的文化心理，这就是他作
为南楚顷襄王的御用文人，用自己的文章来取悦于楚王。我们在前面
已经讲过田子方、段干木、子思、孟子等人的故事，从中可以知道战
国文人是不屑于做王侯贵族的附庸，他们要高居君师的地位，不肯屈
色于人。在宋玉之前的屈原，其志向也是要为王导夫先路，但到了宋
玉，情形就大不一样了。他是以自己的文才，专门给楚王创作辞赋，
供楚王茶余饭后欣赏。楚王高兴了，就赏他一些金玉绢帛。宋玉许多

---

①　洪兴祖《楚辞补注》，中华书局1983年版，第196页。

传世的散文赋就是这样写出来的。《高唐赋》和《神女赋》都是写人神恋爱的故事，故事主角是楚王与巫山神女。宋玉创作楚王与巫山神女的性爱故事，并不是用于祭祀神灵，也不是以此托喻取譬用于讽谏，他写这些故事的目的，用今天的话说，就是编一个黄段子，供楚王茶余饭后娱乐。中国古代封建君主实行多妻制，后宫佳丽如云，人间美女应有尽有，读者试看《招魂》与《大招》中的声色描写，就可以看出当时的王侯贵族们是怎样的纵情享乐。他们在现实生活中得不到的，大概就只有神女了。现在，宋玉写一位神女自动提出来要与楚王交欢，这正好搔到楚王的痒处，既满足了楚王的文学娱乐需求，又迎合了楚王潜意识中的情欲。宋玉把这个黄段子编得那样富于文采，那样美丽动人，成为千古文学名篇，令人钦佩他的文学才华。可是，如果读者知道宋玉写《高唐》《神女》是为了满足楚王邪恶的情欲，可能就会大倒胃口了。

《登徒子好色赋》是写宋玉为自己辩白的故事。楚大夫登徒子对楚王说，宋玉体貌英俊，能说会道，是一个好色的美男子，他建议楚王不要带宋玉出入佳丽如云的后宫，以免发生与嫔妃淫乱的事情。对于这三大罪名，宋玉以"体貌闲丽，所受于天也；口多微辞，所学于师也"理由，轻松地化解了前两个罪名。楚王所介意的是宋玉"好色"，其实三大罪名，其要害在于好色，因此宋玉的辩诬重点就放在他并不好色之上。宋玉运用旁证的方法，他说邻居有一个倾国倾城的美女，趴在墙头上向他偷窥三年，一直向他传递情愫，而他至今没有答应。在为自己洗刷清白之后，宋玉话锋一转，矛头直指登徒子，说登徒子有一个奇丑无比的妻子，登徒子却和她一起生了五个孩子，所以，真正好色的是登徒子。宋玉在《登徒子好色赋》中的出色描写，使他彻底洗清了"好色"的污名，而将恶语中伤的楚大夫登徒子钉在耻辱柱上，从此，"登徒子"就几乎成为好色之徒的代名词。其实，从今天看来，登徒子爱他的丑妻，与这个丑妻生儿育女，并不能作为他好色的罪证，糟糠之妻不下堂，这是中华民族的传统美德，登徒子践履了这一美德，他的这个"好色"之名实在背得冤枉。只不过他捕风捉影，在没有足够证据的情况之下，就恶意中伤宋玉，这倒是体现了封建时代官场上的恶俗。《登徒子好色赋》虽然是宋玉辩诬之作，但它写得很轻松幽默，一点也不凝重，从开头的中伤到结尾处的化解，一切变化都似乎是戏剧性的，显得情趣盎然，人们读后不禁相视而笑，因此后人大多忘记了它所描写的是一场严肃的官场同僚争斗，而是从娱乐的角度来欣赏这篇充满喜剧意味的作品。

《风赋》将自然界的风区分为大王之雄风与庶人之雌风，说雄风是如何宁体便人，而雌风又是何等生病造热，这可能是宋玉为了满足楚王高人一等的特定心理而有意生出的一篇文字，所以《风赋》其实不是一篇严肃的作品，而纯粹是娱乐游戏文字。

《古文苑》收录的宋玉《大言赋》和《小言赋》也是游戏之作。宋玉所说的"大言"，犹言说大话，"小言"犹言说小话。"大言""小言"是战国时代南楚上流社会的一种语言游戏。楚王、景差、唐勒、宋玉四人各说一段大话，其中尤其以宋玉大言境界最为恢宏阔大。宋玉为此赋，可能多少有一些与楚襄王、唐勒、景差之徒比才量力的意味，因为大家在一起做语言游戏，虽然出于娱乐之旨，但也能够从中见出各自的才华。此类大言没有多少思想意义和审美价值，但对训练人的思维和想象力有一定帮助。

从这些散文赋可以看出，宋玉当时在楚王宫廷的身份其实与插科打诨的侏儒、俳优一样，在楚王看来，宋玉那些散文辞赋不过是创造笑料，都是供楚王娱乐的工具，楚王从宋玉诙谐、幽默、优美的文字中得到娱乐，而宋玉也借此机会逞才斗智，乐此不疲。

中国文学史上历来"屈宋"并称，如果仅仅从文学建树来看，宋玉对此是当之无愧的。屈原在骚体诗创作上自铸伟辞，卓绝一世，而宋玉不仅以其《九辩》在楚辞文化发生转变的历史条件下及时唱出新的主题，开辟了骚体诗创作的新路，而且在散文赋创作上具有开创之功，散文赋到了汉代成为一代之文学。"窃攀屈宋宜方驾，恐与齐梁作后尘。""摇落方知宋玉悲，风流儒雅亦吾师。"宋玉以其杰出的文学才华，与屈原一起得到后人的高度称赞。但从文化心态来看，宋玉就不能与屈原比肩了。屈原是为王导夫先路的巨人，而宋玉则是楚王倡优蓄之的弄臣，两者显然是不可同日而语的。宋玉的文化心态是战国后期特定政治文化环境的产物，在当时具有一定的代表性。宋玉的"从容辞令"和"莫敢直谏"，倒并不一定是因为宋玉天生长有一副软骨头，而是时代使然。从文人心态发展的角度来看，宋玉是由战国转入秦汉的一个有代表性的文人，透过宋玉文化心态，我们可以看出从战国文人心态转入秦汉文人心态的嬗变轨迹。

七、挣不脱的循环怪圈

春秋以前的文人的心态，与他们所在的政治宗法等级体系坐标中的特定位置彼此相应。春秋战国的艰难时世给文人的心灵以很大的刺激，激发起文人修补苍天的宏愿。以孔子为发端，生活在乱世的战国文人们前仆后继，不屈不挠，掀起了长达二百多年的以重建统一天下的士文化热潮，形成了以思想学说平治天下的战国文人心态的总体特征。在士文化潮流中，文人们敢为天下先，欲为王者师；以自己的道德、才能、情感、意气与诸侯贵族的富贵爵禄相抗衡；高扬文人自由独立的人格；标举不同的人生信念，尽情地展现自己的个性光芒。这些心态特征在战国中期达到了顶峰水平。在战国文人心态中，有些内容已经接近于当代人的意识。但是曾几何时，战国文人由高扬士的独立人格而转向对君主专制统治的认同，重新进入封建等级体系，他们在执着地寻求统一天下的道路，与此同时他们也在创造束缚自身的条件。这其中的原因，是由于当时社会的发展还没有达到当代水平，无论是社会生产力还是人们的认识都还处在封建社会的初级阶段，战国文人心态中的某些近于当代人的意识只不过是封建乱世时代人性的闪光。从文人心态本身来说，战国文人的奋斗目标是重建一统天下，而不是以人性解放、人格自由独立为方向。因而伴随着一统天下的出现，战国文人的历史使命也就宣告终结，他们也就自觉地认同封建专制统治。从春秋末年到战国末年秦朝统一，文人心态似乎经历了一个循环。但这种循环绝不是像苍蝇一样，飞了一圈后又落回原点。因为战国士文化一旦创造出来，战国文人心态特征一旦形成，就绝不会因为战国时代的结束而宣告消失。前代文人心态的文化内容必然不同程度地积淀在后人的心态之中，秦汉以后文人心态绝不会回归到西周文人的水平。

如果说这是一种循环，那也是螺旋式的循环。"风乍起，吹皱一池春水"。在有了战国文人心态的影响之后，后代文人的心理无论如何也无法平静了。

第六章　战国士风与文风

在勾勒了战国文人心态史的轨迹之后，我们还要简要地探讨战国文人心态与文风的关系。新中国成立以来，人们多从经济、政治、社会角度来研究战国文学，这当然不失为一种研究途径，但文学作品是文人的心灵创造，从文化心态角度来研究文学，应该是更贴近文学创作的一条捷径。战国文学创作中的某些现象，只有从文化心态或者与文化心态密切相关的士风士俗角度，才能给予准确的说明。

一、战国文人的主体精神与战国文章的情感气势

战国文学的根本特征是什么？这涉及使用什么样的批评标准问题。在相当长的一个历史时期之内，人们以是否具有形象性作为批评战国文学的标准。这个批评标准带来一些问题：战国诸子散文多是纵论平治天下方术的政论文章，如果以是否具有形象性作为标准，那么战国诸子散文的文学性就只能体现在比喻、寓言或历史故事之上，而这些内容在诸子散文中的比重恐怕还不到十分之一，这样还有十分之九的内容就被排斥在文学之外。坚持这个标准，就会把《韩非子》中的《内储说》、《外储说》以及《说林》上、下篇视为战国时期最上乘的文学作品，因为这些文字的形象性远远超出了那些政论文章。但我们读孟子论舍生取义、浩然之气的政论文章，我们读《韩非子》中的《说

难》、《孤愤》等文章，不是能获得比寓言、历史故事更多的美感吗？也就是说，形象性这个理论标准与我们阅读战国诸子散文的实际感受不尽一致。如果坚持形象性这个标准，那么我们就不得不承认战国历史散文的成就远远超出于战国诸子散文，因为历史散文中有更多的人物形象和历史故事，不像诸子散文以说理为主。论形象性，最差的历史散文也要比最好的诸子散文多得多。先秦诸子散文对秦汉散文和唐宋以后的古文有一种典范作用，因而对先秦诸子散文艺术成就的评价也就关联到对中国古代散文的评价。从某种意义上说，战国诸子散文的根本艺术审美特征也就是中国古代散文的根本艺术特征。因为中国古代散文的根在战国，是战国诸子散文奠定了中国古代散文的艺术传统。这样，确立一个正确的批评标准，其意义就超出了战国诸子散文本身，而关系到对中国古代散文的总体艺术评价。

我们认为，评价战国诸子散文、战国文学乃至于中国古代散文，最好不要脱离艺术实际而先验地树立一个批评标准，而应该根据特定的文化背景，从战国文学创作的实际出发，给予实事求是的评价。从文化心态角度审视战国文学创作，是准确把握战国诸子散文、战国文学的一条正确途径。前文已反复指出，以自己的思想学说平治天下的主体精神是战国文人心态的根本特征。这种"当今之世，如欲平治天下，舍我其谁"的信心、气魄，这种以乱世救世主自居的精神，灌注于文章之中，就形成文章的情感与气势。战国文章是战国文人人格的延伸，是他们精神的物化。孟子说，他的长处是善于培养至大至刚、塞于天地之间的浩然之气。孟子从来没有谈到他是如何写文章，他只是说他是如何培养伦理人格，他是从人格自然地到风格，从做人自然到做文。胸中充满浩然之气，发之于文，文章也就自然有了浩瀚的气势。后来唐代古文大家韩愈说，气势则言之长短与声之高下者皆宜。这就说出了养气与作文之间的关系。富于情感气势是战国文学艺术的根本审美特征，这种特征来自战国文人特定的文化心态。战国文人的人生目标集中于政治方面，而文学创作对他们来说堪称末事。《史记·孟子荀卿列传》说："天下方务于合纵连衡，以攻伐为贤，而孟轲乃述唐、虞、三代之德，是以所如者不合。退而与万章之徒，序《诗》、《书》，述仲尼之意，作《孟子》七篇。"①《史记·屈原贾生列传》说："屈平之作《离骚》，盖自怨生也。"②这就是说孟子本无意于做一个散文家，屈原也无意于做一名诗人，他们都是因为当政治家而不成，不得已而发诸诗文，才成为文学家。他们戴上了文学家的桂冠，但却有典型的悲剧心理。孟子、屈原如此，其他战国文人又何尝不是这样！战国文人做人与作文、人格与风格是完全彼此一致的。他们的文章是他们的意志、情感、情趣、个性的最真实的体现。他们真诚地相信一旦自己的学说付诸实施，便立刻出现天下大治的局面。他们高扬自己的独立人格，刻意砥砺和培养平治天下所需要的品质和意志，这些带有鲜明时代特色的文化心态都在战国文学中充分地体现出来。请看下面的文字吧：

> 圣王不作，诸侯放恣，处士横议，杨朱墨翟之言盈天下，天下之言，不归杨则归墨。杨氏为我，是无君也；墨氏兼爱，是无父也。无父无君，是禽兽也。公明仪曰："庖有肥肉，厩有肥马；民有饥色，野有饿莩，此率兽而食人也。"杨墨之道不息，孔子之道不著，是邪说诬民，充塞仁义也。仁义充塞，则率兽食人，人将相食。吾为此惧。闲先圣之道，距杨墨，放淫辞，邪说者不得作。作于其心，害于其事；作于其事，害于其政。圣人复起，不易吾言矣。③

> ——《孟子·滕文公下》

这样的文字，不是感到有天风海雨般的磅礴气势吗？不是令人感受到

---

① 司马迁《史记》，中华书局1959年版，第2343页。

② 司马迁《史记》，中华书局1959年版，第2482页。

③ 焦循《孟子正义》，中华书局1954年版，第269、270页。

有一种逼人的情感力量吗？以汪洋恣肆著称的庄子散文，在极度自由的文字中也透发出一种宏伟的气势：

> 穷发之北有冥海者，天池也。有鱼焉，其广数千里，未有知其修者，其名为鲲。有鸟焉，其名为鹏，背若泰山，翼若垂天之云；抟扶摇羊角而上者九万里，绝云气，负青天，然后图南，且适南冥也。①

——《庄子·逍遥游》

广阔无垠的空间之中，大鹏凭空扶摇而上九万里，这是何等的豪情！在先秦诸子散文中，各家艺术风格不尽一致，例如墨子散文朴实无华，荀子散文整饬严谨，韩非子文章严峻刻深，庄子散文仪态万方，孟子散文气势浩瀚……但在有一点上则是彼此相同的，这就是他们的文章都无一例外地对自己的学说充满了信心，洋溢着一种平治天下的激情。我们读《荀子》中的《劝学》、《天论》等篇章，我们读韩非子《五蠹》、《说难》、《孤愤》等代表作，都能够从中体会、感受到作者巨大的情感力量，几千年后仍给人以无穷的感染。就是解释《易经》的《易传》，也一改《易经》那种凝练、含蓄、古奥的风格，而将情感气势灌注其中，《易传》中的许多段落的文字带有抒情的色彩，这是每个读《易传》的人都不难体味的。作为诗歌的楚辞尽管在艺术形式上与散文有很大的不同，但在富于情感气势方面却与战国其他文体互为一致。屈原代表作《离骚》的主人公表现了一种为王者师、为天下先的宏伟气魄，诗中痛陈历史上的政治成败，正是这样一种指点江山的雄风的体现。《离骚》的主人公是一个收揽八方政治风云、纵观天下大事的政治巨人形象，是一个具有超前政治预感和深沉忧患意识的政治先知者的形象，是一个悲天悯人、力挽狂澜的救世主的形象。《离骚》所表

---

① 王先谦《庄子集解》，中华书局1954年版，第2页。

现的远大政治目标及博大心胸与先秦诸子散文相映生辉。最能体现战国时代风格的应该是纵横家的文章，大约写于战国中后期的历史散文《战国策》，就是纵横家的代表作，这部散文一改成书于战国早期的《左传》、《国语》的严谨、朴实、典雅、整饬的风格，而体现出以情纬文、以气运文的特色。请看苏秦的一段说齐合纵的言辞：

> 齐南有太山，东有琅邪，西有清河，北有渤海，此所谓四塞之国也。齐地方二千里，带甲数十万，粟如丘山。齐车之良，五家之兵，疾如锥矢，战如雷电，解如风雨，即有军役，未尝倍太山、绝清河、涉渤海也。临淄之中七万户，臣窃度之，下户三男子，三七二十一万，不待发于远县，而临淄之卒，固已二十一万矣。临淄甚富而实，其民无不吹竽、鼓瑟、击筑、弹琴、斗鸡、走犬、六博、蹹踘者；临淄之途，车毂击，人肩摩，连衽成帷，举袂成幕，挥汗成雨；家敦而富，志高而扬。夫以大王之贤与齐之强，天下不能当。①

—— 《战国策·齐策》

这一段说辞从齐国地理之便，说到幅员之广、兵源之众、装备之精、民众之富及士气之高扬，一气呵成，排比而下，字里行间挟带风雷，颇有"黄河之水天上来"的浩瀚气势。这样的文章在两千多年之后，读者仍然感到有一种巨大的鼓动性和艺术感染力。

战国文学就是这样以情感气势取胜。在这个风云际会、云蒸龙变的时代，文人们被一种充沛的激情和强烈的自信心鼓舞着，被理想的光芒照耀着，被信念的烈火燃烧着，被巨大的气势激荡着，这些都在他们的文章中体现出来，他们的文学创作也就打上了战国时代的印记。这里特别要强调战国散文风格对中国后代散文的深远影响。战国散文

---

① 《战国策》，上海古籍出版社1985年版，第337页。

直接沾溉了秦汉文章，我们读贾谊的《过秦论》和司马迁的《史记》，从中能够亲切地体会到一种奇风逸气，一种战国文章重情感、重气势的神韵。而唐宋以后的古文大家都以先秦两汉散文作为光辉典范，强调文章的根基在于人的思想品质修养，写文章先要培养作者的浩然之气。唐宋八大家的古文以及后来的桐城派古文，莫不以情感气势取胜。因此情感气势不仅是战国文学特别是战国诸子散文的根本审美特征，同时也是中国古代散文的本质特征。中国古代散文这一传统是在战国时代奠定的，它出于战国文人特定的文化心态，如果不从文化心态入手，就很难对这一文学现象作出科学的说明。

二、战国文人的创新意识与文体的大发展

战国文人在理论领域内开拓创新，形成了各种平治天下的理论学说，理论之繁荣，于斯为盛。作为思想学说载体的各体文章，也以一日千里之势获得了飞速的发展。将春秋以前的文章与战国文章相比，我们就可以看到战国二百多年在文体方面的进步是与此前不可同日而语的。

文体的进步有赖于语言的解放。西周春秋时期的书面语言，可以从《尚书》、《诗经》、《周易》几部较为可信的古籍中见到大致的梗概。唐代大散文家韩愈在《进学解》中说："周诰殷盘，佶屈聱牙。"这确实讲出了殷周书面语言的特色。《诗经》的语言以《国风》为比较平易，雅颂的语言难度似乎并不比《尚书》逊色。《易经》的语言除古奥之外又过于简略，很难读懂其义。这种古奥、晦涩、艰深、佶屈的语言对于交流思想无疑是一个极大的障碍。战国文人要宣传平治天下的理论，要进行辩难、研讨和交流，首先就要破语言关，变艰深古奥的书面语言为平浅易懂的口头语言。实际上早在西周时期，人们就有意识地从事语言的革新。《国语》中有11篇西周散文。我们将这11篇西周散文

的语言与《尚书·周书》相比，就可以发现两者之间存在着巨大的差异。《国语》的作者们没有再沿用商周深奥晦涩的典诰语言，而是用接近当时口语的普通书面语进行写作，后来的《春秋》、《左传》都是沿着这条路子走下来的。进入战国之后，语言革新的步伐加快了。《论语》的语言在先秦语言发展史上是一个里程碑式的进步。《论语》出于孔子弟子和再传弟子之手，大约成书于战国前期。作者生动地记述了孔子讲学论道的语言及行为。他们的本意是录下先师的遗训及音容笑貌，像今日拍摄录像一样。为此他们未对孔子语言进行书面加工，而力求保持孔子当年所说的口语原貌。这种口语化的语录体著作在客观上对语言解放产生了巨大的效果。如同孔子在文人心态上开一代新风一样，记述孔子言行的《论语》在语言运用上也起到了开风气的作用，它引导语言从古奥走向平易，从书面走向口语化。战国文人所使用的语言就是沿着这一方向而不断发展，经过两百多年文人的不懈努力，语言不仅不再构成思想交流的障碍，而且成为表达思想的一门艺术。

让我们摘取几段文字，以具体实例来说明这几百年间语言的巨大进展：

> 上帝监民，罔有馨香，德刑发闻惟腥。皇帝哀矜庶戮之不辜，报虐以威，遏绝苗民，无世在下。乃命重、黎，绝地天通，罔有降格。群后之逮在下，明明棐常，鳏寡无盖。[1]
>
> ——《尚书·吕刑》

> 虢，虞之表也。虢亡，虞必从之。晋不可启，寇不可翫。一之谓甚，其可再乎？谚所谓"辅车相依，唇亡齿寒"者，其虞、虢之谓也。[2]
>
> ——《左传·僖公五年》

---

[1] 孔颖达《尚书正义》，北京大学出版社1999年版，第536—539页。
[2] 杨伯峻《春秋左传注》，中华书局1981年版，第307页。

　　　臣诚知不如徐公美；臣之妻私臣，臣之妾畏臣，臣之客欲有
　　求于臣，皆以美于徐公。今齐地方千里，百二十城。宫妇左右，
　　莫不私王；朝廷之臣，莫不畏王；四境之内，莫不有求于王。由
　　此观之，王之蔽甚矣。[①]

——《战国策·齐策》

　　这里所摘录的三段都是记言文字，《尚书·吕刑》大约作于西周中叶
周穆王时期，《左传》大约成书于战国前期，《战国策》大约作于战国
中后期，三部书的时间跨度大约为五百年左右。其中的语言变化发展
是极为明晰的：《尚书》是那样深奥难懂，《左传》较之于《尚书》已平
易得多，但仍然显得典雅精练，《战国策》则基本上达到了口语化的水
平，今天具备中等文化水平的读者可不借助注释而能读懂其中的部分
篇章。战国语言的长足进展，从上述例征中约略可见其概况。

　　语言发展了，随之而来的就是如何写文章。中国说理散文的最早
源头要追溯到《尚书·商书》。商代散文写作模式是，王侯卿士围绕帝
王政治问题发表思想言论，史官执笔记载。这些记言文一般都有一个
介绍人物言论来龙去脉的叙事框架，容易被看作是叙事文章，其实它
的主体部分是人物言论，这些人物言论就是早期的说理散文。《盘庚》、
《洪范》、《无逸》是《尚书》中最优秀的说理散文，这些文章主旨突出，
论据充分，条理清晰，已经具备说理散文的基本要素。《尚书》中还有
一些对话体文章，如《皋陶谟》、《洛诰》、《微子》、《西伯戡黎》等，尽
管这些文章都是每人各说一段，看不出孰为宾主，谈话主题也时常发
生转换，但它们为春秋战国说理散文开启了对话体形式。《尚书》之
后，代表西周春秋说理散文成就的是《国语》。《国语》的说理散文在
凝练主题、安排结构方面较《尚书》更进一步，像《周语上》"祭公谏
穆王征犬戎"、"邵公谏厉王弭谤"、"西周三川皆震伯阳父论周将亡"

[①]　《战国策》，上海古籍出版社1985年版，第326页。

等，都是主题鲜明、条理分明的文章。《国语》说理散文的另一进展是继《尚书》之后发展了对话体，初步形成了主客问答的形式格局。在说理文论据方面，《国语》多取材于《诗》、《书》等古籍、古今名言和典章制度，并多从历史、人生中提炼出政治道理，较《尚书》的神学论据更有说服力。《国语》中出现了一些言短意长，意味隽永的文章，颇似后来的语录体散文。《国语》的语言接近当时口语，比《尚书》艰涩的语言要平易得多，此后说理散文的语言就是顺着《国语》走下来的。《尚书》、《国语》之外，上古格言以及与格言相近的兵书、箴铭和巫卜之辞以高度凝练的语言来表达宇宙、历史、人生之理，它们往往只说观点，而省略论据和论证，堪称是浓缩了的上古哲人语录。

春秋末年，伴随着商周史官文化向战国士文化的转折，先秦说理散文创作经历了一次意义深远的转折，说理散文的作者、内容、形式都发生了重大转变。在作者上，说理散文的创作主体由商周史官而变为孔子师徒，著述模式由商周王侯卿士发表思想言论、史官执笔记载，变为孔子口述、弟子载之简帛。孔门弟子有"先进""后进"之分，"先进"在中国文学史上的最大功绩，就是模仿商周史官记言记事，首开记述其师言行之风，他们的文章大都采用《尚书》、《国语》中宾主问答的形式。"先进"可能没有意识到，他们这一模仿不亚于一场文学革命，因为那支笔伴随着官学下移而从商周史官转移到诸子手上，这是从先秦历史散文向先秦诸子散文转变的枢机所在。"后进"的著述热情要远远高出于"先进"，他们在说理散文形式上也有重要创新。在内容上，说理散文由务实变为务虚，由政治、宗教、历史变为伦理，学术意味明显增强。七十子后学散文有一个总的主题——阐述礼学。这是因为，如何对待周礼，是从平王东迁到战国初年这几百年间意识形态的焦点，孔门文章是这一历史时期意识形态的集中反映。在形式上，七十子后学创新力度最大。《论语》和《礼记》中的孔子片断语录，是七十子后学从记录的诸多孔子言论材料中精选、提炼出来的。七十子后学开创了以"子曰"独白的新形式。片断语录的文学价值，在于它们确立了中国哲理散文的一种体裁——语录体，后代哲人多采用语录体形式表达思想。七十子后学散文中的对话记事体文章体现了《尚书》、《国语》记言文与先秦诸子散文之间的联系。这些文章兼有记事、说理因素，而以说理为主，它们还脱离不了史官记言文的格局，处于由历史记言文向诸子说理散文过渡的形态。从说理散文角度来看，七十子后学的专题论文意义最大，因为这些专题论文基本剥离了此前历史记言文前后的叙事框架，也不用宾主问答的对话形式，而是正面地阐述自己的学术思想，这标志着从《尚书》、《国语》发轫的记言散文终于彻底去掉了叙事因素，纯粹的说理论文正式成型。《大戴礼记》收录的曾参一系11篇文章，可以视为专题论文的代表。

说理散文在七十子后学手中成型之后，在战国两百多年狂飙般的百家争鸣过程中不断得到巩固、丰富和发展。从形式上看，诸子散文大体上不超出七十子后学散文语录体、对话记事体和专题论文的范围。《孟子》是战国诸子语录体的代表作，其他诸子文集也不同程度地存在语录体散文。战国语录体散文较《论语》有两点新进展：一是篇幅扩大，二是将主题相近的同类语录编为一篇。格言是浓缩了的语录，战国兵书多用格言形式写成。战国兵家在沿用上古格言形式的同时吸取散文句式，使兵书由格言体向散文化方向发展。战国诸子文集中程度不同地收录了一些对话记事体文章，这些文章大都出于诸子门生的手笔。对说理散文进步具有意义的是那些论辩文章和纵横家铺张扬厉的说辞。诸子之好辩、善辩者，当以孟子为最。孟子以道德、年齿之达尊，挟啸傲王侯之意气，抗颜与梁惠王辩，与齐宣王辩……所当者靡，所驳者服，无有撄其锋者。在论辩过程中，孟子善于采用各种论辩技巧，并他将胸中浩然之气灌注到文章之中，形成文章浩瀚的气势。战国纵横策士善于剖析各诸侯国之间错综复杂的矛盾，准确地把握诸侯心理，然后运用铺张、夸饰、排比、譬喻等最富煽动性的手法，抵掌而谈，由此创造了最煽情、最瑰丽、最奇诡、最富于时代特色的说辞。战国诸子说理散文数量最多、创新最大、成就最高的是专题论文。与七十子后学散文相比，战国专题论文又有新的进展：（一）诸子们突破认识禁区，在立意上更加大胆；（二）诸子各有自己的写作理论，他们的专题论文便是这些写作理论的成功实践；（三）在论辩和著述过程中，诸子们逐步发现了一些形式逻辑原理；（四）诸子们在思想上各自独树一帜，他们的专题论文风格也各呈异彩；（五）专题论文的篇幅在诸子手中不断扩大，标志着作家说理能力的增强；（六）大约在墨子时代，诸子专题论文就有了能够提挈文章宗旨的篇题；（七）有些诸子突破先生讲弟子记的著述方式，亲自执笔写作；（八）诸子们将自己的人格、自信心和情感力量灌注到文章之中，形成战国专题论文以情感气势取胜的整体审美特征；（九）战国后期出现了中国第一部成系统的论文专著——《吕氏春秋》；（十）诸子专题论文在表现手法和散文用韵方面都有创新，其中最大的创新是在譬喻的基础之上发展为寓言，《庄子》、《荀子》、《韩非子》、《管子》等诸子吸取韵文营养，创造了或散或韵、韵散夹杂的散文新形式。

　　历史散文也不再单纯地记述王侯或执政大夫的政令文诰，而是或按年月日顺序，或按国别详细地记载历史事件，由此而出现编年体和国别体这两种记史体制。编年体与国别体的形成与春秋战国时期的史官记史制度有关。史官按年代顺序记载本国大事，以及其他诸侯国朝聘赴告所叙述的历史大事就是编年史；而从各国史书中选取一些史料按国别编成，从中见出该国的政治兴衰，这就成为国别史。无论是编年史还是国别史，都是要从历史中吸取治国的经验教训。战国文人论史书著述，其中影响最大的莫过于孟子关于孔子作《春秋》的论述。在《孟子·滕文公下》，孟子将中国文化的发展划分为三个重要阶段："昔者禹抑洪水而天下平，周公兼夷狄、驱猛兽而百姓宁，孔子成《春秋》而乱臣贼子惧。"[①]这是说大禹治水，在人与自然的搏斗中取得了重大胜利，使人类告别了洪荒时代；而周公赶走夷狄猛兽，使中国先

① 焦循《孟子正义》，中华书局1954年版，第271页。

进文化不至于被野蛮的夷狄文化所代替。至于孔子，则面临着文化学术与政治的双重拨乱反正任务："世衰道微，邪说暴行有作，臣弑其君者有之，子弑其父者有之。孔子惧，作《春秋》。《春秋》，天子之事也。是故孔子曰：'知我者其惟《春秋》乎！罪我者其惟《春秋》乎！'"[①] 孟子认为，孔子出于对君臣纲常紊乱的现实的巨大忧患而作《春秋》。《春秋》讲的是天子之事，也就是在王权式微后借史书著述来代替天子行使褒贬黜陟的威权。《孟子·离娄下》又说："王者之迹熄而《诗》亡，《诗》亡然后《春秋》作。晋之《乘》，楚之《梼杌》，鲁之《春秋》，一也：其事则齐桓晋文，其文则史。孔子曰：'其义则丘窃取之矣。'"[②] 孟子在此继续阐发了《春秋》是讲天子之事的观点。他认为，《诗三百》是王道教化的产物。因为王道政治的崩坏而导致采诗制度的中止，而孔子的《春秋》则使中断了的王道文化传统又接续上来。从今天看来，孔子是否作《春秋》还存在着很多疑问，但我们的致思点不在于辨明《春秋》究竟为谁所作，而在于分析在孔子作《春秋》这一说法之后所蕴含的战国文人心态以及这种心态对历史散文创作的影响。孔子作《春秋》的说法表明，战国文人将史书著述视为平治天下的一种方式，而且是一种最重要的方式。这样写史就不仅是记述过去，更重要的是指导现实和塑造未来。因此，历史散文虽然还保留了史的形式，但在寻找平治天下的道路这一灵魂上则是与诸子散文彼此一致的。《史记·十二诸侯年表》在记述孔子作《春秋》后说："鲁君子左丘明惧弟子人人异端，各安其意，失其真，故因孔子史记具论其语，成《左氏春秋》。铎椒为楚威王傅，为王不能尽观《春秋》，采取成败，卒四十章，为《铎氏微》。赵孝成王时，其相虞卿上采《春秋》，下观近势，亦著八篇，为《虞氏春秋》。吕不韦者，秦庄襄王相，亦上观尚古，删拾《春秋》，集六国时事，以为八览、六论、十二纪，为《吕氏春秋》。及如

---

① 焦循《孟子正义》，中华书局1954年版，第266、267页。
② 焦循《孟子正义》，中华书局1954年版，第337、338页。

荀卿、孟子、公孙固、韩非之徒，各往往捃摭《春秋》之文以著书，不可胜纪。"[①] 像《左氏春秋》这样的史书以"春秋"命名还好理解，为什么虞卿、吕不韦的子书也要冠以"春秋"之名？这就透露出一个重要信息：关于孔子作《春秋》明王道的说法已为文化学术界所认同，从而"春秋"不再是史书的专名，而主要是指讨论天下大事的政论著作。我们今天习惯于将先秦诸子散文与历史散文区分开来，实际上在战国时代，这两者是很不容易区分的。《春秋》和解释《春秋》的《左传》，当时人们都把它们看作是讲平治天下理论的著作，这与诸子百家的著作在精神上是相通的。述史同样是言治。史书的地位既然得到空前的提高，那么战国时期历史散文的飞速发展也就在情理之中了。从《尚书》、《国语》、《春秋》的简要记言记事，发展为《左传》的详瞻的历史叙述，特别是后者的生动的人物刻画、大规模的战争场面的描写，使人深感战国时期历史散文的进展确实是非常惊人的。也就是在这种日新月异的进展中，编年体和国别体这两种体制迅速走向成熟。《战国策》一书的性质颇为耐人寻味：它按国别记述了战国时期的史事，所以今天都把它放在战国历史散文中讲，并将其归入国别史一类。但是这部散文记述的重点却不是君主以及所谓祭祀、战争这些国家大事，而是那些朝秦暮楚的纵横策士，作者欣赏的是这些策士游说的技巧，突出他们揣摩诸侯心理、利用各诸侯国之间的矛盾谋取个人卿相富贵的智慧。这部书的作者其实就是这些纵横策士。我们知道纵横家是战国诸子百家中的一家，其他各家都有自己的代表作，而纵横家的代表作就是《战国策》。《战国策》这一书名是刘向确定的，其实叫《纵横家书》更为扣题。从这个意义上说，或许将《战国策》归入战国子书更为妥当。由于《战国策》重点写纵横策士的智慧，突出他们"一怒而诸侯惧，安居而天下息"的大丈夫风采，并且注重人物的语言、行动特别是心理的刻画，这样人物就居于该书的中心地位，纪事也是为了突出人物，

---

① 司马迁《史记》，中华书局1959年版，第509、510页。

这对于《左传》、《国语》以记言、记事为中心的写法来说，不能不说是一个巨大的进展。它对于汉初司马迁创造纪传体，应该具有巨大的启示作用。

　　楚辞这一文体在战国时代的发展更为惊人。目前我国文化学术界接受王国维、鲁迅等人的说法，将楚辞视为南北文化融合的产物。而所谓北方文化，主要是指以《诗经》为代表的儒家经典；南方文化则指巫风习俗以及楚歌。这个说法掩盖了楚辞发展的真正轨迹。《诗经》作为先王经典对楚文化确实有一定的影响，《左传》中就有楚国外交行人赋诗言志的记载，博闻强志的屈原熟悉《诗经》应该是不成问题的。但《诗经》却不是楚辞的源头。《诗经》是典型的四言体，而楚辞的典型句式则是七言句或五言句式，在句末或句中加一"兮"字语气词；《诗经》两句结合起来表达一个完整的意思，而楚辞一句诗就可以表达一个完整的意思；《诗经》中用以比兴的事物多为日常生活中常见的草木鸟兽虫鱼，而楚辞中用作比喻、象征的事物则多为包含有巫文化习俗意味并带有芳洁性质的芳草美人以及神话传说；《诗经》中的作品或歌颂祖先神灵或美刺政治或歌咏人生，而楚辞的代表作《离骚》则可能是向神灵诉说苦衷，并通过巫术降神为自己指明一条政治出路。总之，《诗经》是北方文化孕育出来的作品，而楚辞则出于南方文化母体，《诗》、《骚》是互相平行的关系，就像两条铁轨一样。以为楚辞来自《诗经》，是以时间上的先后掩盖空间上的差异，可以说是一种极大的误解。以楚歌为楚辞的先声也似是而非，在《沧浪歌》、《越人歌》、《子文歌》、《凤歌》这样一鳞半爪的楚歌基础上"奇文郁起"，出现空前绝后的《离骚》，这本身就是一个令人难以置信的神话。那么，楚辞的真实源头在哪里呢？我们认为，楚辞的先驱作品是现在挂在屈原名下的《九歌》。楚辞文化的发展可以分为两个阶段：早期楚辞文化是以巫娼习俗为内容、以祭神巫歌为形式的巫文化。巫娼习俗的一个重要表现就是以性爱娱神。楚人以美丽的巫师作为迎神、娱神的使者，以美花、美草、美歌、美舞、美乐、美酒、美乐作为娱神的辅助手段。《九歌》

就是由这种美丽的巫文化孕育出来的。后期楚辞文化则是南楚巫文化与战国士文化的融合体，如前所述，屈原的《离骚》就诞生在这片文化土壤之上。屈原在经历政治失意之后，满腔忧愤无处诉说，在当时浓郁的巫风环境下，屈原自然地转向巫术，试图通过巫术降神，请神灵为自己指明一条政治出路。而要求助于巫术，就不能不采用南楚以性爱娱神的方式，这样南楚祭神巫歌《九歌》就自然成为《离骚》的先驱作品。《离骚》中的芳草美人、巫术降神、天国神游等艺术现象就直接来源于《九歌》。《九歌》最初可能是作为无名氏作品在沅湘之间流传，后由民间传入宫廷，作为宫廷的祭神乐歌，并经过历代的宫廷巫师的艺术加工。《九歌》之系于屈原名下，是出于战国时期特定的署名习俗。战国时期只有学派的祖师具有署名权，对此下文还要详述。屈原因为创作了《离骚》而成为南楚诗坛上的巨星，成为南楚诗派公认的领袖。而作为楚辞的领袖，他就有资格拥有所有楚辞作品的署名权，这样无名氏的《九歌》就自然系于屈原名下。讲清了楚辞的源头以及《九歌》与《离骚》的关系，再来讲楚辞这一诗体在战国时代的大发展，就比较容易理解了。《九歌》的篇幅不算太长，像《东皇太一》、《礼魂》都只有寥寥数句，即使是《湘君》、《湘夫人》、《山鬼》也只有几十句。到了屈原，他的巨人的心胸气魄需要鸿篇巨制来表现，他的火山喷发般的激情再也不能局限在短章之中，他胸中蕴藉的磅礴的气势力量需要找到一个广阔的表现天地，他的冤屈、他的愤怒、他的追求、他的哀怨、他的悲伤以及他的理想抉择都要在诗中尽情地反复地倾诉，因此楚辞篇幅在屈原手中大大地扩展了。《离骚》三百七十三句，这在中国诗歌史上是罕见的长诗。屈原之扩展楚辞篇幅，正如战国诸子在散文领域内的创造一样。《离骚》的芳草美人是从《九歌》而来，但在使用的规模上远远超过了《九歌》。例如芳草是《离骚》中主人公不可须臾离开的事物：主人公在青春风发少年得志之时以芳草作为自我修养的确证，在政治失意的时候芳草又是诗人唯一的精神慰藉，求女时芳草充当了传递情愫的媒介，进入巫术幻境芳草又成为主人公的装饰与干粮……

《九歌》中有神灵驾龙飞翔、飘风先驱、冻雨洒尘的描写，这是《离骚》主人公神游天国、役使众神的来源，但《离骚》在气势与规模上创造了《九歌》无法比拟的神游场面。其他诸如在表现缠绵悱恻的情感、在追求美丽的辞藻、在行文的回环往复等方面，屈原都在学习《九歌》的基础上而将其推向极致。刘勰在《文心雕龙·辩骚》中说："不有屈原，岂见《离骚》！"而没有《离骚》的楚辞是不可想象的。如果没有屈原，楚辞这一文体是否能在中国文学的长河中保留下来都成为极大的问题。而屈原对楚辞这个诗体所做的特殊贡献，是与他特定的文化心态密切相关的。

战国是历史散文、诸子散文、楚辞这些文体突飞猛进的时代，而在这些文体之中又蕴含着后代某些文体的萌芽，即以楚辞而论，汉代的骚体自不必说，就是杂言乐府、五言乐府、散体大赋，也莫不是从战国楚辞中胎息而来。《文心雕龙·宗经》以五经为中国后代各种文体之源，这反而没有章学诚关于一切文体皆备于战国之说可靠。章氏在《文史通义·诗教上》中说："今即《文选》诸体，以征战国之赅备。京都诸赋，苏、张纵横六国，侈陈形势之遗也。《上林》、《羽猎》，安陵之从田，龙阳之同钓也。《客难》、《解嘲》，屈原之《渔父》、《卜居》，庄周之惠施问难也。韩非《储说》，比事征偶，《连珠》之所肇也。而或以为始于傅毅之徒，非其质矣。孟子问齐王之大欲，历举轻煖肥甘，声音采色，《七林》之所启也；而或以为创之枚乘，忘其祖矣。邹阳辨谤于梁王，江淹陈辞于建平，苏秦之自解忠信而获罪也。《过秦》、《王命》、《六代》、《辨亡》诸论，抑扬往复，诗人讽谕之旨，孟、荀所以称述先王，儆时君也。淮南宾客，梁苑辞人，原、尝、申、陵之盛举也。东方、司马，侍从于西京，徐、陈、应、刘，征逐于邺下，谈天雕龙之奇观也。遇有升沉，时有得失，畸才汇于末世，利禄萃其性灵，廊庙山林，江湖魏阙，旷世而相感，不知悲喜之何从，文人情深于《诗》

《骚》，古今一也。"① 章氏将后世各种文体溯源于战国文章，确能给人以诸多启示。

三、战国文人的谲谏意识与寓言的运用

战国文人在游说著书过程中好用比喻和寓言。比喻作为一种古老的表现手法，在《尚书》、《诗经》中就有成功的运用，《周易》不少卦爻辞也运用了比喻象征手法。至战国时代比喻这种古老的手法大放异彩，文人们为了使自己的说辞或文章生动形象、明白易懂，竞相使用大量的比喻。墨子、孟子、荀子等人在运用比喻方面尤为人所称道。对此，前修时贤论之者夥矣，兹不赘述。

这里重点讨论寓言的运用。论者普遍认为寓言是比喻的扩大，将比喻扩大为一个动物或植物故事，进行形象化的说理，这就构成了寓言。应该说寓言与比喻确有不少相通之处，都是借此言彼，在运用效果上都能生动形象。但是将寓言完全视为比喻的扩大则不尽妥当，这里只要举一个反证材料就够了：比喻是古今中外共同使用的手法，为什么只有在中国的战国时代比喻才扩大为寓言？西方的寓言也是从比喻发展而来的吗？

我们认为，寓言不是来源于比喻，而是来源于春秋时代的赋诗言志。中国是一个古老的文明之邦，特别讲究运用语言的技巧，力求体现出温柔敦厚的文明风范。孔子说，言之无文，行而不远，就代表了古人对文明风范的认识。无论是讽谏君主还是出使他国传达某种意见，说话人都要力求委婉托讽，而避免直接说破。春秋时期赋诗言志的风气就是在这样的背景下形成的。这种委婉托讽的手法，被《毛诗序》称之为"主文而谲谏"。比喻、赋诗言志、比兴、寓言、历史故事，尽

① 章学诚《文史通义》，辽宁教育出版社1998年版，第17页。

管名称不同，但它们的功能则是彼此一致的，这就是讲究说话的技巧，避免直说，尽量把话说得委婉，说得动听，说得形象，以此体现中国这个文明古国的温柔敦厚之风。

那么，为什么春秋时期的赋诗言志变为战国时代的寓言呢？这与社会条件以及社会心理变迁有关。春秋时期虽然礼坏乐崩秩序紊乱，但旧的伦理道德对人心还有一定的维系力量，《诗三百》对当时的政治生活还有某种指导作用。在国与国之间的外交往来中赋诗言志，即是以《诗》中的道德伦理来打动对方。例如《左传·成公二年》所载的齐晋鞌之战，战败国齐国就是依靠吟诵《诗经·大雅·既醉》、《小雅·信南山》、《商颂·长发》三首诗来驳倒了强大的晋国，达到了议和的目的。赋诗所起的这种特殊作用是建立在当时社会未抛弃旧伦理道德的基础之上。战国时代则是一个完全撕破了伦理面纱、重视赤裸裸的现实利害关系的社会。在这种新的历史条件下，如果在两国讨价还价的外交斗争中再赋诗言志，那一定是堂·吉诃德式的人物。孟子在游说诸侯时喜欢引《诗》，结果"所如者不合"，被时人视为"迂远而阔于事情"，这是一个极好的例证。春秋时期赋诗言志往往伴随着雍容揖让的礼仪，它要求赋诗者和听者有较高的文化修养和良好的领悟能力，如果听不懂对方的意旨，就会被视为外交场合的失态而受到嘲笑。战国诸侯再也没有这样的耐心去品味艰深的诗意，他们宁愿选择故事性的"文化快餐"。战国文人适应形象的需要而及时运用新的游说技巧，他们力求使说辞或文章既生动形象又明白易懂，深入浅出。寓言故事就这样取代了赋诗言志，成为战国文人游说作文时常见的表现手法。我们今天是将寓言作为独立的文体来看待的，但在战国时期寓言则是运用在特定的语言情境之中，是作为技巧和手法使用的。

目前还难以考定究竟是谁第一个使用寓言。寓言大量出现于战国中后期的子书和《战国策》之中，我们可以作出这样的推测：寓言最初是运用在游说之中，并很快引起作家的注意而被用于文章之中。战国诸侯中不乏刚愎自用之辈，对这些人进行游说，直谏往往会使他们恼羞成怒，甚至会招惹意想不到的祸患。于是战国文人采用委婉托讽的谲谏方式，通过寓言故事来打动对方。寓言故事往往内容生动，形象鲜明，而且短小精悍，它的魅力足以引人入胜，它的寓意又发人深省。特别是言在此而意在彼的谲谏，没有直接点破，这样就维护了统治者的尊严，使这些爱面子的王侯贵族乐于接受。我们可以举一些例子来作说明。

> 齐欲伐魏，淳于髡谓齐王曰："韩子卢者，天下之疾犬也。东郭逡者，海内之狡兔也。韩子卢逐东郭逡，环山者三，腾山者五，兔极于前，犬废于后，犬兔俱罢，各死其处。田父见之，无劳倦之苦，而擅其功。今齐、魏久相持，以顿其兵，弊其众，臣恐强秦大楚承其后，有田父之功。"齐王惧，谢将休士也。[①]
>
> ——《战国策·齐策》

如果淳于髡从正面劝阻齐王休兵，好战的齐王肯定不会听从。淳于髡在劝谏之前讲述了一个犬兔俱疲而田父擅功的寓言故事，这个危险的前景打动了齐王，齐王惧而收兵。一场战火就这样被一个小小的寓言故事消弭了。

> 魏王欲攻邯郸。季梁闻之，中道而反，衣焦不申，头尘不去，往见王曰："今者臣来，见人于大行，方北面而持其驾，告臣曰：'吾欲之楚。'臣曰：'君之楚，将奚为北面？'曰：'吾马良。'臣曰：'马虽良，此非楚之路也。'曰：'吾用多。'臣曰：'用虽多，此非楚之路也。'曰：'吾御者善！'此数者愈善，而离楚愈远耳。今王动欲成霸王，举欲信于天下。恃王国之大，兵之精锐，而攻

---

① 《战国策》，上海古籍出版社1985年版，第390页。

邯郸，以广地尊名，王之动愈数，而离王愈远耳。犹至楚而北行也。"①

——《战国策·魏策》

魏王的本意是要通过攻赵来广地尊名，向霸王事业迈进，季梁所讲的南辕北辙的寓言故事，给他注入了一针清醒剂，促使他从迷恋攻伐中醒悟过来。

再如公元前323年，楚将昭阳伐魏获胜，进而移师攻齐。齐王派策士陈轸加以阻止。陈轸对昭阳讲了一个寓言故事：

> 楚有祠者，赐其舍人卮酒。舍人相谓曰："数人饮之不足，一人饮之有余。请画地为蛇，先成者饮酒。"一人蛇先成，引酒且饮之，乃左手持卮，右手画蛇，曰："吾能为之足。"未成，一人之蛇成，夺其卮曰："蛇固无足，子安能为之足？"遂饮其酒。为蛇足者，终亡其酒。②

——《战国策·齐策》

这是告诉昭阳，要适可而止，见好就收，不要画蛇添足。昭阳听从劝告而罢兵，寓言的作用由此可见一斑。

这是战国诸子在游说中运用寓言故事，战国中后期的子书诸如《孟子》、《庄子》、《韩非子》、《吕氏春秋》等著作中也大量地使用寓言，以寓言说理，蔚成一代文坛上的风气。兹举两例：

> 宋人有耕者，田中有株，兔走触株，折颈而死；固释其耒而守株，冀复得兔。兔不可复得，而身为宋国笑。今欲以先王之政，

① 《战国策》，上海古籍出版社1985年版，第907页。
② 《战国策》，上海古籍出版社1985年版，第356页。

治当世之民，皆守株之类也。[①]

——《韩非子·五蠹》

战国时期有法先王与法后王两大派，韩非是坚定的法后王论者，他以"守株待兔"这一寓言辛辣地讽刺那些死守先王旧规而不知变通的人物。在说理文字中插入这样趣味盎然的寓言，使人感觉到既幽默又入木三分。

同样的道理，《吕氏春秋·察今》却以另一则寓言来说明：

> 楚人有涉江者，其剑自舟中坠于水，遽契其舟，曰："是吾剑之所从坠。"舟止，从其所契者入水求之。舟已行矣，而剑不行。求剑若此，不亦惑乎？以其故法为其国，与此同。时已徙矣，而法不徙，以此为治，岂不难哉！[②]

诸子书中的寓言大都像这样语浅意深，引人入胜，读时令人忍俊不禁，而读后则发人深省。子书的写作是以平治天下为目标，因而它们主要是写给贵族王侯看的，在文中运用寓言同样能起到委婉托讽的作用。

这里特别要强调庄子运用寓言的独特性。战国文人普遍具有在游说著述中运用寓言的风气，庄子则把这种时尚推向极端，并使之向荒诞化的方向发展。一般文人只把寓言作为游说著述中的辅助性手法，寓言还只是避免直谏、增添生动形象性的一种表现手段，庄子的文章则主要由寓言构成；一般文人在运用寓言后还要从正面予以说明，而庄子在很多情况下将意旨蕴含在寓言中，并不作正面论证或作其他说明，他的文章往往就是由几个寓言构成，寓言与寓言之间也没有过渡与承接的文字；一般文人在使用寓言时观点鲜明，寓言中的意旨绝不

---

① 王先慎《韩非子集解》，中华书局1954年版，第339页。
② 《吕氏春秋》，中华书局1954年版，第178页。

会构成歧义引起误解，而庄子在使用寓言时或正言若反或衬托铺垫，有时不易理解其主旨。庄子使用这种特殊的表现方式在相当长的一个时期内不为人所理解，司马迁写《史记》的时候还认为庄子"滑稽乱俗"。实际上庄子选择这种表达方法既有理论依据又有现实原因，《庄子·天下》对此作了说明：

> 芴漠无形，变化无常，死与生与，天地并与，神明往与！芒乎何之，忽乎何适，万物毕罗，莫足以归，古之道术有在于是者，庄周闻其风而悦之。以谬悠之说，荒唐之言，无端崖之辞，时恣纵而不傥，不以觭见之也。以天下为沉浊，不可与庄语，以卮言为曼衍，以重言为真，以寓言为广。[①]

庄子表达方式的理论依据就是那个虚无寂寞、变化无常、混沌恍惚、泯灭了一切事物界限的大道。从这种本体论来看，任何拘执一端的做法都是偏颇的，写文章也只能像大自然的天籁一样，像不择地面出的万斛涌泉一样，汪洋恣肆，仪态万方。从现实来说，庄子认为在沉浊的现实环境中，本来就不应该正儿八经地说话，而必须采用寓言、重言、卮言等形式。《庄子·寓言》又说："寓言十九，藉外论之。亲父不为其子媒。亲父誉之，不若非其父者也。非吾罪也，人之罪也。与己同则应，不与己同则反。同于己为是之，异于己为非之。"[②] 父亲在别人面前夸奖自己的儿子，别人总是半信半疑。但是如果换一个人称赞他的儿子，效果就大不一样，别人就会完全相信。这就是庄子学派好用寓言的真实动机。运用寓言是为了避免自己和世俗之人因为观点的不同而展开是非之辩，所以要寄言于他人他物，这实在是出于不得已。从《庄子》一书的论述来看，庄子虽然受当代文风的影响而采用

---

① 王先谦《庄子集解》，中华书局1954年版，第222页。

② 王先谦《庄子集解》，中华书局1954年版，第181页。

寓言形式，但他的心态确实与其他文人有很大的不同，寓言在他这里已经成为愤世嫉俗、玩世不恭心理的一种表现形式，这可以说是战国文人运用寓言的变种。

四、战国文人的夸诞心理与铺张文风

《文心雕龙·时序》说："春秋以后，角战英雄，六经泥蟠，百家飙骇。方是时也，韩魏力政，燕赵任权，五蠹六虱，严于秦令，惟齐楚两国，颇有文学：齐开庄衢之第，楚广兰台之宫，孟轲宾馆，荀卿宰邑，故稷下扇其清风，兰陵郁其茂俗，驺子以谈天飞誉，驺奭以雕龙驰响，屈平联藻于日月，宋玉交彩于风云。观其艳说，则笼罩雅颂。故知炜烨之奇意，出于纵横之诡俗也。"[1] 刘勰正确地解释了时序与文风的关系，指出战国文风是出于那个诸子百家越世高谈的社会环境。但是将"炜烨之奇意"归于"纵横之诡俗"，则未免过于狭窄。战国具有夸诞心理的绝不是纵横策士一家，而是普遍的社会心理现象。旧的束缚破除了，而社会对文人们又是那样尊重，一些士人凭借三寸不烂之舌而朝为布衣夕为卿相，成为政治舞台上大红大紫的人物，另一些人虽然未登卿相之位，但却凭借其思想学说受到诸侯贵族的高度礼遇，为王者师。诸侯国之间的兼并争夺瞬息万变，时势迫切地需要更新，需要创造。于是文人们的心理再也不能平静、再也不能平衡了。他们要尽快地创造新说以吸引世人的注意，他们采用各种不同的方式来标举自己独特的个性，显示自己的与众不同之处。他们要打破平庸，打破常规，力求体现卓异非凡的一面。正常的表达方式已远远不能适应需要，于是要采用超常的表达方式；平庸的事例不足作为论据，于是要寻找惊世骇俗的事例；现实的现象不足以用来表达思想，于是就借助于

---

① 周振甫《文心雕龙注》，人民文学出版社1981年版，第476页。

想象、夸张、推理等手段……由此蔚成整整一代铺张扬厉的夸诞文风。

　　我们在读春秋战国文章时发现，其实这种铺张文风在春秋末年就已经初露端倪了，如《礼记·儒行》载孔子纵论儒行，"其自立有如此者"，"其容貌有如此者"，"其备豫有如此者"，"其近人有如此者"，"其特立有如此者"，"其刚毅有如此者"，"其自立有如此者"，"其仕有如此者"，"其忧思有如此者"，"其宽裕有如此者"，"其举贤援能有如此者"，"其任举有如此者"，"其独立特行有如此者"，"其规为有如此者"，"其交友有如此者"，"其尊让有如此者"，一共16个"其……有如此者"排比而下，壮浪纵恣，气势浩然，颇有开时代风气的意义。后来伴随着战国士文化的发展与百家争鸣的深入，文风的铺张就成为一种普遍的文坛现象。

　　最能体现这种铺张扬厉文风的是战国纵横策士的说辞，特别是苏秦、张仪游说六国合纵连横的言辞。为了说动人主，他们调动了一切可以增强鼓动作用的手段，尽情地排比铺张，夸大该国的实力和有利条件，以此鼓起诸侯的信心。他们的最擅长的本领是从东南西北各个方面进行夸张性的铺叙，在说够了这些优越性之后，再水到渠成地揭示意旨。试看苏秦游说燕文侯的文辞：

> 　　燕东有朝鲜、辽东，北有林胡、楼烦，西有云中、九原，南有呼沱、易水。地方二千余里，带甲数十万，车七百乘，骑六千匹，粟支十年。南有碣石、雁门之饶，北有枣栗之利，民虽不由田作，枣栗之食，足食于民矣。此所谓天府也。[①]
>
> 　　　　　　　　　　　　　　　——《战国策·燕策》

战国七雄中以燕国最为弱小，《史记·燕召公世家》说"燕外迫蛮貉，

---

① 《战国策》，上海古籍出版社1985年版，第1039页。

内措齐晋，崎岖强国之间，最为弱小，几灭者数矣"①。但苏秦为了说动燕文侯加入合纵，却把燕国说成是地势险要、幅员辽阔、兵强马壮、给养充足的泱泱大国，这就是纵横家的绝大本领。

诸子百家也都具有这种铺张扬厉的才能，他们能够把道理剖析到无以复加的细致程度。例如《荀子·劝学》在谈到学习态度必须专一时写道：

> 积土成山，风雨兴焉。积水成渊，蛟龙生焉。积善成德，而神明自得，圣心备焉。故不积跬步，无以至千里；不积小流，无以成江海。骐骥一跃，不能十步；驽马十驾，功在不舍。锲而舍之，朽木不折；锲而不舍，金石可镂。蚓无爪牙之利，筋骨之强，上食埃土，下饮黄泉，用心一也。蟹八跪而二螯，非蛇鳝之穴无可寄托者，用心躁也。②

在一般情况下，作者用一个比喻就足以说明问题了，但这一段文字，荀子一口气用了八个比喻，将同一道理说了又说，这就是战国作家不同于常人之处。郭沫若先生在《十批判书·韩非子的批判》一文中对韩非的说理才能作了很好的评述："韩非是绝顶的聪明人，他的头脑异常犀利，有时犀利得令人可怕。我们读他的《说难》、《难言》那些文章吧，那对于人情世故的心理分析是怎样的精密！就是那不十分为人所注意的《亡征篇》，把一个国家可以灭亡的征候，一直列举出了四十七项。他那样的不厌烦、不屈挠、不急躁的条分缕析，分而又分，'可亡也'，'可亡也'像海里的波浪一样，一波接一波，一浪叠一浪，不息气地卷地而来，轰隆一声打上崖岸，成为粉碎，又回卷而逝。这和屈子的《天问》可以媲美，我认为也是不愧为一篇奇文的。他所分

---

① 司马迁《史记》，中华书局1959年版，第1562页。
② 王先谦《荀子集解》，中华书局1954年版，第181页。

析的各项，正确与否是另外一回事，而他那种分析手腕，出现在二千多年前，总不能不说是一个惊异。"[1] 郭沫若先生将韩非这种超凡卓越的分析能力归之于天才，实际上时代风气的影响是一个不容忽视的重要因素。有那么多的文人、那么多的学派都在夜以继日地写说理文章，要超越别人，要驳倒其他学派，就不能不拼命地将文章的分析推向极致。这确实需要绞尽脑汁，需要呕心沥血。两千多年后我们读这些文章时惊异于古人何以表现出那样杰出的才能，却不知他们当年为此付出了多少艰辛的努力，不知他们是处在怎样一种亢奋激动的心境之中。在百家争鸣之中，人人都希望自己的声音盖过其他人的声音，个个都想在最大的限度上吸引全社会的注意力。为了取得最佳的艺术效果，诸子常常采用夸张的手法，例如：

> 任公子为大钩巨缁，五十犗以为饵，蹲乎会稽，投竿东海。旦旦而钓，期年不得鱼。已而大鱼食之，牵巨钩錎没而下。骛扬而奋鬐，白波若山，海水震荡，声侔鬼神，惮赫千里。任公子得若鱼，离而腊之，自制河以东，苍梧以北，莫不厌若鱼者。[2]
>
> ——《庄子·外物》

一个寓言故事的场面被渲染得如此宏伟壮观，如此惊心动魄。这种夸诞，与上述所论的分析无微不至、鞭辟入里，正是战国铺张扬厉风气的两个侧面。

战国铺张扬厉的文风远不止是在言辞以及表现手法方面，它还体现在篇幅结构之上。商周春秋的文章一般不会太长，战国文章的篇幅就不同了，他们喜欢长篇大论。我们读《庄子》内篇，除了《养生主》以外，其他六篇文章都是洋洋洒洒，蔚成大观，像《齐物论》就堪称一

---

① 郭沫若《十批判书》，东方出版社1996年版，第369页。

② 王先谦《庄子集解》，中华书局1954年版，第177页。

篇鸿文。《荀子》中的论文大都是鸿篇巨制。《韩非子》中的《五蠹》，篇幅甚至长达五千言，这个规模相当于一部《老子》。

铺张扬厉的时代文风也影响到楚辞的创作。郭沫若先生以《天问》为战国时代的一篇奇文，其实《招魂》在铺张、排比方面，似乎并不比《天问》逊色。请看作者从四方呼唤魂灵归来：

> 魂兮归来！东方不可以托些。长人千仞，惟魂是索些。十日代出，流金铄石些。彼皆习之，魂往必释些。归来兮！不可以托些！
>
> 魂兮归来，南方不可以止些。雕题黑齿，得人肉以祀，以其骨为醢些。蝮蛇蓁蓁，封狐千里些。雄虺九首，往来倏忽，吞人以益其心些。归来兮，不可以久淫些！
>
> 魂兮归来！西方之害，流沙千里些。旋入雷渊，靡散而不可止些。幸而得脱，其外旷宇些。赤蚁若象，玄蜂若壶些。五谷不生，藂菅是食些。其土烂人，求水无所得些。彷徉无所倚，广大无所极些。归来兮，恐自遗贼些！
>
> 魂兮归来！北方不可以止些。增冰峨峨，飞雪千里些。归来兮！不可以久些！①

这种外陈四方之恶的写法可能与巫术仪式要求不无关系，但将其放在战国特定的文风环境中，我们认为它与时代文风的浸染也应有密切的联系。楚辞应该与战国诸子散文和历史散文对照起来阅读，这样我们才会理解《文心雕龙·辩骚》所说的楚辞"风杂于战国"，确实是十分中肯的评论。

战国以前的文风崇尚朴实、典雅、简略、凝练，不屑于多作辞费。铺张扬厉的文风给战国文章带来了充沛的文气，增添了文章的艺术感

---

① 洪兴祖《楚辞补注》，中华书局1983年版，第199、200、201页。

染力，从艺术角度来说有百利而无一弊。经过战国这个阶段，中国文人懂得写文章不宜过分平实，而必须讲文采，讲夸饰，讲想象，讲虚构，讲铺陈，必须讲究形式美。中国文学注重艺术美，是从战国开始的。但从内容来说，夸饰铺张却又导致了战国文章的疏阔之风。战国人无论是游说、论辩还是著文，注意力都放在观点之上，而对于论据却很少有人去做考实工作。战国文人用铺张扬厉的手法来突出自己的观点，夸大其辞是文人游说、著文中普遍存在的现象，一切诸如经济国力、山川形胜、民心士气、历史功德等等在文人口中或笔下都被放大了，战国文章中的很多论据都难以经得起考实与认真推敲。这种疏阔之风一直延续到汉初，对汉人以及后人的学术著述产生了一定的负面影响。

五、战国文人的模仿心理与拟作现象

自孔子首开讲学授徒先例之后，战国各派学术大师身后都有一群私淑弟子及其再传后学。门人弟子不仅在生活上具有为其师从事一些洒扫杂役及其驾车、陪游、侍坐等义务，而且在思想学说上有责任与义务去从事著述，以阐发、宣传、发展其师的学说。弟子后学在从事著述的时候，独立创造的空间很小，在思想上不得创造新说，除非他有足够的勇气与才力去重新开宗立派，在语气及行文风格上也必须模仿其师，模仿得愈是逼肖酷似，就愈能获得世人的肯定。因此战国文人用毕生的精力去研究、揣摩其师的思想学说，模仿其师的思想与文风去从事写作。这种拟作是战国文人们的一种神圣事业，人们并不认为这是缺乏创造力的表现。生活在战国时代的文人，必须要归于某个学派的旗帜之下，而且归于某派，他的整个思想文风都必须模仿其师。我们先来摘几条《论语》中的语录：

  有子曰："其为人也孝弟，而好犯上者，鲜矣。不好犯上，而好作乱者，未之有也。君子务本，本立而道生。孝弟也者，其为仁之本与！"

——《学而》

  曾子曰："吾日三省吾身：为人谋而不忠乎？与朋友交而不信乎？传不习乎？"

——《学而》

  曾子曰："可以托六尺之孤，可以寄百里之命，临大节而不可夺也。君子人与？君子人也。"

——《泰伯》

  子夏曰："仕而优则学，学而优则仕。"

——《子张》

  子游曰："丧致乎哀而止。"[①]

——《子张》

如果我们删去"有子"、"曾子"、"子夏"、"子游"的名字，而一律换成"子曰"，那么读者不会感觉到有任何差异，从思想到迂徐含蓄、意义深远的文风，都俨然出于孔子之口。这种师徒高度一致的原因，就在于孔门弟子有意识地模仿孔子的观点与口吻发表见解。这可以看作是中国最早的拟作。

  墨家学派也存在着这种拟作现象。《墨子》中《尚贤》、《尚同》、《兼爱》、《非攻》、《节用》、《节葬》、《天志》、《明鬼》都各有上、中、下三篇，人们普遍认为这是墨子的讲演录，弟子各有所记，故同名而析为三篇。虽然它们出于不同弟子之手，但上、中、下各篇在思想观点和文风上却是彼此一致的，仅仅是字句次序稍有不同而已。这就表明，墨门弟子必须按照墨子的思想与文风去从事写作。

---

① 邢昺《论语注疏》，北京大学出版社1999年版，第3、4、103、259页。

　　《庄子》的内篇与外、杂篇虽然在思想观点上小有歧异，但总体说来在思想与行文风格上有着一致性。有人说《庄子》，把外、杂篇看作是内篇的讲疏，这种处理方法自有一定的道理。如《达生》之于《养生主》，《秋水》之于《齐物论》，《知北游》之于《大宗师》，《庚桑楚》前面部分之于《应帝王》，都是诠释、阐发内篇的明显例证。目前人们一般认为内篇出于庄子之手，而外、杂篇则为庄子后学所作，《庄子》内篇与外、杂篇之间的这种关系，正好为我们论证战国文人拟作之风提供了充分的论据。

　　孟子以孔子学说的继承人和卫道士自居，因而《孟子》一书也采取了类似于《论语》的语录体形式。从战国散文发展来看，墨子就已经开始使用标题写作论文，至孟子时代，散文更有长足的发展，这从与孟子同时的庄子散文中可以见出。但孟子师徒却要采用语录体，这与孟子自觉站在孔子旗帜之下、祖述孔子之旨是彼此一致的。后代的扬雄、文中子以及宋明理学家，也都有意识地模仿《论语》的语录。

　　拟作之风不仅盛行于战国诸子师徒之间，而且在楚辞创作中也有充分的体现。正如战国诸子存在着许多派别一样，南楚也存在着一个以屈原为领袖和祖师的诗派。《史记·屈原贾生列传》云："屈原既死之后，楚有宋玉、唐勒、景差之徒者，皆好辞而以赋见称。然皆祖屈原之从容辞令，终莫敢直谏。"[①] 这分明是说宋玉、唐勒、景差等后学模仿屈原进行楚辞创作。《离骚》对此也提了内证的材料："余既滋兰之九畹兮，又树蕙之百亩。畦留夷与揭车兮，杂杜衡与芳芷。冀枝叶之峻茂兮，愿竢时乎吾将刈。"[②] 这是说屈原为楚国兴盛培养了许多优秀人才，在这些人才之中应该包括了一些楚辞作家。《离骚》又写道："兰芷变而不芳兮，荃蕙化而为茅。何昔日之芳草兮，今直为此萧艾也？"[③] 这是说屈原辛勤培养的人才在恶劣的政治环境下纷纷变易立

---

①　司马迁《史记》，中华书局1959年版，第2491页。

②　洪兴祖《楚辞补注》，中华书局1983年版，第10、11页。

③　洪兴祖《楚辞补注》，中华书局1983年版，第40页。

场，那么又怎么能说屈原身后有一批后学弟子呢？我们知道诗人最擅长的本领就是夸张，三五个弟子站不稳立场，就足可以说众芳芜秽。战国时代的文人大都真诚地追求真理，视真理为自己的第一生命，只要他们认定是正确的人生追求，即使是赴汤蹈火也在所不辞。因此我们有极大的理由推测：即使屈原在政治失意之后，身后仍然有一批追随者，他们赞成屈原的政治主张，景仰屈原与日月争光的一尘不染的人格，同情屈原的不幸遭遇，模仿屈原的思想文风进行创作，记述屈原的行事。指出这一点，对我们判明楚辞著作权极有帮助。在《汉书·艺文志》著录、王逸《楚辞章句》具体指明的屈原二十五篇作品中，有相当的一部分可能是屈原后学弟子的仿作。例如《九章》，古今许多学者怀疑其中的《思美人》、《惜往日》、《橘颂》、《悲回风》、《惜诵》不是出于屈原之手，因为它们文字平浅，而且有模拟的痕迹。这个怀疑是有充分理由的。我认为《九章》可以看作是《离骚》的卫星作品，《九章》虽然也有一些新的内容，诸如记述了屈原放逐的路线，某些篇章的思想感情更为愤激，甚至斥楚王为"壅君"等等，但从总体上说是对《离骚》的模仿。《九章》内容的母题都存在于《离骚》之中，诸如叙述屈原美好的才能与光明峻洁的人格，诉说屈原信而见疑、忠而被谤的冤屈与悲愤，揭露楚国政治舞台上贤愚倒置、黑白混淆的黑暗现实，表达自己坚持正道、不改初衷的九死未悔的决心，抒发屈原被放逐后忧伤、愁苦、寂寞、忧郁的种种复杂痛苦的感情等等，这些内容在《离骚》中本已存在，而《九章》则进一步申述之发展之。有些学者将《离骚》与《九章》的诗句相对照，发现两者之间存在着很多类似句，这些类似句是《九章》模仿《离骚》时留下的痕迹。屈原的《离骚》创作出来以后，不仅在思想感情及其艺术风格上为后学弟子提供了拟作的范本，而且确立了楚辞的文体感。此后的作家不论是否具有与屈原相同的政治遭遇，但只要他采用楚辞这种诗体进行创作，他就必须写出缠绵悱恻、幽怨感伤的情调，否则就不能称之为楚辞。

战国文人的拟作之风带来了一个后果：当我们说到战国时期某一

个诸子或楚辞作家的思想与艺术风格的时候，实际上其中包含着两层意义：其一是指该学派祖师的思想与风格，其二是指这整个学派的思想与风格。从第二层意义来说，战国时代仅有学派的个性与风格，或者说仅允许学派的祖师有个性与风格，而不允许门人弟子或宾客有自己独立的学术个性与风格。这是等级制观念的残余在学术领域投下的阴影。它表明战国时期的思想解放没有也不可能达到完全彻底的程度。

本节的论述可以破除学术界长期流行的关于拟作之风形成于汉代的观点。我们可以宣告，拟作之风不起于汉代，而是起源于战国时期门人弟子祖述其师的著述之中。

拟作之风从战国一直沿袭到后代。宋玉《九辩》出来以后，有王褒《九怀》、刘向《九叹》、王逸《九思》等仿作。汉初枚乘成功地创作了《七发》，引起文人竞相仿效，后代因此形成一个"七体"系列。西汉末年的扬雄本来是一位极富才华的作家，但他却把毕生的心血用在拟作之上，如仿《论语》而作《法言》，仿《周易》而作《太玄》，仿司马相如《子虚》、《上林》而作《甘泉》、《羽猎》。究其原因，就是受到战国以来拟作风气的影响。至西晋太康时期拟古风气大盛，并延及诗坛达几百年之久，成为魏晋南北朝形式主义诗风的一个重要标志。

学术思想的生命在于创新，文艺创作也是如此，没有创新，学术思想和艺术创作的生命也就停止了。自然科学家在从事科学研究的时候最重视首创：甲科学家将一课题研究到某一水平，这个水平是乙科学家研究的起点，丙科学家又必须以乙科学家的研究水平为起点……别人已经研究出新成果，后人就绝无必要再重新研究，否则就是在做无用功。自然科学研究是如此，人文社会科学研究与艺术创作又何尝不是这样！模拟前人，是没有出息、没有出路的。拟作不利于发挥作者的创造力，它对文化发展起到了一种负面影响作用。战国文人虔诚地模仿祖师的思想及其文风，他们绝没有想到他们的神圣模仿实际上是开启了一种不良的文风。

六、战国文人的崇圣心理与托名作伪之风

在言谈和著述中征引古籍及圣贤言论作为佐证，这种风气在春秋时期就已盛行，《左传》中就载有很多引经据典的言论。其中被征引的经典有《诗》、《书》、《易》等古籍，此外还有一些古代圣贤等人的言论。但这些征引一般都有籍可据，即使不载于典籍，也是依据社会上广为流传的圣贤遗训，当时人们还没有想到伪托古今圣贤之名去宣传自己的思想。．

战国时代的人们认为古代曾经有一个理想的黄金时代，古代的圣君贤臣为后代政治树立了光辉的典范，因此他们在绘制重建一统天下蓝图的时候往往采用托古立论的手法，以古代圣贤作为自己立论的依据。与春秋时期人们比较朴实地引经据典的做法不同，战国文人善于发挥自己的想象力，创造出许多上古圣贤的故事。各派学术大师尤其是创造历史故事的好手，反正他们创造出来，他们的门人弟子就遵信不疑，并为之演绎发挥，而他们的论敌也只是注意观点的正确与错误，从来不去考证这些论据是否真实可信。儒家热烈地讴歌尧舜的圣德；墨家不厌其烦地讲述大禹治天下是何等辛劳；道家则无限向往容成氏、大庭氏、伯皇氏、中央氏、栗陆氏、骊畜氏、轩辕氏结绳而治、甘食美服、乐俗安居的"至德之世"……战国文人亲自创造了这些古代圣贤偶像，然后又以最大的虔诚与崇敬来对待他们，高举这些偶像的旗帜，去从事平治天下的伟大事业。就是在这种托古立论的时代风气中，上古帝王世系以及他们的业绩被创造出来并不断得以丰富。当代历史学家顾颉刚先生认为上古时代的历史是层累地造成的，时代愈是靠前，史料就愈少；时代愈是向后，史料就愈丰富愈系统。基于这种认识，顾颉刚先生及一批学者用毕生的精力来考证上古史料的真伪，以求还历史的真面目，由此而形成现代史学研究中著名的"古史辨"学派。"古

史辨"学派的观点虽然遭到一些学者的反对，而且"古史辨"的疑古学说在后代也遇到一些反证材料，表明他们的疑古并非完全正确，但这个学派还是揭示了某些历史真实。历史是层累地造成之说有可取之处。而之所以出现这种历史层累地造成的现象，就是因为战国文人热衷于托古之论。

庄子是一位愤世嫉俗的文人，但从他的谬悠之说、荒唐之言、无端崖之辞中却能真实地折射出某种社会心理。他所运用的"重言"就是针对时人托古立论的习俗。《庄子·寓言》说："重言十七，所以已言也。是为耆艾，年先矣，而无经纬本末以期年耆者，是非先也。人而无以先人，无人道也，人而无人道，是之谓陈人。"[①]这几句话的大意是，年老者如果没有上下旁通过去未来的知识传授给后人，就不能称之为年先，而是没有为人之道的陈旧老人。从庄子散文来看，耆艾并非指一般的老年人，而是特指历史上和传说中那些圣贤和有地位有名望、言足为世重的人物。相信并重视这些人物的言论是社会的普遍心理。"重言"即是引重之言，庄子是以其人之道还治其人之身。他因袭世俗重视圣贤的心理，引重那些世俗称道的人物，借他们的口说出自己要说的话。"已言"之"已"，旧时或训为已经，或训为止。我认为这是"已"字，与"己"字形近而误。"所以已言"，意思是用来表达自己言论的方法。什么是"重言十七"呢？清人姚鼐在《庄子章义》中有一个很好的解释，他认为《庄子》一书，凡托为人言者，十有其九。就寓言之中，其托为神农、黄帝、尧、舜、孔、颜之类，言足为世重者，又十有其七。庄子自己本来是三言并提，但自司马迁起，人们多只注意寓言而不及重言，姚氏的解释合理地说明了这一现象：细分则寓言、重言各为一途，笼统地说则举寓言而重言包含其中。庄子引重的耆艾，大都是有"经纬本末"的人，如姚氏所说的神农、黄帝、尧、舜、孔、颜之类。引重这些圣贤之言的好处就在于：如果世俗之人对某种观点

---

① 王先谦《庄子集解》，中华书局1954年版，第181、182页。

提出非议或者表示怀疑，那么庄子就可以说了，这可是你们所景仰的尊长者说的话啊，对这些圣贤的话还能表示怀疑吗？在这种诙谐与不庄重里面，确实有一些玩世的意味，它是庄子为应付世俗而不得已运用的一种方式，也是庄子对世俗之人追求声名、崇拜圣贤的一种讽刺。庄子以一种特殊的重言表达手法，揭示了战国时代托古立论、托圣贤立论的社会风气及这种风气赖以滋生蔓延的社会心理。

　　讲清了战国文人的托古立论之风，我们就可以解释当时的一些文学现象。例如屈原以一种宗教般的圣洁情感来守护他的美政理想，但这种美政理想却是以托古的形式出现在《离骚》之中。屈原自述在政坛上奔走先后，其目的是"及前王之踵武"，也就是达到前代圣王的理想政治境界。屈原深情地写道：

　　　　昔三后之纯粹兮，固众芳之所在。杂申椒与菌桂兮，岂维纫夫蕙茝？彼尧舜之耿介兮，既遵道而得路。何桀纣之猖披兮，夫唯捷径以窘步……汤禹俨而祗敬兮，周论道而莫差。举贤而授能兮，循绳墨而不颇。皇天无私阿兮，览民德焉错辅。夫维圣哲以茂行兮，苟得用此下土。瞻前而顾后兮，相观民之计极。夫孰非义而可用兮，孰非善而可服？①

这就是屈原心往神追的美政理想，这就是屈原梦魂萦绕乃至为之殉身的政治目标，它笼罩着前代圣王的光环，屈原借来了传说中先王的灵光，使自己的政治理想无比辉煌、光芒万丈。

　　托古立论、托圣贤立论的另一种形式是在自己的著作上署上古今圣贤之名，借这些圣贤的名字而使自己的著作流芳百世。这种情形大多发生在那些缺少名望的文人身上，他们为了使自己的精神劳动产品得到社会的广泛认可，因而不惜将"著作权"无偿转让给那些古今有

---

① 洪兴祖《楚辞补注》，中华书局1983年版，第7、23、24页。

影响有地位的人物，圣贤们得著述之名，而自己则得作品流传之实。例如《管子》一书，学术界认为非管仲本人所作，而是战国中后期道家、名家、法家各派作品的混杂，之所以托名管子，乃是因为春秋前期杰出的政治家管仲具有崇高的名望。这本书就这样借助于管仲之名而千古流传下来。《史记·魏公子列传》记载："公子率五国之兵破秦军于河外，走蒙骜。遂乘胜逐秦军至函谷关，抑秦兵，秦兵不敢出。当是时，公子威振天下，诸侯之客进兵法，公子皆名之，故世俗称《魏公子兵法》。"司马贞在《史记索隐》中解释说："言公子所得进兵法而必称其名，以言其恕也。"[1]小司马说，诸侯宾客把自己所写的兵法进献给魏公子，魏公子一定要对这位宾客称道一番，说明魏公子具有推己及人的忠恕之道。小司马这个解释与司马迁本意不尽相符，也不符合战国时代著述署名习俗。实际情形是：魏公子无忌率领五诸侯之兵打败秦军，把秦军抑制在函谷关之内，魏公子因此成为威震天下的军事家。诸侯宾客中有人写了一本兵书，因为考虑到自己声名不够，因此自己不署名，而把兵书献给魏公子，让魏公子署名，"著作权"归于魏公子，所以世俗称这部兵书为《魏公子兵法》，它被刘歆收进《七略》里。这种"无偿转让知识产权"的行为，在战国时代却是天经地义的事情，兵书的真正作者心悦诚服，而魏公子也当仁不让。《汉书·艺文志》诸子略儒家类著录有《魏文侯》六篇，春秋战国从未有君主从事著述的情形，根据战国托名传播习俗，这六篇《魏文侯》或许也像《魏公子兵法》一样，它的真实作者是魏文侯门下宾客，因为考虑到自己人微言轻而献给魏文侯署名。

　　战国作者托名历史人物的现象要更多。这里所说的历史人物，主要是指商周春秋时期的一些"有故事"的名人，诸如商汤、伊尹、周文王、周武王、姜太公、尹佚、鬻子、辛甲、周平王、管仲等等。究竟选择哪一个历史人物作为托名对象，这要视学派的思想倾向和情趣而

---

[1]　司马迁《史记》，中华书局1959年版，第2384页。

定。例如战国道家欣赏权术阴谋，于是辅佐商汤灭夏的伊尹，协助周文王、周武王灭商的姜太公、鬻熊、辛甲等有阴谋背景的历史名人就成为道家著述托名的对象。《汉书·艺文志》诸子略道家类著录《伊尹》五十一篇、《太公》二百三十七篇、《谋》八十一篇、《言》七十一篇、《兵》八十五篇、《鬻子》二十二篇、《辛甲》二十九篇、《文子》九篇，大体上都是战国道家托名历史名人的作品。《汉书·艺文志》儒家类著录有《周史六弢》六篇，或以为《周史六弢》就是《六韬》，该书托名姜太公应对周文王和周武王，是典型的讲文韬武略的权谋文献，这本书本来应该列入道家类，只是因为书中有了儒家偶像周文王、周武王，与儒家"宪章文武"的价值取向相近，因此才被列入儒家。小说家热衷于"街谈巷语、道听途说"，由此那些有传奇色彩的商周春秋人物自然就成为他们托名传播的对象。《汉书·艺文志》小说家类著录《伊尹说》二十七篇、《鬻子说》十九篇、《师旷》六篇、《天乙》（指商汤）三篇，都是战国小说家托名历史人物之作。墨家倡导节用节葬，这与商周之际提倡"居莫若俭"的著名史官尹佚有契合之处，于是尹佚成为战国墨家的托名人物，《汉书·艺文志》诸子略墨家类著录《尹佚》二篇，就是战国墨家托名尹佚的作品。

战国作者还刻意托名远古传说人物。诸子百家在传播思想学说时，往往选择远古传说人物作为学派的"形象代言人"，这些"形象代言人"自然成为他们的托名对象。道家看中的是黄帝、力牧等人，《汉书·艺文志》诸子略道家类著录《黄帝四经》四篇、《黄帝铭》六篇、《黄帝君臣》十篇、《杂黄帝》五十八篇、《力牧》二十二篇，都是托名黄帝、力牧之作。阴阳家乐意托名于黄帝和容成子，《汉书·艺文志》阴阳家类即收录有《黄帝泰素》二十篇、《容成子》十四篇。杂家选择孔甲和大禹作为托名对象，《汉书·艺文志》杂家类著录有《孔甲盘盂》二十六篇、《大禹》三十七篇。农家的远古偶像是神农和野老，《汉书·艺文志》农家类著录有《神农》二十篇，班固自注："六国时，诸子疾时怠于农业，道耕农事，托之神农。"又录《野老》十七篇，班固自

注："六国时，在齐楚间。"①《汉书·艺文志》小说家类收录《黄帝说》四十篇，当为六国小说家托名黄帝之作。在《汉书·艺文志》之中，当以兵书略、术数略、方技略收录托名远古人物的战国文献最多。兵法权谋、方技术数本身就具有诡谲机诈、深不可测的特点，为了神化自己的作品，吸引读者的眼球，作者们大量地选择远古传说人物作为托名对象。请看《汉书·艺文志》的著录：兵书略兵形势类《蚩尤》二篇，兵阴阳类著录《太壹兵法》一篇、《天一兵法》三十五篇、《神农兵法》一篇、《黄帝兵法》十六篇、《封胡》五篇、《风后》十三篇、《力牧》十五篇、《鬼谷区》三篇；术数略天文类《泰壹杂子类》二十八卷、《黄帝杂子气》三十三篇，历谱类《黄帝五家历》三十三卷、《颛顼历》二十一卷、《夏殷周鲁历》十四卷，五行类《泰一阴阳》二十三卷、《黄帝阴阳》二十五卷、《黄帝诸子论阴阳》二十五卷、《神农大幽五行》二十七卷、《务成子灾异应》十四卷、《天一》六卷、《泰一》二十九卷、《风后孤虚》二十卷，蓍龟类《夏龟》二十六卷，杂占类《黄帝长柳占梦》十一卷、《泰壹杂子候岁》二十二卷；方技略经方类《泰始黄帝扁鹊俞拊方》二十三卷、《汤液经法》三十二卷、《神农黄帝食禁》七卷，房中类《容成阴道》二十六卷、《务成子阴道》三十六卷、《尧舜阴道》二十三卷、《汤盘庚阴道》二十卷、《天老杂子阴道》二十五卷、《天一阴道》二十四卷、《黄帝三王养阳方》二十卷，神仙类《宓戏杂子道》二十篇、《黄帝杂子步引》十二卷、《黄帝岐伯按摩》十卷、《黄帝杂子芝菌》十八卷、《黄帝杂子十九家方》二十一卷、《泰壹杂子十五家方》二十二卷、《神农杂子技道》二十三卷、《泰壹杂子黄冶》三十一卷。罗根泽先生在《诸子考索·战国前无私家著作说》一文中对此有很好的分析：

　　盖托古之风既开，甲托之义武周公，乙思驾而上之，则必托

---

① 班固《汉书》，中华书局1962年版，第1742页。

> 之尧舜禹汤，丙又思驾而上之，则必托之神农黄帝，如积薪耳，后来居上，势必伪造古帝，虚构三皇。犹以为未足，不得不离尘寰而上天入地，于是太一、天乙，皆有著作矣。至数术、方技两略，更乌烟瘴气，不可究诘（神书更多）。堪注意者，班氏于《诸子略》伪托之书，概标明于注，而《兵书略》、《太壹》、《天一》诸书之显为伪托者反阙焉，《数术》、《方技》尤不著一字。盖注以辨疑，不疑何注？此等书赝伪荒谬，已为人所共知，无庸再辨。[①]

　　这些托名古籍的真正作者其实也无意于作伪，他们只不过是按照时代的世风习俗去行事，使自己的作品为时人所重并传于后世而已，不过它也开了后代作伪的风气。后代的某些文人往往在自己的作品上署上著名作家之名。大量托名作品的出现，人为地造成中国文学史上的许多公案，给中国文学史研究带来诸多麻烦。读者希望能够了解中国文学发展的真相，而众多托名作品的存在，给中国文学史留下不少模糊的环节，使读者"知人论世"的愿望落空。学者们必须绞尽脑汁去搜寻证据做辨伪工作，有些笔墨官司打了几千年还不能最后定论。这种后患是那些开作伪之风的战国文人们始料不及的。

---

① 　罗根泽《诸子考索》，人民出版社 1958 年版，第 32 页。

第七章 战国文人心态的影响

战国时代是中华民族文化发展过程中的一个极其重要的历史阶段，它是中华民族文化的创造、选择、定型时期，就是在这个时期出现了最辉煌、最丰硕的文化成果，对后世产生了无法估量的深远影响。战国文化之于中国后代文化，就像希腊文化之于西方文化一样，居于一种源头的地位。而战国文化主要是出于战国文人的心灵的创造，因此战国文化对后代的影响，其核心内容是文化心态的影响。

一、一种矛盾的文化现象

自西汉中期汉武帝尊儒、儒家经学成为统治思想之后，孔子创立的儒家学说就作为人们衡量是非、评价一切事物的标准。儒家学说的核心是讲君臣父子礼义伦理和尊卑等级秩序，它满足了封建治世统治阶级的利益需求。《史记·刘敬叔孙通列传》载叔孙通语云："夫儒者难与进取，可与守成。"[1] 这句话可以说是一语破的。从官方的儒学观点来看，战国时代是一个离经叛道的乱世，是封建社会的反常形态。于是我们就看到一种矛盾的文化现象：一方面后代文人不遗余力地从道学立场批评战国时代大道沦丧、诈伪并起，另一方面战国文人的思

---

① 司马迁《史记》，中华书局1959年版，第2722页。

想感情、个性心理、人格力量特别是价值观念，对后代文人又具有无比的魅力，成为他们感情力量的源泉和人格心理的根本立足点。

翻开古籍看一看后代中国文人的文章，似乎到处都可以感受到这种矛盾。西汉时期大文人司马迁在《史记》中将战国写成是一个背弃仁义、不讲信用、唯谋诈是用的乱世，对此只要读下他的《史记·十二诸侯年表》、《六国年表》等篇章就可以知道了。但在情感气质上司马迁又最接近于战国文人，尤其是接近于带有侠风义骨、慷慨之气的战国文人。司马迁接受了战国文人的人生价值观，并用这种相对平等的价值观来评价历史人物，他往往从士的角度来评价历史人物，凡是尊士重士的王侯贵族，他都给予很高的评价。例如，他不喜欢汉相公孙弘的为人，但对公孙弘节衣缩食奉养宾客又给予充分肯定。在战国四公子，他对魏公子无忌评价最高，其中的原因就是魏公子能够倾心待士。他为社会地位低下的刺客、游侠、医者、倡优和商人作传，从他们身上发现不平凡之处，歌颂他们的瑰玮言行和奇伟品格。他往往打破体例，让一些历史功业突出的人物超迁到更高的体例之中。项羽仅为西楚霸王，但司马迁却列项羽为本纪；吕后并未登基称帝，但司马迁却不囿于名分而列吕后为本纪，而附之以有帝之名而无其实的汉惠帝和两少帝；陈涉为张楚王仅有六个月，自无世系可言，而司马迁却将陈涉列为世家，将陈涉起义与汤武革命、孔子作《春秋》相提并论；孔子本是一位布衣，但司马迁认为孔子作《春秋》当一王之法，删述六经而为百世帝王之师，因而破例将孔子列为世家。这些非凡的史识正是后代那些恪守名分的正统封建史学家无法望其项背的地方。司马迁能够这样做，恰恰在于他吸收了战国文人相对平等的价值观念。《史记》弘扬了一种刚健奋发、自强不息的进取精神，《史记》中萦绕着一种同悲剧命运进行顽强抗争的旋律，而这些正是战国文人精神面貌的再现，《史记》中回响着战国士文化的最强音。我们完全可以说，《史记》的精髓就在于它继承了战国文人心态积极进步的一面，甚至司马迁那种充满激情、跌宕起伏而又不乏疏阔的文风，也来源于战国文人的影响。

西汉末年的刘向在《战国策·书录》中，对战国极尽诛伐之能事：

> 仲尼既没之后，田民取齐，六卿分晋，道德大废，上下先序。至秦孝公，捐礼让而贵战争，弃仁义而用诈谲，苟以取强而已矣。夫篡盗之人，列为侯王；诈谲之国，兴立为强。是以传相放效，后生师之，遂相吞灭，并大兼小，暴师经岁，流血满野，父子不相亲，兄弟不相安，夫妇离散，莫保其命，泯然道德绝矣。晚世益甚，万乘之国七，千乘之国五，敌侔争权，盖为战国。贪饕无耻，竞进无厌；国异政教，各自制断；上无天子，下无方伯；力功争强，胜者为右；兵革不休，诈伪并起。当此之时，虽有道德，不得施谋；有设之强，负阻而恃固；连与交质，重约结誓，以守其国。故孟子、孙卿儒术之士，弃捐于世，而游说权谋之徒，见贵于俗。①

在刘向看来，战国文人中除了孟子、荀子等儒术之士能够恪守道德之外，其他文人都是游说权谋之徒，都在战国这个可诅咒的万恶的社会中起到了推波助澜的作用。但同样是这位刘向，在他的《九叹》中写下了这些诗句：

念社稷之几危兮，反为仇而见怨。思国家之离诅兮，躬获愆而结难。……哀余生之不当兮，独蒙毒而逢尤。虽謇謇以申志兮，君乖差而屏之。②

从这些诗句中不是可以看到屈原深情关注国运的执着精神和宋玉"贫士失职而志不平"的嗟叹吗？不是可以体悟到屈、宋那种哀怨感伤的旋律吗？

就是那位摘取中国古代诗歌艺术皇冠上明珠的天才诗人李白也在

---

① 《战国策》，上海古籍出版社1985年版，第1195、1196页。

② 洪兴祖《楚辞补注》，中华书局1983年版，第290、305页。

《古风》中慨叹：

大雅久不作，吾衰竟谁陈？王风委蔓草，战国多荆榛。龙虎相啖食，兵戈逮狂秦。正声何微茫，哀怨起骚人。①

这是这位感叹大雅不作、正声微茫的诗人，在内心深处热烈地向往战国文人那种平交王侯、傲岸不屈的独立人格，追求身为辅弼而"使寰区大定，海县清一"的辉煌政治业绩，梦想朝为布衣、夕为卿相的政治奇遇。李白的心与战国文人的心是彼此相通的。

……

这种矛盾的文化现象实际上是理性与情感的冲突。中国封建时代的文人从小就接受儒家经典的熏陶，培养了遵守政治伦理秩序的理性，从这一理念出发，他们必然要抨击、否定战国乱世的权谋谲诈。但是他们的个人利益往往与统治集团产生矛盾，他们面临着一个永恒的人生主题：实现人生价值。当他们发誓要施展政治才能、实现大济苍生的宏伟政治抱负的时候，当他们遭受排挤、打击、蔑视的时候，当他们难以看到希望的曙光的时候，他们的心就与战国文人的心贴近了，他们从战国文人的故事中找到了知音，他们从战国文人心态中得到鼓舞，受到启示，从中汲取永不衰竭的力量源泉。他们的希望与失望、幸福与欢乐、奋斗与挣扎、痛苦与感伤，都不同程度地与战国文人所创立的文化传统联系在一起。

中国文人心态的根在战国。

二、战国文人心态在汉代的延伸

汉代在时间顺序上紧靠战国，汉代文人心态也最接近于战国，只是由于历史条件不同，汉代文人心态呈现出与战国不同的特点。讲清

---

① 中国社会科学院文学研究所编《唐诗选》（上），人民文学出版社1978年版，第126页。

从战国到秦汉文人心态的承接与嬗变，是一个极有意思的题目，因此在讨论战国文人心态影响的时候，有必要用专节来讨论这一问题。

汉代文人心态有两大特征：一是由一统天下、盛世气象所带来的包容宇内的广阔心胸和磅礴激情；二是由于君主专制而导致的独立人格的失落。这两大心态特征都与战国文人心态密切相关。

战国文人前仆后继为之奋斗的政治目标是重建一统天下。秦王朝的建立使战国文人梦寐以求的一统天下在形式上得以实现，如果秦王朝稍微注意一下人民的基本生存需求，那么人民决不会想到要尽快推翻这个统一政权。但是秦王朝竭万民之力以尽一人之欢，它的高压政策与超负荷的剥削又使人们关于民生富足、和平安定的理想化为泡影，人们在死亡的边缘上爆发出求生的怒吼，不可一世的秦王朝成为历史上的一个短命王朝。汉家建国以后，以亡秦为鉴，致力于医治战争的创伤。汉初几十年轻徭薄赋与民休息所带来的经济繁荣国力高涨；军事上外伐四夷的胜利以及由此而来的疆域的空前拓展；宗教哲学上天人宇宙图式的构造；政治上在经过改造了的儒学指导之下实施应天改制；各民族文化的碰撞与融合；社会秩序经过先后削平异姓诸侯王和同姓诸侯王的势力而趋于相对稳定，至此中华民族关于一统天下的理想不仅在形式而且在内容上也得到了大致落实。这一切为东方巨人的崛起创造了条件，中华民族第一次文化高潮以空前恢宏磅礴的气势到来了，形成了粗疏阔大、元气淋漓的汉家盛世气象。涵泳在这样的盛世气象中，汉代文人形成了只有后来盛唐才能与之相仿佛的包容宇宙、雄视古今的心胸与气魄，他们的胸中激荡着一种及时立功的浪漫主义豪情与英雄主义气概。董仲舒的天人宇宙图式、司马迁的《史记》与司马相如的大赋，是汉人心胸与气魄的集中体现。像司马相如那样无以复加地发挥想象和运用铺张扬厉的手段来润色鸿业讴歌盛世，绝不能用"浮诡"一类的词语来简单地概括其创作心埋，而是当时文人气势、激情的产物。只要想想，从西周末年以来几十代的文人都在寻找重建一统天下的道路，他们为这个目标，不知付出了多少辛勤的努力，不知做出了多少奋斗，而今这个目标终于成为现实，该用怎样的言辞才能形容汉人的兴奋、激动、喜悦的心情啊！

与这种博大心胸气魄相对立的另一面是汉代文人独立人格的失落以及与之相应的哀怨感伤。从现象上看，汉初曾在某种程度上出现战国士文化复兴的征兆。汉初一些诸侯王继承了战国诸侯贵族养士之风，淮南王、梁孝王、河间献王和吴王都以养士著称。那位以牧豕出身的儒生公孙弘封侯拜相之后，"食一肉脱粟之饭。故人所善宾客，仰衣食，弘奉禄皆以给之，家无所余。士亦以此贤之"。[①]汉初文人也多以诸侯王为依托，像司马相如、严忌、枚乘、邹阳、主父偃、朱买臣等人都是著名游士。较秦王朝愚民政策而言，汉家的思想控制放松，多少恢复了一些百家言治的做法，儒、道、纵横、兵、刑名各派在汉初都比较活跃，直到汉武帝"罢黜百家，独尊儒术"为止。尽管汉初存在着战国士文化的这些回光返照现象，但从总体上说，战国士文化那种平治天下的主体精神已经大大减弱，战国时代那种诸侯贵族倾心待士、士林啸傲王侯的气候已不复存在。专制君主与士林的关系，由战国时期的尊士为师或待士为友，一变而为统治与被统治、隶属与被隶属的关系。战国时期的士无定主，又渐渐恢复到特定的等级隶属体系的局面，那些"天子不得臣，诸侯不得友"的独立不羁的人格失去了存在的土壤。专制君主当然也要利用文人为自己服务，但他们更需要那种奴性的忠诚，因为只有这样专制君主的独裁意志才能毫无阻碍地得到推行和扩张。专制君主掌管了文人的生杀予夺大权。轻则贬斥、折辱，重则囚禁、施刑乃至杀头。这样就形成了汉家一方面广招贤才，另一方面又视贤才生命如草芥的现象。汉初最大的青年政治家贾谊出于其卓异的政治敏感与超前意识，为汉家的长治久安出谋划策，提出削藩、改制等一系列政治主张，但却被贬到南方卑湿之处，酿成一位政治家的悲剧；晁错出于强干弱枝的考虑而主张削藩，在吴楚七国打着

.① 司马迁《史记》，中华书局1959年版，第2951页。

"清君侧"的旗号进行反叛的时候，汉家将晁错"衣朝衣而斩之东市"，这位汉家忠臣不明不白地做了汉家中央与诸侯矛盾斗争的牺牲品；那位以养士著称的梁孝王，因为听信谗言而将名士邹阳打入囚牢，迫使邹阳写下了那篇千古传诵的《狱中上梁王书》；司马迁怀着"广主上之意"的一片忠心来宽慰汉武帝因李陵战败投降而带来的震怒，却无意中触及武帝与贰师将军李广利的敏感的裙带关系，蒙受宫刑这一奇耻大辱，使一位慷慨倜傥的文人沦落到刑余之人、无所比数的悲惨境地；一代奇才司马相如也只能受到"倡优畜之"的待遇；至于像汉家名臣主父偃、朱买臣等人，最后都被汉家残酷地杀害。在这种专制主义统治下，汉代文人形成了那种特有的"用之如虎，不用如鼠"的文化心态。他们没有了对天下大乱的忧患，也不再有民族灭亡的恐惧和国运没落的悲哀，相反地他们倒是对汉家天下充满了信心与自豪感，他们在为汉家鸿业唱完了赞歌之后，又回头悲悼自己的种种不幸。

请看贾谊《吊屈原赋》中的诗句：

> 呜呼哀哉兮，逢时不祥。鸾凤伏窜兮，鸱鸮翱翔。阘茸尊显兮，谗谀得志。……彼寻常之污渎兮，岂容吞舟之鱼？横江湖之鳣鲸兮，固将制乎蝼蚁！[1]

贾谊这是在哀悼屈原，同时也是在诅咒自己的不幸命运，从中表现出诗人遭谗贬斥后的悲愤不平的情感。

蒙羞被垢、发愤著书的司马迁，也用骚体写下了一篇《悲士不遇赋》，篇中写道：

> 悲夫士生之不辰，愧顾影而独存。恒克己而复礼，惧志行之无闻。谅才韪而世戾，将逮死而长勤。虽有形而不彰，徒有能而

---

[1]　司马迁《史记》，中华书局1959年版，第2493—2495页。

不陈。何穷达之易惑，信美恶之难分。①

从诗的内容来看，它的写作年代应该是在司马迁遭受宫刑之后。司马迁本人由于受到汉家盛世气象的鼓舞，刻意要做一番经天纬地、名逾金石的辉煌事业，他满怀忠诚敬业守职，却绝没有想到在无意之中触犯专制君主的逆鳞，血腥的事实终于使他从五彩斑斓的美梦中醒来，认识到自己"文史星历，近乎卜祝之间，固主上所戏弄，倡优所畜，流俗之所轻也"②的真实悲剧地位。《悲士不遇赋》就是司马迁梦醒之后所发出的悲唱。

东方朔的《七谏》似乎是属于"七体"系列，但是当我们读了他的《答客难》中"旷日持久，官不过侍郎，位不过执戟"③之后，再来看《七谏》中"隐士穷而隐处兮，廉方正而不容"④的诗句，就可以发现东方朔并不是无病呻吟的刻意模仿，而是寄寓了作者的身世之叹。

即使是那位为汉家统治提供了思想理论基础的汉代最大思想家董仲舒，也难免产生怀才不遇惆怅失意的哀怨情思，他的《士不遇赋》就是专写生不逢时的感叹：

> 生不丁（于）三代之盛隆兮，而丁（于）三季之末俗。末俗以辩诈而期通兮，贞士以耿介而自束。虽日三省于吾身兮，繇怀进退之惟谷。⑤

董仲舒这些感叹并非无意为之，而是他在经历几次政治风浪以后内心真情实感的流露。他因为借灾异批评时政而险遭杀身之祸，后又受到

---

① 严可均辑《全上古三代秦汉三国六朝文》，中华书局1958年版，第271页。

② 严可均辑《全上古三代秦汉三国六朝文》，中华书局1958年版，第272页。

③ 严可均辑《全上古三代秦汉三国六朝文》，中华书局1958年版，第266页。

④ 洪兴祖《楚辞补注》，中华书局1983年版，第247页。

⑤ 严可均辑《全上古三代秦汉三国六朝文》，中华书局1958年版，第250页。

公孙弘的排挤，两为骄王国相，最后不得不弃官居家。一个把自己的毕生智慧都毫无保留地献给汉家的人，却常常要为自己的脑袋担忧，董仲舒对此怎么能不深致感慨！

悲愤不平，缠绵感伤，这成为一种浓厚的社会情绪弥漫在汉代文人阶层之中。悲士不遇与润色鸿业，构成汉代文学创作的两大主题，它体现了汉代文人心态的两个侧面。这两个侧面都是战国文人心态的延伸：战国文人热烈向往的一统天下的理想在汉代成为现实，汉代文人为此而放声歌唱；但是汉代文人又失去了战国文人所享有的社会尊重，失去了最为宝贵的独立自主的人格，为此他们又备感惆怅与失落。

汉代文人的悲欢苦乐的根源都在战国。

三、战国：中国文人悲剧心理之源

中国封建时代的文人都有程度不同的悲剧心理，这种悲剧心理的根源存在于战国文人心态之中。中国文人的悲剧大体上都是政治悲剧，中国文人的悲剧心理实质上是一种欲补苍天而不成的心理，这种文化心理特征是在战国时代形成并作为一种文化传统而代代相传。

从孔子开始，绝大多数中国文人都把自己的人生定位在政治领域。孔子为了恢复君君、臣臣、父父、子子的政治伦理秩序而奔波了一生，终不能为诸侯所用，最后带着无限悲怆、苍凉的心情死去；墨子为了天下人的利益而手足胼胝摩顶放踵，树立了舍己为人的伟大典范，但他的努力对于纷攘争夺的乱世无异于杯水车薪，他为了消弭宋国的灭顶之灾而奔波跋涉，结果却连借宋人屋檐躲雨的机会都得不到；孟子以耄耋之年游说诸侯，希望以自己的思想来平治天下，结果却被时人讥为迂阔，只好当一个退居家中著书的作家；儒学大师荀子讲学从政，奋斗一生，到头来也是"方术不用，为人所疑"；韩非为秦王朝提供了专制集权的理论，但却惨死于秦人的监狱之中；诗人屈原忠君爱国，志在使楚国强盛，但却遭谗被逐，做一个痛苦的行吟诗人，最后以自沉汨罗完成他的伟大悲剧……

战国文人为后代确立的文化心理传统的一个重要方面，就是以天下为己任，忧国忧民，参加政治，干预政治，以思想学说批评、指导现实政治，实现政治清明、天下安定的政治理想。但由于宦海风波仕途险恶等种种难以逆料的原因，中国文人很少能够平步青云大红大紫，相反，他们绝大多数命运多舛仕途坎坷，他们的政治抱负很少得到施展。在理想与现实之间，始终存在着一个巨大的鸿沟，中国文人的悲剧心理由此产生。

中国历史上不乏旷世的文学奇才，中国文学的长河中群星灿烂，那些文学家们创作的作品成为艺术瑰宝，文学家的名字光照日月万古流传。但是只要深入这些古代文人的内心世界就可以发现，他们中很少有人愿意做一个完全纯粹的文人，他们对自己所取得的巨大文名往往不屑一顾，心中念念不忘的是他们难以达到的政治上的成功，他们的人生目标是出将入相，以此作为衡量人生是否成功的标志。春秋时代的人们曾经有立德、立功、立言三不朽之说，但立德一项成为少数圣贤的专利，剩下的只有立功、立言两项，而立言事实上远不能与立功相比，许多文人往往是由于政治失意才进入文学领域，文学成为他们发愤抒情的手段。从多元化的价值观来看，中国古代文人事实上已在文学上取得了巨大的成功，令后代的人们仰慕不已，但他们本人却因为在政治上缺少建树而抱有极大的人生遗憾，许多文人怒目苍天饮恨而亡。我们完全可以说，中国文人第一人生目标是政治，第二才是文学。

汉代初年的青年政治家贾谊同时又是一位才华横溢的文学艺术家，他的充满了真情实感的《吊屈原赋》和《鵩鸟赋》以及他那激情充沛、议论风发的《过秦论》、《治安策》等政论散文，代表了汉初文学创作的艺术成就，在文学发展史中占有重要的地位。但是这些文学成就何曾对贾谊有一丝半毫的精神慰藉！这位艺术家带着巨大的政治失意情绪，刚过而立之年就早逝了。

　　三国时期的曹植是当时艺术才华最大、得到最高评价的诗人，这一点恐怕连一辈子都在嫉恨、防范、压抑他的曹丕也不会否认。就是这位被后人誉为人伦中之周孔、鳞羽中之龙凤的杰出诗人，却有着典型的悲剧心理。虽然他位为藩王，文名远播，但他却生活在一种悲愤的心理氛围之中，他在《与杨德祖书》中写道："吾虽德薄，位为蕃侯，庶几戮力上国，流惠下民，建永世之业，流金石之功，岂徒以翰墨为勋绩，辞赋为君子哉？"①他认为他的锦衣玉食的生活是"荣其躯而丰其体"，"此徒圈牢之养物"，决不是他的初衷。他用诗写他的不平与哀怨，抒发壮志难酬的愤懑。四十岁时带着无尽的人生遗憾离开了人世。

　　太康代表作家左思因为创作了《三都赋》而取得了洛阳纸贵的轰动效应，但巨大的声名并不能使左思得到多少幸福与安慰，他身在翰墨之中，心存魏阙之上，他既想"铅刀贵一割，梦想骋良图。左眄澄江湘，右盼定羌胡"，又希图像战国奇士鲁仲连那样"遭难能解纷"、"功成耻受赏"，编织"功成不受爵，长揖归田庐"的五彩斑斓的人生美梦。门阀士族制度不允许这位寒士在政治上发展，他愤怒地控诉"世胄蹑高位，英俊沉下僚。地势使之然，由来非一朝"的不公平的社会制度。失意之余，他唱起"被褐出阊阖，高步追许由；振衣千仞岗，濯足万里流"②的隐士曲，但一个执着于现实政治功名的人，能否真的做一个连帝位都不屑一顾的世外高人呢？

　　刘宋时期著名诗人鲍照的命运及其心态与左思相仿佛。这位声称不愿做碌碌无为的蓬间雀的诗人，胸中充满了丈夫气和英雄气，他抱负宏大却又出身卑微，沉沦社会下层使他悲愤难平。他的大起大落、

① 《四部丛刊》影宋本六臣注《文选》卷四十二。
② 逯钦立《先秦汉魏晋南北朝诗》（上），中华书局1983年版，第731、732页。

奇矫凌厉的乐府诗在当时独树一帜，对情意绵绵的乐府诗坛是一股强大的冲击力，被人形容为"如饥鹰独出"、"如五丁凿山"。但鲍照对自己的诗歌成就似乎并不在意，他难以忘怀的是他的襟抱难开，他在《瓜步山揭文》所发出的"才之多少，不如势之多少远矣"的悲叹，是他的英雄失路的悲剧心理的真实流露。

谢灵运对中国诗歌发展所做出的贡献更大，是他首创山水诗，开一代新诗风，扭转了玄言诗坛平典沉闷、淡乎寡味的局面。耐人寻味的是谢灵运的这一特殊贡献并非刻意为之，并无以一种理性的自觉作为指导，而是出于对政治失意情绪的排遣，或者说是一种悲剧的心理玉成了他的诗歌成就。这位出身乌衣巷王谢显赫家族的子弟一方面因为改朝换代家道中落而仕途受阻，另一片面在统治阶级内部争斗中又一再站错队，这使他的卿相之志化为泡影。失意之余他寄情山水，让美丽的山光水色来冲淡内心的悲愤。他将自己游览所见写成诗歌，从而开创山水诗这一新的诗歌领域。与仕途失意不同，谢灵运在当时诗坛上是红得发紫的巨星，史书记载他的每一首诗传到都邑，贵贱竞相抄写传诵，凤昔之间，士庶皆遍。但诗名不能抚慰谢灵运的悲剧心灵，最后终因反叛而被杀害。

唐代诗歌创作中的双子星座——李白与杜甫也有典型的悲剧心理。这两位登上中国古典诗歌艺术顶峰的诗人，一个梦想着"奋其智能，愿为辅弼，使寰区大定，海县清一"，另一个"窃比稷与契"，为自己确立了"致君尧舜上，再使风俗淳"的辉煌政治目标。但是李白在长安供奉翰林不到三年，便因权贵谗毁而被唐玄宗赐金放还，过一种浪迹天涯的漫游生活。杜甫的政治遭遇更令人心酸，困守长安十年之后才得到个正八品下的左卫率府兵曹参军的小官，这对于志在宰辅的诗人来说实在是莫大的讽刺。安史之乱中杜甫历尽艰辛投奔唐肃宗，被任命为左拾遗，但随后不久又因上疏谏阻房琯罢相而触怒皇帝，杜甫被赶出朝廷而去做华州司功参军的闲职。值得注意的是，无论是李白还是杜甫都没有因为仕途上的挫折与失意而淡化对现实政治的关注，而是更深沉更执着地忧国忧民，直至生命的最后一息。"李杜文章在，光芒万丈长"。但若论李白、杜甫的本心，他们又何尝愿意做一个优秀诗人呢？

我们还可以开列出一个长长的具有悲剧心理的文人名单：柳宗元、刘禹锡、韩愈、李贺、李商隐、杜牧、苏轼、陆游、辛弃疾……这些以他们不朽的艺术创作而永垂青史的文人，没有一个不深情地关注国家大事天下风云，没有一个不企盼在政治舞台上安国济民飞黄腾达，没有个对自己的政治际遇不抱有深深的失落与巨大的遗憾，也没有一个甘心做一个驰骋翰墨场的文人书生。请看李贺在《南园》诗中发出的喟叹吧！

男儿何不带吴钩，收取关山五十州？请君暂上凌烟阁，若个书生万户侯？

寻章摘句老雕虫，晓月当帘挂玉弓。不见年年辽海上，文章何处哭秋风？①

百无一用是书生，可是命运又偏偏让他们做这无用的文人，他们希望经国济世，但仕途上又有那么多的荆棘，那么多的风浪，那么多的险恶。欲进不能，欲罢不忍，千百年来一代又一代的文人重温着这个噩梦，他们永远挣不脱这一张心灵的网！

这张心灵的网就是战国文人织就的，是战国文人确立了关心政治、干预政治的传统，是战国文人为后代文人绘制了人生价值的坐标，它不仅通过文字典籍而且依赖一代代文人的言传身教、耳濡目染而影响后人。"少小须勤学，文章可立身。满朝朱紫贵，尽是读书人。""学

---

① 中国社会科学院文学研究所编《唐诗选》（下），人民文学出版社1978年版，第21、22页。

乃身之宝，儒为席上珍。君看为丞相，必用读书人。"(《神童诗》)始则勤学发奋，而其落脚点则是当王侯将相。这种价值观念渗透在一切师训、家教、戏文乃至于民情风俗之中，甚至构成一种类似于西方心理学家荣格所说的"集体无意识"而遗传下来，由此而成为中国后代文人无法挣脱的梦魇。

我们要强调的是，战国文人不仅奠定了热心现实政治的传统，而且也为后人树立了道高于君、以学术指导现实政治、为王者师的典范，弘扬了一种平交王侯、啸傲贵族的相对独立的人格意识，突出了一种不苟且、不以原则做交易的正道直行的品格。后者是中国文人悲剧心理更深刻的心理根源。大富大贵，大红大紫，钟鼓馈玉，不以其道得之，是为文人所不齿。"不义而富且贵，于我如浮云！"孔子这句遗训是后代文人恪守的原则。富贵爵禄并不是中国文人唯一的人生目标，因为还有比这更为宝贵的理想、气节、人格和情操。六朝梁代宫体诗人庾信到异族统治的北方，备受器重与推崇，官做到骠骑大将军、开府仪同三司，堪称位极人臣，但他的灵魂却一刻不能安息，因为他背弃了华夏民族用夏变夷的文化传统，失去了民族立场与民族气节，他用诗赋来倾诉自己铭心刻骨的乡土之思，诅咒自己的软弱，为南方梁朝的灭亡而唱出一曲曲悲哀的挽歌。对庾信表示深刻的理解与同情的杜甫曾经说："庾信生平最萧瑟，暮年诗赋动江关。"庾信后期的诗赋确实是以悔恨的血泪凝聚而成的。与此情况相同的还有清初诗人钱谦益。这些事例从反面说明文化传统对文人的心灵、对文人的幸福与痛苦该起着怎样重要的决定性作用。在立场、人格、思想学说与爵禄之间，中国文人往往义无反顾地选择前者。上文谈到的汉代文人的失落与哀怨是极好的例证。为人所熟知的陶渊明不愿为五斗米折腰的故事，生动地表明中国文人对气节、人格重视到何种程度。翻开古代诗文，我们就可以看到，中国文人常常不是苦于找不到一官半职，而更多的是忍受不了在官场上屈心抑志、小心翼翼、察言观色、随波逐流的行为，他们不能容忍自己被人蔑视，不忍心做出种种降低人格、讨好上司的媚态，他们的痛苦与悲愤往往在于自己不能适应或不见容于官场。当他们的人格心理，他们的理想、情趣、愿望、意志与他们所处的环境不相一致甚至发生尖锐矛盾的时候，焦虑和痛苦就不可避免地产生了。请看他们所发出的呼声吧！

> 对案不能食，拔剑击柱长叹息。丈夫生世会几时，安能蹀躞垂羽翼？弃置罢官去，还家自休息。朝出与亲辞，暮还在亲侧。弄儿床前戏，看妇机中织。自古圣贤尽贫贱，何况我辈孤且直！①
>
> ——鲍照《拟行路难》
>
> 我本渔樵孟诸野，一生自是悠悠者。乍可狂歌草泽中，那堪作吏风尘下。只言小邑无所为，公门百事皆有期。拜迎长官心欲碎，鞭挞黎庶令人悲。归来向家问妻子，举家皆笑今如此。生事应须南亩田，世情尽付东流水。梦想旧山安在哉？为衔君命且迟回。乃知梅福徒为尔，转忆陶潜归去来。②
>
> ——高适《封丘作》

鲍照与高适都是有政治家气质的人，但是当他们步入官场的时候。他们才发现自己的情感气质、理想愿望与官场竟是那样格格不入。痛苦的官场体验使他们萌生归隐之志，以保全自己的人格不被降低。这两首诗所表露出来的心态在中国封建文人当中有相当的代表性。李白在进长安供奉翰林之后，如果他能降身辱志曲意逢迎，凭借他那百世而无一见的诗才和巨大的声名，他何愁不能平步青云为廊庙之器？但如果是这样，也就不是真正的李白了。真李白是傲岸不屈，是"戏万乘若僚友，视俦列如草芥"，是"天子呼来不上船，自言臣是酒中仙"，是要力士脱靴国舅磨墨，是"安能摧眉折腰事权贵，使我不得开心颜"！如果仅仅说热心政治，那还远远不是中国文人心态的全貌，既热心政

---

① 逯钦立《先秦汉魏晋南北朝诗》（中），中华书局1983年版，第1275页。

② 中国社会科学院文学研究所编《唐诗选》（上），人民文学出版社1978年版，第196页。

治又不失理想、人格、立场，这才是中国文人心仪的理想境界。

战国文人创立了热衷政治的文化传统，也为后人确立了坚持原则、人格、理想的风范，这些文化传统是中国封建文人悲剧心理的深层根源。它使中国文人始终保持了对天下对人类社会的深沉责任心和严肃的责任感，同时又始终没有放弃高尚的节操与刚直不阿的人格，这是中国古代文学中弥足珍贵的一份精神遗产。但在另一方面，它又形成了中国文人根深蒂固的官本位意识，官位的高低成为衡量人生是否成功的首要标志。即使在21世纪的今天，官本位观念在中国人的头脑中仍有很大的市场，在从事文化工作的中国人的心目中也还有一席之地。破除官本位观念，确立多元化的人生价值观，还需要付出很多很多的努力。

四、儒道互补：中国文人的文化心理结构

前一节谈到中国文人不同程度地具有悲剧心理，但我们在考察中国文人生平时发现，中国文人尽管命运多舛却能生存下来，像屈原那样因为理想无法实现而自杀的事件在中国并不多见。尽管孔孟鼓励人们杀身成仁舍生取义，但中国文人并没有完全遵守这一圣贤遗训。有人说日本是一个自杀民族，通过自杀来体现武士道精神。中国古人却力求避免走极端之路。其所以如此，乃是因为战国时期奠定了中国封建文人的文化心理结构，这种文化心理结构可以用儒道互补来概括。李泽厚先生说："儒道互补是两千年来中国美学思想一条基本线索。"[1] 在中国文人文化心理结构方面，情形也是如此。

儒道两家为中国文人所设计的人生道路是不同的。儒家提倡积极入世，希望做一番安社稷定黎元的辉煌功业，并设计了一条修身、齐

---

[1]　李泽厚《美的历程》，文物出版社1978年版，第49页。

家、治国、平天下的人生路线，其极端是对现实采取知其不可为而为之的态度，鞠躬尽瘁，死而后已。而道家则蔑视功名富贵，敝屣仁义伦理，追求精神的超脱与心灵的自由，视精神自由为人生价值的最大实现。按照儒家学说，应该大济苍生安邦定国，充分实现人的社会价值，而遵循道家人生哲学，则重视人的自然本性的尽情舒展。尽管儒家祖师孔子本人多次流露出消极悲叹，乃至有"道不行，乘桴浮于海"的说法，但儒学的灵魂却是鼓励士人刚健奋发自强不息。而按照儒家《易》学，事物发展到极限便要向对立面转化，因而儒家的只顾前进不讲后退势必要导致以死抗争的悲剧。在这种情况之下，道家人生哲学引导士人超脱是非、贵贱、尊卑的界限而挣脱心灵牢笼，对士人就显得特别有用。因此，功成身退，"欲回天地入扁舟"，既实现人的社会价值，又重视人的自然价值，也就成为中华文人心往神追的一种理想人生。对于那些在政治舞台上遭受重大打击、历经坎坷、濒临绝望境地的文人来说，道家人生哲学尤其成为他们的精神避难所与心灵栖息地，它可以抚平这些文人心灵上的创伤，淡化他们的精神痛苦，使他们努力忘却政治失意的不幸。虽然从积极用世到超脱逍遥的转变是一个极其痛苦的过程，决不像从这一房间走进那一房间那样轻松愉快、干净彻底，但是有道家这个避难所比没有要好，否则就不知出现多少生命的悲惨局面。儒道互补的文化心理结构在一定程度上淡化了中国文人的悲剧心理，使他们居于一种能进能退的地位，保持一种超脱旷达、委任自然的人生态度。有些文人早年遵循儒家的积极人生路线，在官场失意之后便遁入道家学说中寻求解脱；有些文人则儒道并用；更有所谓用出世精神干入世事业的说法，儒道互补的踪迹在中国文人身上处处可见。

贾谊是西汉初年儒家的代表人物，在《左传》传授系统中就赫然列有贾谊的名字。在贬居长沙期间，一只猫头鹰飞进了他的住宅，停留在厅堂之上，意态甚为闲暇。按照当时的迷信说法，猫头鹰进屋是主人将死的征兆。贾谊为此作《鹏鸟赋》，用道家等生死、齐荣辱的观点作自我宽慰，赋中说：

> 释智遗形兮，超然自丧；寥廓忽荒兮，与道翱翔。乘流则逝兮，得坻则止；纵躯委命兮，不私与己。其生兮若浮，其死兮若休；澹乎若深渊之静，泛乎若不系之舟。不以生故自宝兮，养空而浮；德人无累，知命不忧。细故蒂芥，何足以疑！ ①

这是贾谊对猫头鹰凶兆一事的排解，也是他贬谪长沙后心境的真实写照，它反映了贾谊由儒而道、由用世到超脱的心路历程。虽然贾谊并未能真正做到等生死齐荣辱，但在当时的历史条件下，道家思想是他寻求解脱的唯一选择。

唐代诗人白居易在青年时代充满进取的锐气，他用诗歌为武器，猛烈地抨击各种弊政，写下了《秦中吟》、《新乐府》这几组乐府诗，犀利的批判锋芒使权贵们达到变色、切齿、扼腕的地步。贬斥江州是白居易一生的分界点，此后他便一改前态收敛锋芒，实践道家的人生哲学。虽然他在苏杭等地方官任上也为当地百姓做过一些好事，但青年时期那种指点江山的雄风不见了。到晚年他的官越做越大，一直做到二品大员，但这时的他与青年白居易不啻是判若两人了。

北宋大文人苏轼在当时的政治斗争和权力倾轧中，一直处于与执政者对立的地位，无论是新党还是旧党上台，他都因与当政者不合而遭打击。这是因为他按照儒家正道直行的准则，无论自己的见解是否正确，都毫不隐瞒自己的政治观点。在中国封建时代的文人当中，苏轼素以性格旷达、豪放著称，虽历经挫折而能坚持下去，这不能完全归因于他个人的心理素质，而在很大程度上是他在老庄学说中找到了精神寄托，将其化为自己的人格。请读他的《前赤壁赋》：

---

① 司马迁《史记》，中华书局1959年版，第2500页。

　　　　客亦知夫水与月乎？逝者如斯，而未尝往也；盈虚者如彼，而卒莫消长也。盖将自其变者而观之，则天地曾不能以一瞬；自其不变者而观之，则物与我皆无尽也，而又何羡乎？[①]

　　这些文字所表达的不就是《庄子·齐物论》、《秋水》中相对主义的思想吗？正是这些思想给苏轼以支撑的精神力量，使他在一次又一次的贬谪中保持了达观的人生态度。如果没有老庄哲学来淡化悲愤情绪，苏轼的人生之旅就会沉重、苦痛得多。

　　儒道互补的文化心理结构并不仅仅体现在中国文人的积极用世以及政治失意后的精神解脱，它有时也使中国文人在出世与入世、进取与归隐之间面临着两难选择，在这方面陶渊明是一个典型的例子。陶渊明早年同时阅读了儒道两家的书，同时接受了两种截然不同的人生价值观。他在《饮酒》诗中说："少年罕人事，游好在六经。"[②]儒家经典所给予他的是一种及时立功不断进取的人生观，《杂诗》对此有形象生动的描述："忆我少壮时，无乐自欣豫。猛志逸四海，骞翮思远翥。"[③]《拟古诗》说："少年壮且厉，抚剑独行游。谁言行游近？张掖至幽州。"[④]可见青少年时期的陶渊明不仅有志士的壮烈情怀，而且有一腔豪侠的澎湃热血，身在江南，却志在胡马铁蹄下的张掖、幽州的边塞。这种豪迈的人生理想完全是由儒家六经思想熏陶出来的。但他又生活在玄风炽烈的魏晋时代，道家思想同样对他的人格形成产生了深刻的影响。《归园田居》诗云："少无适俗韵，性本爱丘山。"[⑤]这种热爱自然丘山的性格就是道家思想培育的产物。他追求一种超凡脱俗、任真自然的品格，一种自由淡远、物我同一的人生真意，一种恬淡超

---

① 吴楚材、吴调侯编《古文观止》，岳麓书社1998年版，第649页。
② 逯钦立《先秦汉魏晋南北朝诗》（中），中华书局1983年版，第1000页。
③ 逯钦立《先秦汉魏晋南北朝诗》（中），中华书局1983年版，第1006页。
④ 逯钦立《先秦汉魏晋南北朝诗》（中），中华书局1983年版，第1005页。
⑤ 逯钦立《先秦汉魏晋南北朝诗》（中），中华书局1983年版，第991页。

脱的情趣。他就是带着这种内在矛盾的人格进入社会、进入官场的。从二十九岁到四十二岁这十三年中，陶渊明出仕五次。二十九岁时出仕为江州祭酒，但他的任真自然的性格使他忍受不了做小官的种种拘束和折磨，于是很快辞官回家。几年后来到荆州刺史桓玄手下当幕僚，却又思念自然的田园生活，吟唱"静念园林好，人间良可辞"①的思乡曲，一年左右便以丁忧为名回家。后又充任镇军将军刘裕的参军，这时他写下了"真想初在襟，谁谓形迹拘"的诗句，几个月后便离开了刘裕幕府。他又来到另一名军阀刘敬宣幕下任建威参军，但田园生活仍是一个无法抵抗的诱惑："园田久梦想，安得久离析！"②这次建威参军只当了几个月的时间。他的最后一任官职是彭泽县令，他原想等到收获一季稻子来酿酒喝，但"质什自然，非矫厉所得；饥冻虽切，违己交病"③，正好他妹妹死讯传来，于是他再也等不到收获稻子，立即挂印回家。陶渊明这一次下的决心很大，此后他再也没有出来做过官。这十三年亦仕亦隐的生活，陶渊明一直是在"一心处两端"④的心境中度过的。当他出去做官的时候，他痛感人的自然价值的失落；而当他归隐田园的时候，他又为人的社会价值的失落而痛苦。有人说陶渊明厌恶官场是因为他出身庶族家庭，又有人说这是出于陶渊明不与统治阶级同流合污的高尚节操，实际上真正的深层根源存在于陶渊明特定的文化心理之中，来源于两种人生价值观的冲突。算起来陶渊明一生中最单纯、最宁静的时期只有他辞去彭泽县令、决意归隐田园后的两三年时间，这时陶渊明彻底否定了儒家积极入世的人生路线而完全实践道家的人生哲学。这两三年是陶渊明一生中的黄金时代，他的千古传诵的名诗"采菊东篱下，悠然见南山"⑤就写于此时。但是这种单纯和

---

① 逯钦立《先秦汉魏晋南北朝诗》（中），中华书局1983年版，第982页。
② 逯钦立《先秦汉魏晋南北朝诗》（中），中华书局1983年版，第983页。
③ 逯钦立《先秦汉魏晋南北朝诗》（中），中华书局1983年版，第986页。
④ 逯钦立《先秦汉魏晋南北朝诗》（中），中华书局1983年版，第1007页。
⑤ 逯钦立《先秦汉魏晋南北朝诗》（中），中华书局1983年版，第998页。

宁静并不能维持很久，陶渊明很快又恢复了原来的矛盾心态。到晚年陶渊明还写下了"日月掷人去，有志不获骋。念此怀悲凄，终晓不能静"[①] 这样的诗句。这其中的原因，就在于陶渊明受儒家影响太深，他无法跳出这个传统。

　　儒道互补的文化心理结构对中国文人的行为方式的影响远不止上述几例，它已经化为中国封建文人人格的有机组成部分。这种文化心理结构虽然为中国文人设计了一条进退有余的人生道路，在一定程度上减轻了中国文人的精神痛苦，但它也因此淡化了中国文人人生的崇高悲壮的色彩，削弱了中国文人的抗争意志。道家学说对中国封建时代的艺术创造有着不可埋没的理论贡献，但在中国文人文化心理的塑造上所起的作用则基本是消极的。逃避现实，不敢与黑暗现实展开大无畏的斗争，缺乏直面惨淡人生的勇气，以所谓的相对主义来消融失意，这些都是道家学说对中国文人的毒害。特别是在唐宋以后道家与禅宗合流，文人的价值取向由刚健趋向阴柔，这种文化心理的弊病就更加明显。

---

① 　逯钦立《先秦汉魏晋南北朝诗》（中），中华书局1983年版，第1006页。

余论：关于战国文人心态的几点感想

写完这本小书后，我不禁思潮起伏感慨万千：如果战国时代不是两百多年，而是四百多年、八百多年、两千多年，那么中华民族文化该是怎样的情景，中国的哲学、文学、艺术、科技该是怎样一种局面！人类从诞生那一天起就从事文化创造，这种文化创造在任何时代都不会终结。但历史告诉我们，不同时代人们的创造力以及与之相联系的文化成果是大不相同的。在中国封建社会的几千年长河中，没有哪一个时代的文化成果可与战国相比，没有哪一个时代像战国那样最大限度地发挥了人们的想象力与创造力，也没有哪一个时代像战国那样充满了锐气与朝气。

每个时代的文化创造是与该历史时期文人特定的文化心态密切联系在一起的，某一历史时期文人心态所达到的水平与该时期文化成果的高低彼此一致。寻绎战国文人所走过的心路历程，我们从中得到什么启示呢？

首先要使心灵得到真正的解放，挣脱种种人为的束缚，不能为认识设置禁区。人类的认识是一个不断发展、不断进步的过程，它永远不会终结，也不可能达到一个不再发展的顶点。世界上过去、现在和将来都不会存在一个适应所有社会形态的放之四海而皆准的学说，也不存在一个一成不变的永远正确的思想方法。但可悲的是，出于种种有意无意的原因，人们总是人为地为认识设置了许多禁区，为心灵套上了重重枷锁。世界上本没有神，人们为了某种需求而造出了神，代替神制定了种种清规戒律，然后又战战兢兢地俯伏在自己所创造出来的神的偶像之下，遵守这些清规戒律。统治阶级为了自己的利益而制定一些意识形态，通过法律、军队等国家机器使人们服从和遵守，这些意识形态也是容不得人们半点怀疑的。千百年来一个又一个的认识禁区就这样得以形成，人们的认识只能在一个极为有限的空间内活动。试问，对中国几千年的腐朽皇权，对皇帝拥有的那些至高无上的权力，有几个敢于提出怀疑，又有几个人敢于否定呢？对于被确定为封建社会理论基础的儒学，对于被尊为"恒久之至道，不刊之鸿教"（《文心雕龙·宗经》）的儒家经典，有几个人敢于提出不同的见解呢？文人们只有代圣贤立言，在圣贤的旗帜下做一些枝节性的小发挥。即使是出于时代的需要而提出某些创见，也一定要借圣贤之口说出，将自己的观点说成是圣贤的思想。人为地设置认识的禁区，让思想带上沉重的镣铐，这确实是人类的一大悲剧。哀莫大于心死，心灵被桎梏在一个小天地，还能指望它迸发出什么创造的思想火花吗？在一个国度里，如果全国上下都只用一个声音说话，如果千万人、亿万人只允许一个人有思想，全国只允许有一种思想，那还能指望这个社会有什么活力吗？所以经典的地位确立之日，也就是中国文人的思想被窒息之时。一个圣人的偶像被树立起来，千万颗灵魂就失去了真生命。人类社会最大的浪费，不是物质方面的，而是精神方面的。几千年来，有多少人类的大脑被人为地禁锢了。欧洲黑暗的中世纪被神统治，人的价值被完全蔑视，欧洲社会的发展也因此停滞了一千多年。直到文艺复兴运动和思想启蒙运动之后，人们的心灵才获得了解放，社会才重新获得了无限的活力与生机。中国封建社会历时之长为世所罕见，这里的原因是多方面的，其中的一个重要原因就是思想被禁锢了。在心灵解放、认识较少禁区方面，战国确实是少见的，正是这种比较自由的政治学术氛围，才使战国文人最大限度地发挥自己的创造力，取得了思想、文化、艺术、科技诸多方面的灿烂成就。战国两百多年所创造的思想成果，比此后两千多年中国封建社会所创造的思想总和还要多。

此后除了外来的佛学之外，思想创造基本上出不了战国文人的所论范围。这决不是说后代封建文人比战国文人更少想象力与创造力，而是因为战国文人享有更多的思想自由，比后代封建文人拥有更大的思维天地，较少束缚与禁区。这些正反面的事例确实值得我们后人深思。既然上苍赋予我们一个能想象、能思维、能创造的大脑，既然我们拥有认识能力，那么就让我们最大限度地发挥我们的创造才能吧！对前人说过的话，我们可以凭借我们的理性判断能力去作鉴别、判断；前人没有说、没有做的事情，我们也完全可以去思考、去研究、去探索。我们的头脑不单纯是用来接受知识，而且要创造新知识；我们的嘴不只是用来重复别人说过无数遍的话，更要说别人没有说过的话。当然我们的认识要受到时代条件的限制，我们的心灵创造也绝不是万能灵药，但只要每一个社会成员都能不受限制地充分发挥自己的创造能力，我们就能取得丰硕的文化成果，人类社会就会大踏步地向前迈进！

保持积极进取、奋发向上的文人群体精神面貌，是决定某一特定历史时期能再取得光辉文化成就的又一至关重要的因素。战国文人比后代文人优越之处就在这里：艰难时世激发起他们重振乾坤的宏愿；普遍的尊士养士之风培养了他们的自信心与自豪感。他们以最严肃的态度、最卓绝的意志去从事平治天下的伟大事业，尤为可贵的是具有这种心态的不是一两个先知或几个文化精英，而是整个文人群体。虽然当时也有一些文人鼓吹极端利己主义的思想，宣扬消极避世的人生观，但这毕竟不是战国文人心态的主导方面，而且这些超脱出世的学说也是作为平治天下理论的面目出现的，也就是说在消极的形式下包含了某些积极的内容。有了这样进取向上的文人群体，有了这样锐意开拓的精神面貌，还怕没有文化成果么？我们可以将战国时代与魏晋南北朝时期的文化创造作一比较，魏晋南北朝时期也是一个思想束缚相对放松、文人心灵相对自由的时代，但是这一历史时期文人的精神面貌却是以老庄思想为指导，文人的思想比较颓废。虽然魏晋南北朝在哲学和文学艺术方面成果丰硕，但思想精神却是消极、委靡、悲观的，战国秦汉之际形成的那种刚健自强、辉光日新的中华民族文化精神至此消失殆尽。近年来有些学者以人性解放为理由而充分肯定魏晋南北朝文人的精神面貌，从民族文化的发展利益来看，我们应该多宣传一些战国文人的奋发进取的精神，对魏晋南北朝文人的带有颓靡色彩的人性解放似不应该给予过多的欣赏与肯定。造成战国文人与魏晋南北朝文人精神面貌不同的一个重要原因是文化的创造主体不同：战国文化创造的主体是士林阶层，他们大多是来自社会中下层的文人，他们了解现实，且抱负宏大，辉煌的战国文化就是出自他们的创造；魏晋南北朝的文化创造主体则是腐朽寄生的士族文人，由这些人来充当文化创造者，还能指望这个社会有什么朝气吗？让代表人民的文化人物居于文化创造的主体地位，酿造健康、富有活力与朝气的时代精神氛围，是我们考察战国文人心态所得出的又一结论。

不求面面俱到不偏不倚，而是将智力集中于某一专门的领域，以发展成一个学术派别，是战国文人从事文化创造的一个特征。在战国文人的意识中，与其博采百家不如专攻一点，不求面广，而务必求精求深。我们可以指责战国诸子百家都不免失之片面：例如儒家一味宣传仁政德治而忽视必要的刑律；法家却又一味迷信专制暴政而陷入刻毒寡恩之中；墨家不分等级差别而讲兼爱，与封建社会等级森严的情形尤不相符；道家讲自然无为而放弃了人为的努力……但是，我们谁能否认诸子百家在各自的领域中确实自成体系，而且达到了空前的理论深度呢？就是依赖这种窄而深、专而精的钻研，战国文人做出了卓越的理论建树，在中国思想发展史上各自占有一席之地。后来《吕氏春秋》试图全面包容诸子百家，但它的思想特色和理论建树也就因此消失了。人类社会的发展是一个漫长的历史过程，作为个体的文人在历史的长河中无异于沧海中的一滴水珠，如果将有限的智力投入到许多领域，那么对每一个问题势必是蜻蜓点水，浅尝辄止。战国以后再也难以形成学派，这其中当然有多方面的原因，而其原因之一则是后代文人再也不能像战国文人那样将心智集中于某一问题或问题的某一方面，缺乏战国文人向纵深开掘的精神。纵观古今中外文化学术史，很多有成就的学人都是在某一个问题上做出比前人更深入的研究，从而在学术史上占有一席之地。即以心理学而言，西方的构造学派、机能主义学派、行为主义学派、格式塔学派、精神分析学派、人本主义学派等等莫不是抓住心理学的一个方面深入发掘，从而形成一个学派。西方近现代哲学史也是如此。尽管这些学派声称他们掌握了全部真理，但在公论看来他们只是抓住了问题的一个方面。只是仅凭这一点贡献就足以使他们名垂青史，较之于那些广泛涉猎而一无所专的人们来说不知要高明多少倍。战国文人实际上为后代文人指明了一条如何取得成功的道路，只是千百年来文人们不但不能从战国文人心态中吸取教益，反而指责他们蔽于一曲之见。孰智孰愚，古今中外的文化学术发展史早已对此做出了明确的回答。今天的一些作者，自以为掌握了辩证法，写文章总是习惯于"一方面……另一方面……"看上去四平八稳，无可指责，但是这样的文章有多少价值呢？

文人的文化创造热情是与他们所受到的社会尊重及政治经济生活待遇联系在一起的。战国文人之所以能够在理论、政治、军事、外交、经济、文化、科技所有领域都取得了空前的成就，这与他们受到当时诸侯贵族的超常尊重、与他们不必有生存的后顾之忧联系在一起。冯谖只有在解决了"食无鱼"、"出无车"、"无以为家"这些现实生存问题之后，才能集中心智替孟尝君谋就"三窟"。在文人必须"为稻粱谋"的情况下，很难指望他们在文化创造方面大有所为。在一个文人地位低于娼妓的社会，在一个以"我是大老粗"为自豪的社会，在一个镇压文人、大兴文字狱的社会，更不能指望文人满怀豪情地去从事文化创造。文人首先是人，其次才是文人，只有在具备人的生存条件的时候，才能在精神领域有所作为；只有文人社会地位提高，才能激发文人的创造才智。

文人自身不能堕落，文人的堕落会削弱甚至会毁灭文化创造。战国文人之所以创造了辉煌的文化成果，这与他们的人类责任心有关，与他们真诚的品质有关，与他们富有良知有关。一个丧失良知的人，一个说假话从来不脸红的人，一个以个人利益为最高宗旨的人，你还能指望他们有什么文化创造吗？时代发展到今天，民族文化水平不断提高，越来越多的人有机会接受高等教育，专家教授遍地都是。但是我们应该扪心自问：我们还有承担精神吗？我们还保存了多少良知良能？我们还留下多少真诚的品质？

文化创造是一个不断发展、不断进步的历史过程。在奴隶制时代，奴隶趴在地下，给奴隶主充当上马石，奴隶本人毫无怨言，奴隶主也觉得理所当然，整个社会也都认同奴隶给奴隶主当上马石的现象。但是在今天，再也不会有一个人愿意给领导充当上马石了，社会舆论绝不会容忍这种奴役现象。这就是文明的进步，这就是社会的发展，这就是认识水平的提高。但这并不是说人类社会的发展已经臻于完善，不！人类认识远没有终结，人类社会还要向前发展！战国文人凭借他们的理性与智慧，将文明大大地向前推进了一步。但这已经成为昔日的光辉历史，要缔造新的文明成果，还有待于当今和今后文人的努力。文人是人类文明的精神导师，中国文人任重而道远！

责任编辑:贺　畅

图书在版编目(CIP)数据

巡礼战国文人心态/陈桐生 著.—北京:人民出版社,2016.11
ISBN 978－7－01－016528－8

Ⅰ.①巡…　Ⅱ.①陈…　Ⅲ.①文人-心态-研究-中国-战国时代
　Ⅳ.①K825.4

中国版本图书馆 CIP 数据核字(2016)第 174784 号

巡礼战国文人心态

XUNLI ZHANGUO WENREN XINTAI

陈桐生　著

人 民 出 版 社 出版发行
(100706　北京市东城区隆福寺街 99 号)

北京明恒达印务有限公司印刷　新华书店经销

2016 年 11 月第 1 版　2016 年 11 月北京第 1 次印刷
开本:710 毫米×1000 毫米 1/16　印张:16.25
字数:220 千字

ISBN 978－7－01－016528－8　定价:56.00 元

邮购地址 100706　北京市东城区隆福寺街 99 号
人民东方图书销售中心　电话 (010)65250042　65289539